MARKETING
e
COMUNICAÇÃO
EM TEMPO REAL

David Meerman Scott

MARKETING
e
COMUNICAÇÃO
EM TEMPO REAL

CRESÇA INSTANTANEAMENTE, CRIE NOVOS PRODUTOS, CONECTE SEUS CLIENTES E ENGAJE O MERCADO

Tradução:
Renata Kubo

editora
ÉVORA.

Presidente

Henrique José Branco Brazão Farinha

Publisher

Eduardo Viegas Meirelles Villela

Editora

Cláudia Elissa Rondelli Ramos

Projeto gráfico e editoração

Know-how Editorial

Capa

Listo Comunicação

Tradução

Renata Kubo

Revisão

Leila dos Santos Silva/Know-how Editorial

Revisão Técnica

Diana Gabanyi

Impressão

Gráfica Nova Letra

Título original: *Real-Time Marketing and PR: How to Instantly Engage your Market, Connect with Customers, and Create Products that Grow Your Business Now*

Copyright © 2012 by Editora Évora Ltda.

A tradução desta publicação foi feita sob acordo com John Wiley & Sons International Rights, Inc.

Todos os direitos desta edição são reservados à Editora Évora.

Rua Sergipe, 401 – conj. 1310 – Consolação
São Paulo, SP – CEP 01243-906
Telefone: (11) 3562-7814/3562-7815
Site: http://www.editoraevora.com.br
E-mail: contato@editoraevora.com.br

Dados Internacionais de Catalogação na Publicação (CIP)

S439m

Scott, David Meerman.
[Real time marketing & PR. Português]
Marketing e comunicação em tempo real: cresça instantaneamente, crie novos produtos, conecte seus clientes e engaje o mercado / David Meerman Scott. – São Paulo : Évora, 2011.
248p.

Tradução de: Real-Time Marketing & PR : how to instantly engage your marketing, connect with customers, and create products that grow your business now.

ISBN 978-85-63993-26-7

1. Marketing pela internet. 2. Relações públicas. I. Título.

CDD 658.872

José Carlos dos Santos Macedo   Bibliotecário CRB7 n.3575

AGRADECIMENTOS

Primeiro, uma revelação: como presto serviços de consultoria, faço seminários e dou palestras pagas no mundo sobre o qual escrevo, existem alguns conflitos inevitáveis. Tenho amigos em algumas organizações que comento neste livro, assim como em meu blog e no circuito de palestras, e fiz seminários e prestei serviços de consultoria para muitas das empresas que mencionei no livro.

Na John Wiley & Sons, Matt Holt, responsável pela publicação do livro, e minha editora, Shannon Vargo, se tornaram amigos enquanto conduziam, com habilidade, este e muitos outros livros pelo processo de publicação.

Ainda na John Wiley & Sons, agradeço a Kim Dayman, Deborah Schindlar, Peter Knapp e Lori Sayde-Mehrtens por sua ajuda e apoio.

Kyle Matthew Oliver, Roger C. Parker e Mark Levy leram cada palavra de cada rascunho deste livro e seus bons conselhos e sugestões práticas fizeram com que este livro ficasse muito melhor. Eu gostaria de agradecer principalmente a John Harris, que me ajudou a enxergar uma forma diferente de organizar este livro. Sem a contribuição de John, ele seria muito menos interessante.

Dennis Daly, da Dow Jones, que forneceu dados para alguns gráficos, e Doug Eymer, que os projetou. Entre as outras pessoas que ajudaram estão Nettie Hartsock, Michael Fix, David Henderson e os membros da JAF$C.

E em especial, agradeço à minha esposa, Yukari, e minha filha, Allison, por apoiar meu trabalho e compreender quando tenho um prazo a cumprir ou quando estou longe de casa ministrando palestras em algum lugar do mundo, a muitas horas de voo de distância.

PRÓLOGO

Ter conhecimento da informação à medida que ela acontece em tempo real pode lhe dar uma enorme vantagem competitiva, se você souber como utilizá-la. Essa foi uma lição fundamental que aprendi trabalhando em Wall Street da década "disco" de 1980.

O ano é 1985, e estou no pregão institucional de um banco de investimento na região sul de Manhattan. É quase meio-dia, hora do almoço, e nada tinha acontecido durante toda a manhã. Mas nenhum dos corretores vai embora. Eles têm medo de perder alguma coisa. O banco também não quer que eles saiam, então todo mundo pede pizza para comer em suas mesas.

Vivendo em um mundo em que decisões são tomadas em segundos, os corretores ganham muito dinheiro fazendo negócios que envolvem centenas de milhões de dólares. É uma batalha diária, que envolve períodos de tédio incrivelmente longos, interrompidos por pequenos surtos ocasionais de intensa ação.

Fortunas são feitas em segundos; reputações, destruídas em um minuto.

No entanto, nada está acontecendo agora. Está tudo quieto, e o tédio reina porque nenhuma notícia significativa foi divulgada durante a manhã inteira.

Alguns corretores buscam desesperadamente em seus canais de notícias em tempo real da Dow Jones, da Reuters e da Associated Press algum ângulo, qualquer ângulo no silencioso mercado. O que será que Ronald Reagan está fazendo hoje? E Margaret Thatcher? Alguma notícia de Paul Volcker, o presidente do Federal Reserve? Algum dado econômico que deva ser lançado nesta tarde? Alguma empresa grande está anunciando a receita trimestral hoje?

Enquanto examinam com atenção dados e notícias, os corretores ficam a postos, prontos para investir grandes quantias de dinheiro no momento certo. Eles olham atentamente para as telas da Bloomberg que mostram os preços das ações *no momento em que elas mudam*. Dados de bolsas de valores e mercados de futuros são atualizados *no momento em que a negociação é feita*.

A velocidade no pregão é tão importante que os corretores estão ligados com suas contrapartes em outras instituições por meio de linhas diretas, exclusivas – assim como a linha entre o Kremlin e a Casa Branca.

Em uma mesa próxima, eu vejo o painel de um telefone acender (os telefones não tocam no pregão), e um corretor atende apertando o botão com o dedo do meio. Mas quando ele se encosta na cadeira e relaxa, sua linguagem corporal me diz que ele está simplesmente contando a mais nova piada de mau gosto ou falando sobre futebol.

De repente, um dos corretores sênior grita o mais alto que pode: "O Fed[1] está dentro!".

Por um centésimo de segundo, a sala fica completamente em silêncio enquanto todos ouvem.

Quando o corretor sênior então berra "Comprando títulos do tesouro!", é como se tivesse caído uma bomba. A sala inteira irrompe em um caos altamente organizado. As pizzas são deixadas de lado, e os telefones são agarrados em um movimento espontâneo. Está na hora de ganhar aqueles enormes salários.

Em instantes, todo mundo está em pelo menos um telefone, e muitos estão em dois ou mais, alertando os clientes imediatamente: "O Fed está dentro!".

Dentro de segundos, as telas se acendem num mar de verde, na medida em que os preços das ações aumentam abruptamente por todo o quadro. Antes que esse mesmo minuto termine, agências de notícias financeiras, como a Dow Jones e a Reuters, escrevem e emitem "manchetes" que aparecem instantaneamente nas telas do pregão de Albuquerque a Zagreb. *Dentro de apenas 60 segundos, todo mundo sabe e todo mundo é igual novamente*. A vantagem competitiva desaparece.

Mas, nesse minuto, os corretores que fizeram seus pedidos um centésimo de segundo mais rápido conseguiram seu pão diário. Ser o primeiro a ter a notícia é uma moeda valiosa, que faz com que eles obtenham negócios lucrativos de seus clientes. Ficar sabendo primeiro e agir com rapidez significa ganhar dinheiro – *muito dinheiro* – em Wall Street.

Desde a primeira vez que testemunhei um minuto em Wall Street em 1985, a tecnologia está anos-luz mais avançada. Mas o que eu vi naquele momento ainda era novo: a tecnologia estava transformando a negociação financeira em um jogo em que a informação instantânea transmite decisões tomadas em centésimos de segundos que valem milhões de dólares.

---

[1]   Nomenclatura informal utilizada para se referir ao Federal Reserve [Reserva Federal], banco central norte-americano. (N.R.)

É inegável o impacto das inovações em informática e em telecomunicações nos mercados financeiros na década de 1980. Em uma década, as finanças passaram de uma rede fechada de amigos para um sistema de negociação global que funciona 24 horas por dia. Com essa mudança revolucionária, surgiu uma nova moeda de sucesso: a capacidade de reunir, interpretar e reagir a novas informações em frações de segundos – em tempo real.

Isso levou 25 anos. Mas, em áreas como o marketing e as relações públicas, o impacto da revolução em tempo real nas finanças começa finalmente a atingir a chamada "economia real".

Quem está liderando o caminho? Como você verá nestas páginas, não são megacorporações com orçamentos de bilhões de dólares para tecnologia da informação (TI). Longe disso!

Na revolução em tempo real de hoje, a mudança está no *front*. Conforme você descobrirá no Capítulo 1, um dos maiores e mais tecnicamente sofisticados profissionais de marketing dos Estados Unidos demonstrou não ser páreo para um canadense nervoso com uma guitarra quebrada e uma câmera de vídeo.

SUMÁRIO

PREFÁCIO À EDIÇÃO BRASILEIRA

David Meerman Scott é um dos autores que melhor entendeu e quem melhor explica o novo mundo do marketing e das relações públicas. Ele mostra com exemplos e estudos de casos como a comunicação entre a empresa e o mercado está mudando. Antes você fazia propaganda de massa e se relacionava com os jornalistas da grande mídia. Não temos mais mídia de massa, mas uma massa de clientes que também são comunicadores.

Como navegar nesse novo mundo? Depois de escrever (em 2007) um livro sobre as mudanças do marketing, David agora explica como tudo está mudando ainda mais com a comunicação em tempo real. As grandes novidades são internet e celular cada vez mais presentes na vida das pessoas. O acesso instantâneo, por qualquer um, em qualquer lugar e a qualquer hora, muda muito a relação das pessoas com as empresas e produtos, e vice-versa.

Você, sua empresa e sua equipe podem escutar o que o mercado, seus clientes e (ainda) não clientes estão dizendo, pensando, querendo. É possível engajar-se em tempo real com eles.

O ponto mais importante deste livro é a necessidade de mudarmos nosso modelo mental, nosso *mindset*. O melhor exemplo dessa nova realidade – hoje – é o Twitter, porém é mais importante pensar no paradigma do que nas ferramentas. Não podemos mais responder ao cliente como fazíamos quando o telegrama era a coisa mais rápida que existia.

Lendo este livro, consegui identificar uma série de oportunidades de negócios com esse novo *mindset* em tempo real. Ser rápido e responder quando o cliente pergunta é a maneira mais fácil de mostrar capacidade, de encantar e de garantir a venda.

E as crises, os problemas? São ainda maiores com a comunicação em tempo real e agora com milhares e milhares de pessoas capazes de publicar texto, foto e até vídeo do próprio celular. Mas a resposta da empresa, se autêntica, rápida e inteligente, também pode viajar rapidamente e marcar presença de maneira positiva.

Muita coisa mudou. Atendimento ao cliente é o novo marketing. Não adianta gastar fortunas com propaganda, se a maneira como você trata, recebe, escuta e atende seu cliente consegue destruir em segundos toda a emoção positiva que uma campanha linda construiu. E, além disso, essa insatisfação vai ser replicada. Como a expressão: "Vou xingar muito no Twitter" é verdade, aproveite e faça uma busca no YouTube sobre isso; garanto que você vai se divertir.

A realidade da comunicação em tempo real é muito parecida com a realidade de cidades pequenas dos tempos antigos. Não havia grandes veículos de comunicação, mas todos sabiam dos acontecimentos, dos mais aos menos importantes. A comunicação era mais direta e muito rápida. Antes a velocidade vinha das distâncias pequenas, hoje vem da tecnologia que encurta longas distâncias. Mas é tudo muito parecido. E continua valendo muito a pena ser autêntico, aberto e educado. Ensinar e ajudar continuam sendo grandes ativos.

David mostra exemplos de grandes empresas, como a IBM, que criou diretrizes muito interessantes e inteligentes para ajudar todos os seus milhares de funcionários a lidar, usar e se beneficiar desse novo mundo da comunicação em tempo real e de mídias sociais. Só a leitura desse "manual" já vale o livro. As dicas são simples e muito pertinentes. Como em qualquer meio, em qualquer ambiente, o recado é: seja relevante, respeite, ajude e traga valor à conversa. Obviamente contar segredos da empresa, expor clientes ou comprar brigas não é recomendado. É uma oportunidade incrível, mas também uma responsabilidade. Como diz o ditado "com o poder, vem a responsabilidade".

Quais são as regras? Seja quem você é, realmente. Esteja disposto a ouvir. E aproveite o que você ouviu para aprender, melhorar e inovar. O mercado está gritando, mas nem todos estão ouvindo.

Para finalizar, David associa a comunicação em tempo real a um assunto que será dos mais importantes para o marketing e vendas daqui em diante: a criação de sistemas, de métodos inteligentes de vendas que levam em conta esse *real-time mindset*, as necessidades dos clientes e também a eficiência cada vez menor da comunicação em massa. David Scott mostra de forma clara como juntar a comunicação e o relacionamento em tempo real das equipes de marketing e vendas com os clientes e com o mercado, e como isso pode fazer uma enorme diferença no seu resultado.

Este é um livro que gostaria que meus clientes lessem. É um livro que quero que minha equipe leia. É um ótimo resumo das mudanças que estamos passando hoje. E, melhor ainda, com ótimas dicas de como aproveitar as oportunidades criadas por esse novo cenário.

Espero que você aproveite como eu aproveitei.

Um abraço,

Miguel Cavalcanti
(@mcavalcanti)
Empreendedor, especialista em agribusiness e
sócio do BeefPoint (www.beefpoint.com.br)

APRESENTAÇÃO À EDIÇÃO BRASILEIRA

Eu estudo o comportamento das empresas e seus modelos de negócios no ambiente digital social desde 2005. Nessa breve, porém já vasta trajetória, pude observar diversos exemplos bem e malsucedidos no uso de blogs, redes sociais, ferramentas de colaboração diversas, entre outras formas de comunicação e, principalmente, engajamento. Quando olho o que já passou, parece fácil identificar as características ou o modo de operação daquelas empresas que constituem um bom exemplo no alvorecer do que David Meerman Scott, autor dessa obra, chama de "marketing e relações públicas em tempo real". No entanto, as empresas ainda estão congeladas, esperando talvez que mais ciência seja gerada ou que todas as outras empresas já estejam usando a novidade para depois adotá-la.

Trocando em miúdos, vou fazer uma pergunta ao leitor: você esperaria todos os seus concorrentes adquirir algo que constitui vantagem competitiva antes da sua empresa? Esta é a pergunta que me tira o sono, pois parece que todas as empresas só caem na real quando elas mesmas ficam encurraladas em um beco no Twitter ou em outras redes. Acredito fielmente no poder das mídias sociais para proporcionar benefícios com um risco controlado e mais ainda no conceito apresentado neste livro: a importância da capacidade de lidar com o mundo em tempo real.

David nos abre os olhos para uma onda que quando chega deve ser surfada com maestria. Essa onda consiste na explosão de atenção e comentários em torno daquele novo vídeo viral ou assunto mais comentado nas mídias sociais, principalmente quando o assunto é a sua própria empresa. Esse evento cresce rapidamente e capta tanta atenção no meio digital social que a empresa que souber tirar proveito pode experimentar rios de novas receitas ou a proteção da reputação por mais alguns anos. Quem enxerga antes e consegue reagir rápido ganha como prêmio a possibilidade de explorar o território da vantagem competitiva tranquilamente. Esse é o poder da economia em tempo real que foi trazida para outras áreas da empresa graças às mídias sociais.

E toda onda desaparece logo em seguida até que a próxima chegue a você. Isso significa que você deve reagir rápido, com poder de decisão e raciocínio ágil, para não deixá-la passar e carregar sua empresa com a correnteza. O problema é que somente velocidade não basta. A cultura, os processos, as pessoas e especialmente a estratégia da empresa devem estar direcionados para um lado de mais abertura, transparência e descentralização do poder.

O grande desafio, porém, é que as estratégias nas empresas hoje sejam moldadas pelo passado e olhem meses e até anos à frente. Falar em decisões, lançamento de novos produtos e prover respostas ao mercado em tempo real é uma linguagem difícil de entender no mundo de conceitos de negócios centenários (e eficientes). Como uma empresa pode vir a operar em tempo real quando todas as suas estratégias são cuidadosamente pensadas e avaliadas de forma conservadora antes de se arriscar no mercado?

Este livro nos apresenta alguns exemplos de situações e empresas que ilustram bem o conceito de ser "tempo real" em tempos de mídias sociais, e também ajuda a responder a pergunta anterior. Em minha última obra, *Estratégia em mídias sociais: como romper o paradoxo das redes sociais e tornar a concorrência irrelevante*, apresentei uma justificativa da importância dessas mudanças culturais virem da liderança máxima, da presidência de uma organização. Para iniciar a mudança de uma empresa tradicional para uma em tempo real, é necessário estabelecer uma estratégia clara, investir em pessoas, treiná-las e constituir um executivo para cuidar de uma nova área responsável pelas iniciativas em mídias sociais na empresa.

Desejo que a leitura seja muito proveitosa e que na próxima vez que seu competidor escorregar ou ganhar atenção positiva, que algum adolescente explodir as paradas de sucesso do YouTube, ou mesmo que um consumidor ofendido sair nas páginas de todos os blogs, sua empresa esteja preparada para agir rápido e pegar carona nesta onda, trazendo bons frutos e diversas oportunidades para evoluir seus negócios.

Fábio Cipriani
(@FabioCipriani e www.fabiocipriani.com)
Especialista em marketing, inovação e estratégia de cliente e mercado
e autor dos livros *Blog corporativo* e *Estratégia em mídias sociais*

I
HORA DA REVOLUÇÃO

Acorde, está na hora da revolução!

Os métodos e processos com os quais você está acostumado já podem estar fatalmente fora de sincronia com o mundo à sua volta. A história de seu negócio agora se desdobra, minuto a minuto, em tempo real. E ela é conduzida por seus clientes, que falam entre si – não é mais guiada pela comunicação em massa que seu orçamento publicitário consegue comprar.

Em um mundo em que a velocidade e a agilidade agora são essenciais para o sucesso, grande parte das organizações ainda opera de forma devagar e proposital, cimentando cada passo com meses de antecedência, respondendo a novos desdobramentos com processos cuidadosos, mas que consomem tempo.

Esse atraso no tempo pode deixar seu negócio fatalmente exposto. Mas isso não precisa ser assim! Conforme você descobrirá na Parte I de *Marketing e comunicação em tempo real:* como engajar instantaneamente os seus clientes, existem caminhos claros a seguir para adaptar seu curso e sua cultura ao novo ambiente.

Deixe-me introduzi-lo às regras do marketing e das relações públicas (RP) em tempo real.

1
FAÇA SEU NEGÓCIO CRESCER AGORA

No emergente ambiente de negócios em tempo real, no qual o discurso público não é mais ditado pelos meios de comunicação em massa, tamanho não é mais uma vantagem decisiva. A velocidade e a agilidade ganham.

Neste capítulo, nós examinaremos a batalha de "Davi *versus* Golias", que mostra como até mesmo uma pessoa pode superar uma das maiores e mais científicas organizações de marketing, de RP e de serviço de atendimento ao cliente do planeta. Nós também descobrimos como outros participantes ágeis se aproveitam rapidamente do impulso criado pelo estilingue de Davi.

> Agora, mais do que em qualquer outro momento da história, velocidade e agilidade são vantagens competitivas decisivas.

"Meu Deus, eles estão jogando guitarras lá fora", disse uma mulher sentada ao lado da janela enquanto passageiros de um voo da United Airlines esperavam para desembarcar do avião em Chicago, no dia 31 de março de 2008.

Dave Carroll, vocalista e compositor de Sons of Maxwell, banda de pop-folk canadense, e os demais integrantes souberam imediatamente *de quem* eram aquelas guitarras. Voando de sua cidade natal, Halifax, Nova Escócia, para uma turnê de uma semana em Nebraska, suas quatro guitarras estavam no bagageiro da aeronave. Claro que, quando o baixista olhou pela janela, ele viu um dos funcionários responsáveis pela bagagem da United atirando displicentemente o seu baixo.

A banda não teve que esperar para pegar sua bagagem em Omaha, seu destino final, para começar a reclamar, já que eles realmente testemunharam a forma abusiva com que seus equipamentos foram tratados. Quando conseguiram sair do avião, eles comunicaram aos comissários de bordo o que viram. "Falem com a equipe terrestre", disseram-lhes. Mas a equipe terrestre de O'Hare[1] disse: "Fale com a equipe terrestre de Omaha".

Obviamente, quando Dave abriu seu case rígido em Omaha, ele descobriu que sua guitarra Taylor de 3.500 dólares tinha sido amassada. E a equipe da United Airlines de Omaha se recusou a aceitar sua reclamação.

Então Dave passou meses telefonando e enviando e-mails para a United em busca de 1.200 dólares para cobrir a despesa com o conserto. Em cada etapa, a equipe da United se recusava a aceitar a culpa e tentava se livrar dele: de representantes de atendimento telefônico na Índia para o escritório de bagagens em Nova York e então para o escritório de bagagens de Chicago.

Finalmente, após 9 meses em vão, Dave recebeu um "não" frio. Não, disseram-lhe, ele não receberia nenhum tipo de compensação da United.

"Naquele momento eu percebi que estava lutando uma batalha perdida todo esse tempo", disse-me Dave. "Eu caí no ciclo de insanidade deles. Eu liguei, mandei e-mails e fiz muitas outras coisas, exatamente da forma como eles me pediram para fazer. O sistema é criado para frustrar os clientes e fazer com que eles desistam de suas reclamações, e a United é excelente nisso. No entanto, eu percebi que, como músico, minhas opções não tinham acabado. Então, quando eu finalmente recebi o 'não', eu disse: 'Eu recomendo que vocês reconsiderem, porque sou um compositor e vou escrever três músicas sobre a United Airlines e postá-las no YouTube'."

Cumprindo a promessa, no dia 6 de julho de 2009, Dave postou no YouTube a "United Breaks Guitars" [a United quebra guitarras], uma música cativante com uma letra memorável que conta a saga de sua guitarra quebrada:

United, United, você quebrou minha guitarra Taylor
United, United, como você ajuda
Você a quebrou, devia consertá-la
A culpa é sua, admita
Eu devia ter voado com outra companhia
Ou ido de carro
Porque a United quebra guitarras
Sim, a United quebra guitarras

Dentro de apenas 4 dias, o vídeo chegou a 1 milhão de visualizações no YouTube. E depois teve mais 1 milhão. E mais 1.

---

[1] Aeroporto de Chicago. (N.T.)

GRÁFICO 1.1 "United Breaks Guitars": visualizações no YouTube

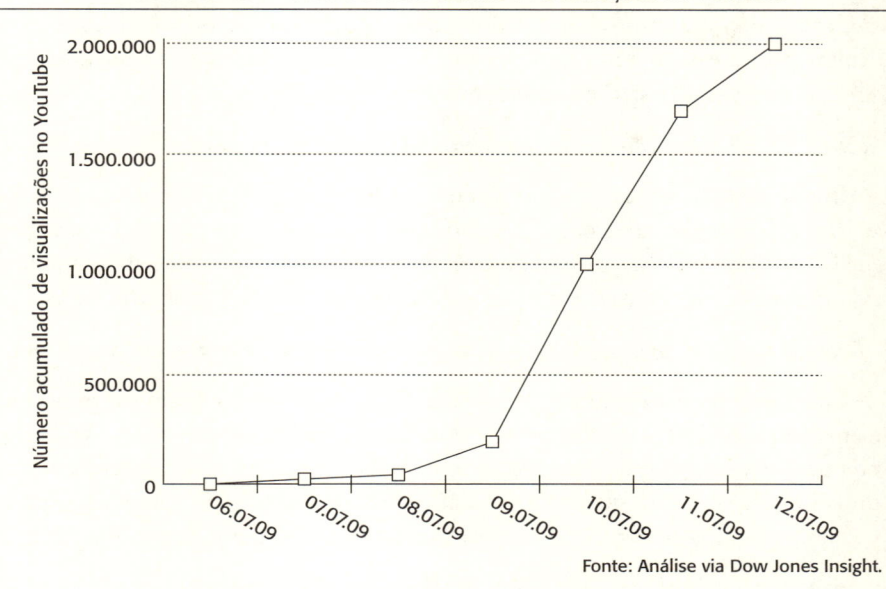

Fonte: Análise via Dow Jones Insight.

GRÁFICO 1.2 "United Breaks Guitars": posts de blog por dia

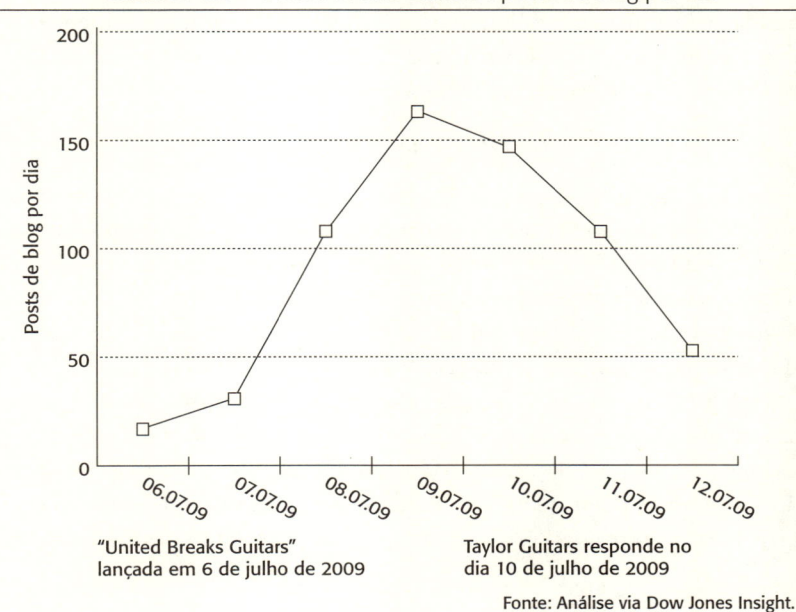

"United Breaks Guitars" lançada em 6 de julho de 2009

Taylor Guitars responde no dia 10 de julho de 2009

Fonte: Análise via Dow Jones Insight.

O impulso ocorreu de 8 a 11 de julho, quando mais de 100 blogueiros por dia alertaram seus leitores a respeito do vídeo. Aliás, observe como o número de posts de blog por dia segue uma curva com formato de sino – começando devagar (pois Dave Carroll não era muito conhecido), chegando ao topo e depois diminuindo. Nós voltaremos a esse assunto no Capítulo 3, quando eu discuto a importância do que chamo de Lei da Distribuição Normal em Tempo Real.

Esta é uma história sobre velocidade nas relações com a mídia.

"United Breaks Guitars" logo se tornou um fenômeno em tempo real que levou Dave a ser o centro das atenções. Ela continuou a crescer como centro das atenções porque Dave estava pronto e tinha a possibilidade de falar com a mídia em tempo real, fazendo dezenas de entrevistas em poucos dias enquanto a história era um sucesso.

Trata-se também de uma história sobre engajamento do mercado em tempo real.

A fabricante do instrumento de Dave, a Taylor Guitars, aproveitou a oportunidade em tempo real para criar uma boa reputação entre os clientes. Dentro de dias após o post inicial de Dave no YouTube, Bob Taylor, presidente da empresa, colocou seu próprio vídeo no YouTube, aconselhando músicos em viagem sobre como guardar os equipamentos e tirar o melhor proveito das normas das companhias aéreas.

E tem mais: esta também é uma história sobre a criação de um produto em tempo real.

A Calton Cases, uma fabricante especializada em cases de instrumentos de alta durabilidade para músicos profissionais, também aproveitou o momento. Dentro de apenas alguns dias, a Calton tinha um novo produto no mercado: o Case de Guitarra Edição para Viajantes de Dave Carroll.

Por fim, esta é uma história sobre uma empresa que escolheu não se conectar com os clientes.

Conforme milhões de possíveis clientes assistiam ao vídeo que colocava de forma persuasiva sua marca da pior perspectiva possível, negando o valor de dezenas de milhões de dólares em propaganda na mídia, a United Airlines optou por não dar qualquer resposta. Isso veio do maior participante de um dos setores que mais lidam com clientes, um setor que durante décadas gastou bilhões em propaganda, relações públicas e metodologia "científica" de atendimento ao cliente.

Como fenômeno no YouTube, "United Breaks Guitars" chamou a atenção de milhares de comentaristas da mídia. Mas dois aspectos não foram levados em consideração: os motivos pelos quais o vídeo de Dave ganhou tanto impulso e a forma como ágeis participantes periféricos conseguiram aproveitar esse impulso.

O estilingue de Davi se torna viral sobre Golias

Eu descobri a "United Breaks Guitars" com um de meus leitores três dias após Dave postá-la no YouTube. Naquele momento, o vídeo tinha cerca de 200.000

visualizações, e, após assisti-lo por 30 segundos, eu disse: "Eu preciso escrever sobre isso em meu blog *agora*!". Era tão novo e estimulante que eu queria que os leitores do meu blog e meus seguidores do Twitter ouvissem sobre isso primeiro por mim.

Então eu rapidamente escrevi um post no blog, anexei o vídeo e o coloquei no ar 30 minutos após tê-lo descoberto. Eu também escrevi um *tweet* com o link para meus (naquele momento) 20 mil seguidores no Twitter. Eu fui apenas um dos muitos acionadores que ajudaram a espalhar o vídeo para milhões de pessoas. Mas eu fui um dos primeiros porque reagi em *tempo real*.

O primeiro pico de crescimento da visualização do vídeo ocorreu no segundo dia (7 de julho). Após o site *The Consumerist*[2] postar um link do vídeo, o número de visualizações pulou para 25 mil. O *Los Angeles Time* ligou para Dave naquele dia, assim como diversas publicações locais canadenses.

No dia seguinte, 8 de julho, após a CNN transmitir parte de "United Breaks Guitars", Dave era, de repente, a celebridade da mídia do momento.

GRÁFICO 1.3 "United Breaks Guitars": histórias na grande mídia por dia (televisão, rádio, jornais, revistas)

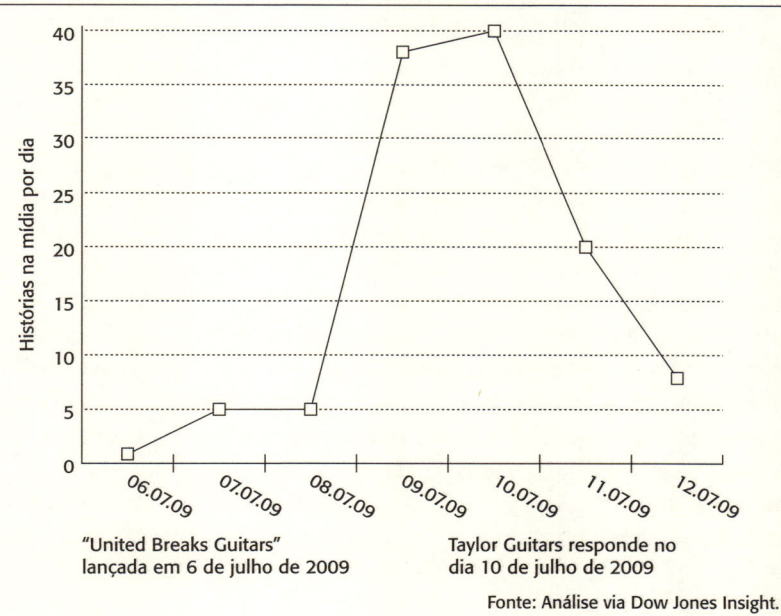

"United Breaks Guitars" lançada em 6 de julho de 2009

Taylor Guitars responde no dia 10 de julho de 2009

Fonte: Análise via Dow Jones Insight.

---

[2] *The Consumerist* é um site norte-americano voltado para o consumidor, com dicas das melhores opções no mercado e de como lidar com operadoras telefônicas, entre outros. (N.T.)

Improvisando com a bola de neve, Dave planejou um esforço de RP em tempo real que muitas agências seriam fortemente pressionadas a corresponder. Parentes organizaram uma sala de comunicações, respondendo as inúmeras solicitações da mídia que chegavam pelo telefone e e-mail e fazendo a triagem da agenda de Dave em tempo real para ter certeza de que ele apareceria nos mais renomados veículos de notícias. Seus 15 minutos de fama estavam acontecendo *naquele momento*, e ele precisava tirar o máximo de proveito disso que podia.

"Eu sabia que estava atingindo uma grande audiência quando estava prestes a gravar uma entrevista com a CTV e o apresentador disse que eu estava no *The Situation Room with Wolf Blitzer*[3] na CNN naquele momento", disse Dave. "Nós corríamos de uma entrevista para a outra. Enquanto alguém me levava de estúdio a estúdio, eu dava entrevistas pelo meu celular."

Dessa forma, Dave conseguiu dar dezenas de entrevistas em poucos dias a veículos impressos, como o *Wall Street Journal*, o *USA Today* e o *Los Angeles Times*, e a emissoras, como a CBS, a CNN e a FOX. Com cada aparição na mídia, o número de visualizações no YouTube aumentava.

EVOLUÇÃO DE UMA EXPLOSÃO DE MÍDIA EM TEMPO REAL

Segunda-feira, 6 de julho de 2009: Dave posta "United Breaks Guitars" à meia-noite, horário do Atlântico. "Havia seis visualizações até o momento em que fui dormir", diz ele.

7 de julho, 8h: "Havia 330 visualizações quando acordei", diz Dave. "Eu estava empolgado e liguei para o cinegrafista." Naquela manhã, Carroll é entrevistado por um jornal local, o *Halifax Herald*, e uma matéria online apareceu mais tarde naquele dia.

7 de julho, 12h: O vídeo estava com mais de 5 mil visualizações. O site *The Consumerist* posta um link do vídeo, o que levou a 25 mil visualizações no YouTube em algumas horas. Bob Taylor, da Taylor Guitars, e Jim Laffoley, da Calton Cases, também assistem ao vídeo. Laffoley entra em contato com Carroll, perguntando como eles poderiam trabalhar juntos. *Percebeu? Apenas 12 horas após postar o vídeo, Carroll recebeu uma proposta para trabalhar com a Calton Cases!*

7 de julho, 20h: Enquanto Dave Carroll está fazendo um show, a United Airlines liga e deixa uma mensagem: Eles querem falar com ele. Assim como o *Los Angeles Times*.

8 de julho: "Lá pela quarta-feira as coisas ficaram agitadas", diz Carroll. Ele é entrevistado pelo *LA Times* e por diversas publicações canadenses. Partes do vídeo são transmitidas pela CNN, enquanto o vídeo ultrapassa 50 mil visualizações

(continua)

---

[3] Um dos programas de maior audiência da CNN, com foco em política e reportagens especiais. (N.T.)

(continuação)

no YouTube. A FOX News e a CBS ligam em busca de entrevistas. A United liga mais uma vez, e Carroll marca uma hora para conversarem – dois dias depois. *Por que ter pressa para falar com a United? Afinal de contas, eles o enrolaram por nove meses.*

9 de julho: À medida que o vídeo ultrapassa 200 mil visualizações no YouTube, um dos meus leitores me informa sobre ele, e eu o posto em meu blog imediatamente. Laffoley e Dave planejam uma Edição para Viajantes de um Case de Guitarra, numa parceria entre a Calton Cases e Dave Carroll.

10 de julho: "United Breaks Guitars" atinge 1 milhão de visualizações no YouTube. A Taylor Guitars posta sua resposta ao incidente no YouTube. Dave fala com a United Airlines por telefone – e até mesmo nesse momento eles não se desculpam. Mas com algumas palavras evasivas sobre o "incidente lamentável", finalmente ofereceram uma remuneração a ele, que a recusa, alegando que era tarde demais e sugerindo que o dinheiro fosse dado a alguém passando por uma situação semelhante.

12 de julho: "United Breaks Guitars" atinge 2 milhões de visualizações no YouTube.

19 de julho: O site da Edição para Viajantes do Case de Guitarra de Dave Carroll da Calton Cases entra no ar. *Observe o quão rápido o novo produto é desenvolvido e lançado.*

22 de julho: O canal de televisão BBC entrevista Dave: "Minutos após a entrevista ser transmitida, canais concorrentes ligaram querendo falar comigo. Eu fiz nove entrevistas por telefone em um dia", diz Carroll. "United Breaks Guitars" é lançada no iTunes e se torna o download número um do país e do ocidente, no Reino Unido.

23 de julho: "United Breaks Guitars" atinge 3 milhões de visualizações no YouTube.

18 de agosto: A segunda música da trilogia da United de Dave é lançada.

14 de setembro: Em uma reunião no Aeroporto de O'Hare (local do crime, de certa forma), três executivos seniores da United finalmente pedem desculpas a Dave. *Observe o contraste entre os pedidos de desculpa e esforços de comunicação friamente lentos e morosos da United Airlines e a rapidez e agilidade de Dave Carroll, da Taylor Guitars e da Calton Cases.*

22 de setembro: Dave fala em uma audiência do Senado dos EUA sobre os direitos dos passageiros de companhias aéreas.

As histórias por trás da história: United Airlines, Taylor Guitars e Calton Cases

O fenômeno criado por Dave Carroll com "United Breaks Guitars" é um exemplo clássico do que eu chamo de *World Wide Rave* [sensação mundial] (veja o meu livro de 2009 com este título)[4], uma reação em cadeia online que se inicia

---

4   *A grande onda global*. Rio de Janeiro: Campus, 2010. (N.E.)

quando as pessoas espalham suas ideias ao repetir sua história. E há muito para se aprender com isso se nos aprofundarmos um pouco mais.

O que Dave conseguiu é incrível por si só. Mas, como observador desses fenômenos, o que me fascina é a forma como a Taylor Guitars e a Calton Cases conseguiram reagir em tempo real para aproveitar a oportunidade de marketing que o momento de Dave provocara. No entanto, a United Airlines demonstrou uma paralisia perante uma crise que aumentava como uma bola de neve. Na diferença entre os participantes pequenos, rápidos e ágeis e o gigante lento e desajeitado, eu vejo uma evidência, à primeira vista, de que a revolução realmente começou.

Vale a pena olhar de forma mais próxima como cada um dos participantes reagiu.

Quebre uma guitarra Taylor e você partirá o coração deste homem

Quando "United Breaks Guitars" surgiu em cena, Dave Carroll já estava no radar da Taylor Guitar. A fabricante de guitarras, sediada em El Cajon, Califórnia, retratou sua banda na revista *Wood & Steel*, do dono da empresa. E por tocar com uma Taylor por dez anos, Dave se tornou um devoto da marca – portanto, a letra da música não era sobre quebrar uma guitarra velha qualquer. A United quebrou a *Taylor* dele.

Com uma letra que demonstrava tanto respeito ao seu produto, não foi nenhuma surpresa que Bob Taylor, o fundador e presidente da fabricante de guitarras, soubesse a respeito dela em 24 horas por intermédio de um ex-empregado. "Eu já me tornara fã após ouvir um décimo da música... mesmo antes de ele mencionar sua guitarra Taylor", Bob Taylor me disse. Mas assim que ele ouviu que o instrumento danificado era uma Taylor, Bob entrou em contato com Dave e ofereceu um novo de graça. E ele não parou por aí.

"Estava discutindo com nossa equipe de marketing como poderíamos enviar uma mensagem gentil de apoio a Dave e a centenas de outras pessoas que tiveram suas guitarras quebradas em aviões", diz Taylor. "Nós sabemos que esse tipo de coisa acontece muito e queríamos fazer com que outros soubessem que 'não é sua culpa... nós compartilhamos de sua dor... podemos aconselhá-lo sobre como viajar com segurança no futuro.' Nós também queríamos que as pessoas soubessem que podíamos consertar seus instrumentos."

Isso que fez com que Bob filmasse seu próprio vídeo de YouTube, "Taylor Guitars Responds to 'United Breaks Guitars'" [resposta da Taylor Guitars à "United Breaks Guitars"]. Ambientada no centro de serviços da empresa, o vídeo não apresenta valores refinados de produção. "Nós queríamos transmitir que somos como uma família e que você está nos convidando para entrar na sua sala", diz Taylor. "A ideia era dizer: 'Ei, nós somos apenas pessoas e temos alguns recursos que podem ajudá-lo.'"

Assistindo ao vídeo, eu fui atingido por sua profunda sinceridade e, quando falei com Bob, entendi o porquê. A Taylor Guitars é uma empresa pessoal. Bob começou a fabricar guitarras no colegial e fundou a empresa quando tinha 19 anos. Trinta e cinco anos depois, ele ainda é apaixonado por sua namoradinha do colégio, e isso se reflete em tudo o que ele diz.

Nesse curto vídeo, Bob fornece dicas sobre como embalar e viajar com instrumentos musicais. Ele me disse que tem usado esse vídeo por cerca de 10 anos, primeiro para treinar novos funcionários e, mais recentemente, para fins de marketing no site taylotguitars.com e em um canal do YouTube.

"Quando o assunto é guitarras, eu me sinto confortável em frente às câmeras", diz Bob. "Eu fiz três tomadas do meu vídeo 'United Breaks Guitars', e todo ele representou cerca de 15 minutos de trabalho para mim, além de mais algumas horas para as pessoas que trabalhavam com o resto: coisas como logística e postagem."

> Embora a Administração de Segurança de Transporte (TSA) e a Federação Americana de Músicos (AFM) tenham chegado a um acordo para permitir que as guitarras fossem consideradas como bagagem de mão em 2003, milhares de músicos podem relatar uma história pessoal de danos a instrumentos de mão de diversas companhias aéreas. Conheça as políticas pertinentes da companhia aérea com a qual viajará. Imprima-as e as leve com você. Muitos comissários de bordo não conhecem as políticas de suas próprias companhias aéreas com relação a guitarras que podem ser levadas consigo dentro do avião; então, se você conseguir explicar calmamente que seu instrumento está dentro de suas diretrizes compulsórias e realmente mostrar-lhes estas diretrizes, você estará com uma enorme vantagem.

O vídeo-resposta da Taylor Guitars à "United Breaks Guitars" foi rapidamente visto por milhares de espectadores no YouTube, e mais de 500 deles deixaram classificações e comentários positivos. Devido ao conteúdo informativo do vídeo (viagem com guitarras e conserto), grande parte dos espectadores era, provavelmente, músicos profissionais: o mercado principal da Taylor.

Para mim, trata-se de um impressionante retorno sobre investimento: menos de um dia de trabalho gerou vários minutos de uma atenção detalhada de, até o momento em que escrevo este livro, quase meio milhão de clientes principais – tudo porque a Taylor estava alerta e foi ágil o bastante para aproveitar uma oportunidade de marketing em tempo real: o momento passageiro em que o vídeo de Dave Carroll estava em alta.

Enquanto trabalhava neste livro, fiquei impressionado com relação aos poucos profissionais de marketing preparados para se movimentar tão rápido como os da Taylor Guitars. Mesmo se tivessem visto a chance, a maioria das empresas ainda estaria discutindo o assunto quando a oportunidade já tivesse passado.

Então por que Bob Taylor conseguiu agir tão rápido?

Momento de ensinar

Embora a Taylor Guitars estivesse falando durante anos sobre o cuidado e o manuseio adequados de guitarras, os clientes tendem a ignorar esse conselho – assim como tudo mais que é encontrado na parte de trás do manual do proprietário. Então Bob Taylor enxergou imediatamente a experiência de Dave Carroll como uma plataforma ideal para criar um senso de urgência com relação a esse tema.

Bob foi um dos primeiros a ver "United Breaks Guitars", que, até então, somava apenas 5 mil visualizações no YouTube.

"Eu vi isso como um momento de educar, já que muitas pessoas estavam falando sobre guitarras em aviões", diz Taylor. "Nós já sabíamos que é preciso correr para aproveitar oportunidades de se comunicar quando algo acontece, pois pode ser tarde demais quando isso acabar. E como Dave usou um vídeo, nós pensamos que essa era a maneira ideal de contarmos nossa história também."

A equipe de Taylor já tinha feito muitos vídeos, então eles puderam agir rapidamente assim que a decisão foi tomada. Eles já tinham um canal de vídeo no YouTube funcionando.

"Nós não esperamos as estrelas se alinharem, nós apenas filmamos rapidamente. Faz parte dos fundamentos da empresa. Nós apenas queríamos falar com nossos amigos enquanto eles estavam curtindo o vídeo do Dave."

Ele pode não esperar as estrelas se alinharem, mas Taylor aprendeu a enxergar oportunidades raras que surgem quando seu produto é levado ao centro das atenções.

"Pouquíssimas vezes acontece algo que leva sua marca um pouco mais adiante", diz Taylor. "Apresentadores de jornais estavam dizendo que a guitarra de Dave era uma guitarra Taylor. Eu faço isso há 35 anos e somente por volta de uma dúzia de vezes algo grande como isso cruzou nosso caminho... como quando a Taylor Swift começou a tocar com guitarras da Taylor no palco. Quando a sorte está ao seu lado, você não pode desperdiçá-la. Graças ao Dave, agora muito mais pessoas conhecem guitarras da Taylor. Isso foi um grande salto para a marca Taylor Guitars."

Estudo de caso do desenvolvimento de produto em tempo real

A difícil situação vivida por Dave Carroll dificilmente não seria notada por Jim Laffoley: seu produto é concebido exatamente para evitar danos a guitarras. Além disso, a casa de Dave, em Halifax, fica a apenas 3 horas de carro de Moncton, Nova Brunswick, onde Laffoley trabalha como presidente da Calton Cases (North America) Inc.

Músicos em todo o mundo consideram os produtos da Calton como um dos cases mais seguros para instrumentos de corda, desde violinos e violoncelos a guitarras. E cases de guitarras são os produtos mais vendidos da empresa. Na verdade, se Dave Carroll tivesse usado um case da Calton ao "Voar com a United"[5], ele talvez não tivesse tido um problema com a companhia aérea.

"Nosso principal cliente é o músico profissional", disse-me Laffoley. "Meu objetivo é ter mais artistas profissionais como clientes. Eu queria colocar um artista em um pedestal, porque eles são os porta-vozes perfeitos para os nossos produtos."

"Na terça-feira de manhã, meu advogado ligou dizendo que ele tinha acabado de assistir ao vídeo 'United Breaks Guitars'", diz Laffoley. Naquele momento, o vídeo tinha cerca de 25.000 visualizações. "Então eu liguei para o Dave e disse: 'Você é o porta-voz perfeito para o meu produto', e ele foi imediatamente receptivo quanto à ideia de trabalharmos juntos."

De início, Laffoley fez a oferta de fornecer a Dave cases para a próxima turnê da banda. Mas a colaboração deu rapidamente um passo à frente.

"Demorou cerca de dois dias para ir da oferta de alguns cases para uma proposta de uma linha de produtos de marca personalizada", diz Laffoley. "E Dave viu o valor daquilo imediatamente."

No momento em que o vídeo ultrapassava as 200 mil visualizações no YouTube, nascia o Case de Guitarra Edição para Viajantes de Dave Carroll. Cada case rígido é feito à mão e está disponível em 16 cores para a parte externa e 12 cores para a interna.

"Nós propusemos um preço agressivo para atrair pessoas que queriam conhecer um case da Calton", diz Laffoley. "Setecentos e vinte e cinco dólares, incluindo o envio a qualquer lugar na América do Norte."

Dave Carroll está feliz porque recebe uma parte de cada venda, e os demais artistas também ficam felizes porque o preço é menor do que o de um case normal da Calton. Mas a única diferença de um Calton normal é o emblema personalizado criado por Laffoley quase da noite para o dia.

Como resultado, a edição de Dave Carroll foi colocada à venda no site da Calton – e promovida no site de Dave – dentro de alguns dias após o lançamento do vídeo no YouTube.

É claro que isso foi apenas um esforço para relançar algo sob um novo nome. Mas no mundo corporativo de hoje, em que os esforços para o desenvolvimento de produtos compreendem meses ou anos de "processo", é incrível ver um produto sair do conceito para a venda em dias.

"Eu tenho experiência em gerenciamento de produtos", diz Laffoley. "Então eu consegui agir rapidamente. Mas tudo o que eu realmente fiz foi convencer o Dave a mudar o rótulo, mudar o ponto de preço e trabalhar na distribuição. As vendas

---

[5]   O autor aqui faz referência ao antigo slogan da United Airlines, "Fly United". (N.R.)

estão indo bem até agora. Estamos vendendo cases que nunca teríamos vendido sem a edição de Dave Carroll."

A United se desvencilha

Embora o vídeo de Dave Carroll tenha tornado famosos pelos motivos errados, os funcionários da United responsáveis pelo manuseio das bagagens, todo mundo, menos a United, estava trabalhando para aproveitar o momento. Dave estava por toda a mídia em todo o mundo. Bob Taylor estava ensinando aos músicos como proteger e consertar seus estimados instrumentos. E Jim Laffoley estava aproveitando o momento com um case de guitarra de marca personalizada.

Enquanto isso, a United não dizia absolutamente nada em público. Sua equipe de RP não forneceu nenhuma explicação no site corporativo, não ofereceu nenhuma declaração à mídia e não postou comentários em nenhum dos muitos blogs que (como o meu) falavam com empolgação sobre o vídeo. Em outras palavras, eles não reagiram em tempo real.

Ao não fazer isso, a United perdeu uma grande oportunidade de enfraquecer e rechaçar as críticas antes que elas virassem uma bola de neve – além da chance de apresentar uma face solidária e humana a seus clientes. Em vez de fazer algo interessante e criativo – como um vídeo do YouTube de todos os seus encarregados por manusear as bagagens se curvando como um pedido de desculpas, no estilo japonês –, a United escolheu um duro silêncio. Essa foi apenas a primeira das inúmeras oportunidades que a companhia aérea perdeu. Ou que tal isso como resposta: e se a United tivesse colocado uma câmera em uma mala para filmar a jornada percorrida no aeroporto de O'Hare, quando ela sai de um avião, passa por dentro do sistema de bagagens do aeroporto e chega ao outro avião? O vídeo poderia ser acelerado até cerca de um minuto e narrado pelo principal encarregado das bagagens. Isso, sim, teria gerado uma atenção positiva em tempo real!

A United, de fato, tentou fazer as pazes, por trás do pano, ao entrar em contato com Dave, mas faltou tato até mesmo nesse esforço. "Eles não disseram que sentiam muito", relembra Dave. "Eles, na verdade, disseram que era lamentável e ofereceram uma remuneração só porque eu sou um *bom cliente*, e não por causa do vídeo. Mas eu disse desde o início que, se eu tivesse que partir para o vídeo, eu não aceitaria nenhuma remuneração pessoal; disse que eles podiam dar o dinheiro a outro cliente com problemas com danos."

Precisou de muita punição para que eles entendessem a mensagem, mas Dave acredita que a United pode finalmente ter aprendido algo com essa experiência. Disseram-lhe que a "United Breaks Guitars" agora é usada no treinamento de atendimento ao cliente para ilustrar o quão rápido as coisas podem ficar feias. E, no dia

14 de setembro de 2009, ele se reuniu com os executivos seniores da United Airlines em Chicago.

"Eles foram simpáticos e agradáveis e disseram que sentiam muito", diz Dave. "Eles assumiram a responsabilidade. Embora não tenham pedido desculpas, eles falaram sobre alguns motivos para os problemas. Eu disse a eles que deveria haver alguma clareza na política da United a respeito de guitarras e que ela deveria permitir que músicos levassem as guitarras dentro do avião. Embora a política sempre estivesse ali, eles não a deixaram clara, então eles acrescentaram um link."

Infelizmente, a falta de reação em público – o instinto de ignorar uma enorme insurreição online – ainda é bastante comum no mundo corporativo. Eu identifiquei diversos motivos para esse comportamento, incluindo uma influência indevida de departamentos jurídicos que temiam "dizer algo que admitisse a culpa", um completo pânico da equipe de atendimento ao cliente, conselhos ruins de agências de RP e a imersão dos executivos na cultura do "sem comentários".

Embora eles possam ter aprendido algo com isso, a United continua perdendo oportunidades. Como parte de minha pesquisa para este livro, no dia 7 de outubro de 2009 eu enviei um e-mail para a equipe de relações com a mídia da companhia aérea solicitando uma entrevista. Para ser justo, eu queria mostrar a você o lado da United nessa história; deixar que eles dissessem a você o que aprenderam.

Embora meu primeiro e-mail tenha sido respondido imediatamente, a equipe de relações com a mídia se recusou a me conceder uma entrevista. Então o estrago continua na medida em que você está lendo isso. Tudo isso faz com que você queira "Voar com a United"?

A United Airlines realmente aprendeu com esse desastre? Em uma situação parecida, eles agora perceberiam a importância de participar de um diálogo online em tempo real? Eles criariam seu próprio vídeo interessante no YouTube para rechaçar um pouco das críticas? Eles aproveitariam a oportunidade para humanizar a empresa e mostrar que eles se importam com seus passageiros?

A grande vitória de Dave

Se a United não aprendeu nem ganhou nada com esse encontro, ocorreu o contrário com Dave Carroll. Sua carreira floresceu por ser o centro das atenções do YouTube. Sua banda é constantemente requisitada para shows, e os ouvintes compram músicas de seu site e do iTunes.

"Se minha guitarra tivesse que ser destruída devido a uma negligência extrema, fico feliz que a United é que fez isso", diz Dave. Após mais de 8 milhões de visualizações de seus vídeos, Dave brinca: "A United estragou minha carreira!".

Dave pode ser famoso agora, mas não era isso que ele almejava. "Eu não tinha grandes expectativas", diz ele. "Eu apenas esperava que a United visse o vídeo e levasse-o a sério."

O que fez o vídeo de Carroll se tornar uma Sensação Mundial enquanto muitos outros passam despercebidos? Todas as pessoas a quem perguntei mencionam a música em si – o que é muito bom. "Eu tenho trabalhado com letras de músicas faz alguns anos", diz Dave. "A história foi bem contada e tinha ganchos nos locais certos. Mas, para um músico independente, é difícil fazer com que as coisas sejam ouvidas. Eu não acho que a música teria se espalhado sem a parte da United Airlines. Esta música só poderia ter sido um sucesso desta exata forma."

A música em si era certamente simples, mas estou certo de que a disponibilidade de Dave para fazer dezenas de entrevistas na mídia nos primeiros dias frenéticos do lançamento da música é que fez com que o vídeo passasse de algumas centenas para milhões de visualizações em apenas alguns dias. Em outras palavras, o esforço das relações com a mídia em tempo real de Dave foi essencial para a explosão viral do vídeo.

O sucesso repentino fez com que a carreira de Dave passasse por muitas mudanças inesperadas. Ao ter reinventado com sucesso sua marca pessoal em tempo real, goste ou não, ele será para sempre conhecido como "aquele cara da United Breaks Guitars". Mas é um papel que ele está ansioso para desempenhar.

"Todo mundo conhece essa música", diz ele. "É perfeita para abrir portas. E agora estou sendo convidado para falar sobre atendimento ao cliente em eventos corporativos."

Dave também se tornou um improvável porta-voz para os direitos dos passageiros de companhias aéreas, depondo em setembro de 2009 na audiência do Senado a respeito do assunto. "Agora sempre me reconhecem quando voo com a minha guitarra", diz ele. "Muitos músicos entram em contato comigo para me agradecer sobre chamar a atenção ao desafio de viajar com guitarras. Afinal de contas, estamos falando sobre nosso meio de vida."

Participação em tempo real

Marketing em tempo real.
Desenvolvimento de produtos em tempo real.
Comunicação em tempo real.
Atendimento ao cliente em tempo real.

O que podemos aprender com a luta de Davi *versus* Golias, na qual um músico canadense irritado açoita absoluta e totalmente uma das maiores operações de marketing e serviços de atendimento ao consumidor dos Estados Unidos? O que acontece quando um simples amador improvisando consegue derrotar um grupo que deveria ser um dos mais sofisticados de seu tipo no planeta? E como dois outros pequenos participantes conseguiram aproveitar o momento do vencedor?

A resposta é: as regras mudaram. A balança de poder foi alterada de forma irrevogável.

Foi preciso velocidade e agilidade, além de imaginação criativa e habilidade, para que Dave Carroll escrevesse uma música tão poderosa quanto um míssil Stinger.

> **O tamanho e o poder de compra da mídia não são mais uma vantagem decisiva. O que conta hoje é a velocidade e a agilidade.**

É necessário pensar rápido e ter coragem para expor sua organização, para reagir a eventos em tempo real assim como fez Bob Taylor. Mas a recompensa pode ser enorme. Quando estava terminando este livro, a Taylor Guitars estava trabalhando muito para acompanhar a demanda do mercado. A empresa tem feito uma quantidade recorde de guitarras, quase 25% a mais do que o nível de produção mais alto de 2008. Portanto, uma mentalidade em tempo real pode afetar o resultado final.

Se você comanda um grande negócio como a United Airlines, isso deve apavorá-lo. Talvez isso faça você refletir que, se combinar duas grandes burocracias em busca de uma escala maior, seu problema se resolverá ou aumentará.

Se você for grande, isso deve assustá-lo – mas não precisa fazer com que você perca a coragem. Seja comandando um negócio de uma pessoa no início das operações ou uma grande empresa global, você tem uma oportunidade igual para crescer ao participar do mundo à sua volta em tempo real.

Nos capítulos a seguir, nós olharemos de forma prática o que é preciso para vencer nesse novo ambiente. E, sim, como você verá no Capítulo 5, as grandes organizações também vencem... se elas souberem o que fazer.

2
VELOCIDADE *VERSUS* PREGUIÇA

Notícias do Front

No Capítulo 1, nós vimos como o conhecimento de marketing e as relações públicas em tempo real fizeram com que um homem superasse uma gigante e de-selegante companhia aérea. Neste capítulo, nós veremos outras provas de que uma revolução em tempo real está mudando seriamente a balança de poder.

Às 14h40, horário do Pacífico, do dia 25 de junho de 2009, o mundo inteiro ficou sabendo que Michael Jackson havia sido declarado morto no Centro Médico Ronald Reagan da Universidade da Califórnia, em Los Angeles. Quem deu a notícia a um mundo em choque dentro de minutos? Não foi o *Los Angeles Times* nem a CBS News, a CNN ou a FOX.

A TMZ, um serviço de notícias da mídia sobre celebridades surgido há pouco tempo, obteve o furo sobre essa triste história, postando-a imediatamente em seu site. À medida que o mundo ficava sabendo da morte de Jackson, apareciam, na mídia em todo o mundo, as agora icônicas imagens da ambulância – sempre com o logotipo da TMZ. Participante do ramo de notícias com menos de cinco anos de experiência, a TMZ desbancou todo mundo, incluindo veículos de mídia locais com muito mais repórteres em cena.

Por que um veículo de notícias maior e mais estabelecido não obteve a história primeiro? Por que a TMZ foi uma das primeiras a mostrar ao mundo o Cadillac Escalade danificado de Tiger Woods? E por que a TMZ foi a primeira a anunciar a separação de Britney Spears e Kevin Federline?

E mais, em um momento em que veículos de notícias estavam diminuindo drasticamente por toda a América, por que a TMZ conseguiu ir de 0 a 25 milhões de dólares em receita entre os anos de 2005 e 2008?

Embora milhões de americanos tenham se tornado viciados em notícias em 2008, acompanhando uma das eleições mais disputadas da história dos EUA, a mídia de notícias convencional continuava em declínio.

> **Enquanto a mídia ligada a ciclos de produção restritos diminuía – jornais matinais, telejornalismos noturnos e periódicos semanais –, crescia a audiência e o lucro da mídia em tempo real.**

Enquanto isso, o site Politico.com, outro que surgiu há pouco tempo, formou um novo nicho em tempo real no centro do discurso político americano, atraindo uma extasiada audiência de participantes políticos, viciados em política e repórteres.

Lançado por ex-repórteres do *Washington Post* antes da eleição de 2008 dos Estados Unidos, o Politico cresceu rapidamente devido à força de reportagens rápidas e baseadas na web sobre desdobramentos eleitorais. Na breve baixa temporada eleitoral americana, ele manteve sua audiência com coberturas rápidas e abrangentes da batalha da reforma do sistema de saúde e outros assuntos polarizantes. E sua principal audiência é apaixonada pela política americana. Em 2009, a Vanity Fair relatou que o Politico tinha ido de uma equipe de 0 a 100 funcionários em um momento em que outros veículos de notícias estavam cortando pessoal.

Por que o próprio *Washington Post* não criou o Politico.com, em vez dos jornalistas que deixaram a empresa?

A resposta a todas essas perguntas sobre a TMZ e o site Politico se reduz à mesma coisa. As duas empresas surgidas há pouco tempo entendem as vantagens obtidas ao fornecer conteúdo em tempo real que satisfaça a curiosidade de um público intensamente focado. Independentemente de a curiosidade estar focada em coisas que realmente importam ou na Lady Gaga, há dinheiro para se ganhar ao satisfazer essa curiosidade em tempo real.

Nada atrai a curiosidade de uma forma mais poderosa ou consistente do que informações que possam gerar lucro. E é por isso – como dissemos no Prólogo – que a revolução em tempo real chegou antes de tudo na área das finanças.

Não é nenhuma surpresa, portanto, encontrar uma empresa que cresceu em sincronia com a revolução financeira, indo de 0, em 1981, a 6,5 bilhões de dólares em receita, em 2008, e que agora lidera o crescimento entre titãs da mídia global.

A Bloomberg foi a primeira a fornecer notícias e dados em tempo real aos mercados financeiros. E a empresa continua crescendo, indo para a TV e comprando propriedades da mídia como a BusinessWeek, enquanto outros conglomerados da mídia estão em declínio terminal. O fundador, Michael Bloomberg, conseguiu até dominar uma cidade inteira, ao se tornar prefeito de Nova York.

Foi uma força em tempo real que impulsionou a Bloomberg a superar as concorrentes CBS e Time Life e se tornar a superpotência da mídia baseada em Nova York. Com isso, a Bloomberg representa o triunfo da "nova mídia" sobre a antiga – mas até mesmo entre a nova mídia o conhecimento em tempo real não é comum.

O Google finalmente entende

Embora acordem três horas mais tarde do que nós, os californianos gostam de pensar que estão à frente de nós, moradores limitados da costa leste. Mas somente após o final de 2009 – quando este capítulo estava sendo escrito – o Google, o Godzilla do Vale do Silício, descobriu o que está presente no DNA da Bloomberg. É preciso ser em tempo real!

Embora mais um portador do que um produtor, o Google é uma mídia de notícias. Mas, até pouco tempo, ele não era um veículo em tempo real. Somente no final de 2009 o Google anunciou que resultados em tempo real seriam finalmente incluídos nas buscas. Isso significa que atualizações em tempo real de sites como Twitter e o FriendFeed, além das manchetes das notícias e posts de blog, apareceriam então nos resultados do Google Web Search em apenas segundos após serem postados.

Posso contar um segredo?

Quando vi esta notícia fiquei tão entusiasmado que meu batimento cardíaco começou a acelerar. Um calafrio subiu pela minha espinha ao perceber que estava vivenciando um momento crucial da história online. Então eu larguei tudo para me aprofundar sobre esse novo desenvolvimento.

Fiquei sabendo da notícia sobre a inovação da busca em tempo real do Google por diversas pessoas que sigo no Twitter. Assim que vi isso, corri para o Google News Search para procurar novas histórias sobre o anúncio do Google. Para o meu desespero, eu descobri que já havia uma enorme quantidade de histórias. Droga! Por estar enfurnado em uma reunião quando a notícia surgiu, horas antes, eu perdi a chance de escrever sobre isso antes de todo mundo. Mas eu ainda queria postar algo rapidamente.

Então comecei pelo blog oficial do Google, no qual o anúncio foi feito. Ali eu descobri que os recursos em tempo real são baseados em novas tecnologias de busca que permitem que o Google monitore mais de 1 bilhão de documentos e processe centenas de milhões de atualizações em tempo real por dia.

O Google tinha anunciado antes uma parceria de fornecimento de conteúdo com o Twitter. Mas, com o lançamento da busca em tempo real, eu descobri que o Google anunciou novas associações semelhantes com o Facebook, o MySpace, o

FriendFeed, o Jaiku e o Identi.ca – todos participantes-chave no mundo das redes sociais em tempo real.

Eu fiquei feliz em saber que os engenheiros de busca tinham acrescentado "assuntos mais falados" no Google Trends. Isso faz com que os usuários possam ver, em tempo real, os tópicos que mais estão sendo discutidos online. Essas listas de frase da moda (um recurso padrão do Twitter desde o começo) são essenciais porque permitem ver tendências e padrões emergentes.

O anúncio desse desdobramento em seu blog foi mais uma prova de que o Google estava começando a funcionar em tempo real. Isso significava que a notícia era disseminada rapidamente, enquanto as pessoas tuitavam instantaneamente e depois blogavam sua interpretação do que isso significava.

Noticiar em primeira mão em sites e blogs de empresas é uma técnica importante de ação em tempo real porque permite que seus maiores entusiastas sejam os primeiros a ter acesso às informações. Isso também permite que comentários e esclarecimentos sejam feitos em tempo real, à medida que as perguntas aparecem. Nós discutiremos essa estratégia em detalhes mais adiante no livro.

O anúncio da busca em tempo real foi importante porque mostra que nossos amigos do Googleplex finalmente perceberam a importância da mídia em tempo real. Antes dessa inovação, eu sentia, já fazia algum tempo, que a falta de uma busca em tempo real limitava o valor da ferramenta de busca do Google.

Por muitos anos, eu achei estranho ter que ir a três lugares (de propriedade de duas empresas diferentes) para buscar as informações das quais precisava. Eu usava o Google para buscar notícias e fazer uma varredura pela web em busca de conteúdo surgido há poucos dias. Mas eu contava com as buscas do Twitter (e serviços como o TweetDeck) para descobrir o que estava acontecendo naquele momento. Agora eu posso ver tudo isso no Google.

A inovação do Google chegou como um reconhecimento de que é extremamente importante para os negócios ouvir o que as pessoas estão dizendo em tempo real. Finalmente, este foi o par de orelhas que faltou à United Airlines ao lidar com Dave Carroll.

Preso na roda de hamster do ciclo de notícias

Por que empresas recém-surgidas, como a TMZ, o site Politico e a Bloomberg, agora superam concorrentes como a revista *People*, o *Washington Post* e a *Newsweek*? Em um momento em que os americanos estão consumindo volumes de notícias e informações online sem precedentes, por que mais de 15 mil pessoas nos Estados Unidos perderam seus empregos em jornais em 2009?

Eu diria que focar no tempo real é fundamental para se obter um modelo de negócio sustentável na mídia.

Então por que empresas de mídia estabelecidas não passam a agir em tempo real?

Na minha opinião, essas organizações estão sobrecarregadas por hábitos culturais profundamente impregnados por seus processos de fabricação, pelos novos ciclos que seguem. No caso dos jornais, é o prazo para a impressão diária; para os noticiários da TV, é a transmissão em horário nobre. Quando apareceu a oportunidade de se mudar para o online, para essas organizações isso foi uma ideia tardia. E como online era uma ideia tardia, isso não forçou a cultura central a se reinventar.

> Uma vantagem enorme surge do fornecimento de conteúdo em tempo real que satisfaça uma curiosidade pública intensamente focada.

Enquanto isso, as empresas que começaram do zero com uma mentalidade em tempo real continuam a crescer – e não apenas no ramo das notícias. Por toda a economia, as pessoas estão obtendo sucesso ao entender o poder do agora. O poder do tempo real está presente em seu negócio também.

Sentindo uma presença invisível na sala de conferências

Conferências são um meio e um negócio bem distintos da mídia de notícias. E o ramo de conferências está passando por uma revolução em tempo real de uma forma diferente.

A conferência que conhecíamos era dura, estruturada e didática. Ela tem sido a mesma desde Cícero – o locutor falava e o público ouvia. Talvez o público tivesse a chance de fazer perguntas no final ou de conversar sobre o conteúdo durante o *coffee break*, mas, assim como a televisão, era essencialmente uma comunicação de via única.

As pessoas que trabalham como palestrantes em conferências, assim como eu, tinham motivos para se perguntar se eventos ao vivo deixariam de existir. Mas então algo interessante aconteceu. O negócio arrastado e lento de eventos físicos adquiriu uma velocidade em tempo real.

Agora, em conferências em todo o mundo, os participantes se conectam uns com os outros em tempo real enquanto os palestrantes ficam em cima de um palanque. Esse "canal de apoio" é realmente revolucionário porque permite que os ouvintes discutam o conteúdo no momento em que ele é fornecido. Além do mais, isso trás uma nova audiência virtual ao local – algumas vezes do outro lado do planeta.

Usando *hashtags* (identificadores únicos antecedidos pelo símbolo "#" utilizados por usuários do Twitter para marcar e localizar *tweets*), as pessoas da plateia e de qualquer lugar podem se sintonizar no canal de apoio. Muitos participantes também postam fotos e videoclipes em tempo real para que as pessoas possam ver o que está acontecendo.

Por isso, eventos fechados agora são abertos a todo o mundo. Boas apresentações recebem críticas entusiasmadas instantâneas, e as más são criticadas tão rápido quanto.

Hoje, quando eu conduzo discussões em grupo, geralmente pego perguntas feitas tanto do público quanto via Twitter. Em um evento em Boston, eu recebi um pergunta da Nova Zelândia, que então repassei para o público.

Algumas vezes o bate-papo de apoio fica fútil, como quando escreveram *tweets* sobre o cinto que escolhi usar em um evento recente. Mas grande parte do fluxo vale mais do que o que está segurando minhas calças. Por exemplo, as pessoas geralmente tuítam sobre recursos online relevantes com relação ao assunto no momento em que o palestrante está falando sobre isso.

Eu também vi o canal de apoio do Twitter gerar vendas imediatas. Enquanto falava em um evento em Amsterdã, a vendedora local de livros Danielle Shouten tuitava um link sobre uma oferta especial para o meu livro[1]. Isso não é o máximo?

E não é apenas o Twitter. Algumas pessoas em conferências agora usam aplicativos móveis com GPS, como o Foursquare, que permite que você veja onde seus amigos estão na sala de conferências (ou no bar para onde foram ao fugir do trabalho). E com serviços de transmissão contínua ao vivo de vídeo, como o Qik, qualquer pessoa pode fazer o upload de um discurso na internet em tempo real.

O que importa agora

Mesmo no ramo editorial, o mais antigo e tradicional da mídia, as pessoas estão descobrindo novas formas criativas de aproveitar o poder do agora.

No final de 2009, Seth Godin pediu a 70 pessoas, as quais ele descreve como "grandes pensadores", para contribuir com um artigo de uma página com um título composto por uma palavra. Ele juntou estes artigos em um e-book gratuito: *What matters now* [o que importa agora]. Entre os colaboradores estavam os autores de *best-sellers* Elizabeth Gilbert e Tom Peters, os pensadores tecnológicos Kevin Kelly e Guy Kawasaki e os editores Tim O'Reilly e Arianna Huffington.

Como Godin gentilmente incluiu meu artigo "Attention" [atenção] no e-book, eu sabia quando ele ia ser publicado e obtive uma chance privilegiada de assistir e avaliar um fenômeno online em tempo real em seu processo de criação.

---

[1]   *The New Rules of Marketing & PR.* (N.E.)

What matters now foi lançado no blog de Godin às 5h da manhã, EST, do dia 14 de dezembro de 2009. Foi pedido aos colaboradores que não divulgassem nada até o momento do lançamento, para então blogarem e tuitarem sobre ele simultaneamente. Então, ao lado de outros colaboradores, eu deixei escrito um post de blog para enviá-lo automaticamente às 5h em ponto.

Dentro de uma hora, *What matters now* era uma das principais frases do Twitter – chamado *trending topic*. As pessoas estavam tuitando e retuitando como loucas (um *retweet* é quando você encaminha o *tweet* de outra pessoa a seus seguidores), chegando, em um momento, a mais de um *tweet* por segundo. Muitas pessoas também começaram a deixar comentários a respeito dos posts nos blogs dos colaboradores.

> Assim como um corretor de ações ganha dinheiro ao negociar primeiro, os blogueiros lutam para definir a pauta ao serem os primeiros a compartilhar algo importante com os leitores.

Logo depois, posts de blogs fora do grupo de colaboradores começaram a aparecer. Em casos como este, blogueiros geralmente competem para definir a pauta de discussão, tentando dar a primeira palavra e postar antes de todo mundo.

GRÁFICO 2.1 *What matters now*: posts de blog por dia

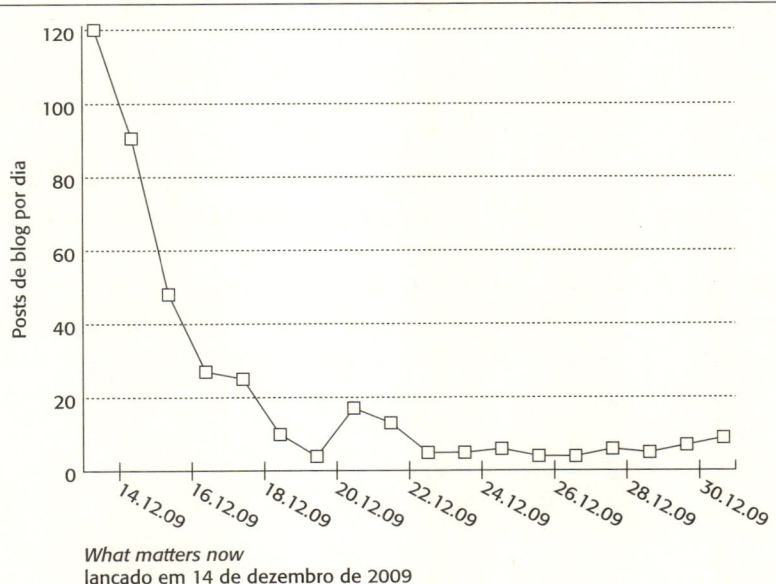

What matters now
lançado em 14 de dezembro de 2009

Fonte: Análise via Dow Jones Insight.

Como Seth Godin é um pensador de marketing muito influente e como levou dezenas de outros líderes de pensamento ao projeto, muitos outros quiseram compartilhar, rapidamente, essas ideias em seus próprios blogs. Portanto, em uma corrida para ser o primeiro, o número de posts do blog seguiu um padrão previsível.

Na data do lançamento, 119 posts de blog mencionaram o *What matters now*, de acordo com uma análise que fiz em conjunto com a Dow Jones, usando seu produto Insight. No segundo dia, foram 90 posts; 48 no terceiro e 27 no quarto dia. Após isso, o número de posts diminuiu abruptamente.

Isso segue um padrão previsível, que veremos em detalhes no Capítulo 3. Pelas três semanas seguintes, em média cinco posts por dia mencionavam o *What matters now*. E, mesmo depois de meses, o e-book ainda era mencionado algumas vezes por dia.

"Existe uma lei de potência da atenção no trabalho online", disse-me Seth Godin logo após o lançamento de *What matters now*. "Muitas pessoas que estão trabalhando online (de graça ou não) estão no ramo do 'tire algo da' concorrência de Jimmy Olsen. Como a notícia viaja rápido, ser o primeiro é tudo. Não foi nem um pouco surpreendente ver o *What matters now* disparar, já que planejamos isso. Com dezenas de autores dando a notícia ao mesmo tempo, nós acendemos o fósforo da notícia em vários lugares, e o fogo pegou."

Você consegue enxergar o padrão?

De Dave Carroll e sua guitarra quebrada a Seth Godin e seu e-book de sucesso instantâneo, eu vejo padrões que aparecem a todo momento no mundo online em tempo real.

Eu compartilhei todas as histórias que você leu do Prólogo até esse momento porque, para mim, esses exemplos em tempo real revelam que a mudança está por vir – e os padrões e os mecanismos estão presentes.

Lembre-se das histórias contadas até aqui, pois no Capítulo 3 nós veremos os novos padrões, os novos mecanismos e as novas leis em vigor por todo esse corpo de experiência. Depois, no Capítulo 4, nós veremos as atitudes e as mentalidades que podem ajudar sua organização a se adaptar à nova realidade.

3
ESTABELECENDO ALGUMAS
LEIS PARA O TEMPO REAL

Agora que nos encontramos no meio de uma revolução em tempo real, os empresários estão sentindo seu caminho para o futuro em busca de novas verdades. As leis mudaram. As placas de sinalização de estradas sumiram. É como tentar dirigir pelos Estados Unidos com um mapa feito em 1950, antes do sistema de estradas interestaduais. Na prática, você quase não consegue encontrar rastro da Rota 66!

É sobre isso que este livro trata. É um auxílio para uma navegação projetada para levá-lo a um território não mapeado. Ele explora como empresas, organizações sem fins lucrativos, agências governamentais, empresários e até os que buscam emprego conseguem atingir seus objetivos ao serem os primeiros a falar, em cada conversa, com consumidores e clientes, respondendo-lhes conforme eles falam.

Certamente os consumidores entendem que economizar tempo proporciona uma vantagem importante na web. Uma busca rápida no Google agora fornece em segundos uma pesquisa que costumava levar horas em uma biblioteca. Em comparação, o shopping costumava ser local e exigia que as pessoas dirigissem por toda a cidade ou fizessem buscas nas páginas amarelas; hoje, ele é global e instantâneo.

> **A internet mudou de forma fundamental o ritmo dos negócios, reduzindo o tempo e valorizando a velocidade.**

É muito mais difícil encontrar provas de que os negócios compreenderam a gravidade dessa mudança e de que adaptaram processos internos ao novo ritmo. Na verdade, marketing, RPs, comunicações, desenvolvimento de produtos e atendimento ao cliente agora se parecem muito com carros da década de 1950 em uma autoestrada moderna, circulando lentamente pela faixa da direita de acordo com as velocidades com que foram projetados.

Vamos resistir à tentação de apenas buzinar para eles por bloquearem o trânsito. É melhor explicar pacientemente – porque esse assunto realmente fica técnico – como os limites de velocidade modernos funcionam.

As novas leis de velocidade

Agora existem várias dimensões para a velocidade das comunicações.

O *ritmo* ideal é o natural, é o ritmo com que pessoas reais falam em uma conversa. Se você fizesse uma pergunta a alguém, você não ficaria irritado se ela olhasse de volta para você de forma desinteressada por uma hora antes de responder? Isso é fácil de entender.

O que é mais difícil de pôr em sua cabeça é o escopo da conversa e a velocidade com que ela se expande, flui e contrai.

Aparentemente do nada, milhões de pessoas participam de uma conversa sobre um cara cuja guitarra foi quebrada. Entre milhões, o foco da conversa de repente muda em resposta às novas informações. Então, tão rápido quanto começou, o papo diminui a quase zero.

O que está acontecendo aqui? Como isso funciona?

Existem duas "leis" que regem a forma como as notícias se espalham online. Não há leis novas. Elas foram usadas por muitos anos para descrever fenômenos consideráveis. Elas podem ter aparecido na sua prova de ciências no colegial. Mas elas ditam a velocidade com que nós agora precisamos participar do mercado: *a lei de potência e a lei da distribuição normal.*

A lei de potência em tempo real

O conceito da lei de potência aparece inúmeras vezes tanto na natureza como em esforços humanos. Ela rege a distribuição de dados quando uma grande concentração (um "pico") de eventos é seguida por uma queda rápida para uma "cauda longa" de eventos contínuos, mas menos frequentes.

Na natureza, o tamanho das crateras da lua segue o padrão da lei de potência. Se colocarmos em uma planilha o tamanho das crateras com relação ao número de crateras de cada tamanho, nós veremos um pico representando as poucas crateras grandes (com quilômetros de distância) e diminuindo rapidamente para a cauda longa de milhões de pequenas crateras.

A popularidade dos sites é um bom exemplo de algo feito pelos homens. Alguns sites extremamente populares, como o Google e a Wikipedia, recebem milhões de visitantes por dia, mas o padrão do tráfego diminui rapidamente para os milhões de sites que apenas recebem um número pequeno de visitantes por dia.

No contexto deste livro, a lei de potência rege a disseminação das notícias que estão surgindo em primeira mão em um ambiente em tempo real. É por isso que a chamo de "Lei de Potência do Marketing e das RPs em Tempo Real".

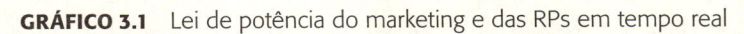

GRÁFICO 3.1 Lei de potência do marketing e das RPs em tempo real

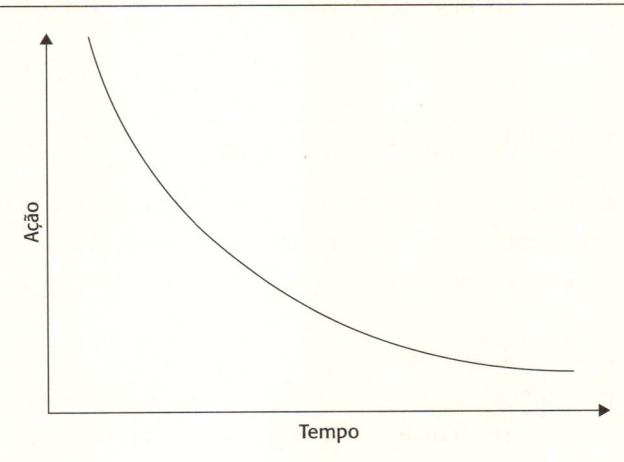

A primeira vez que vi esta "lei" foi trabalhando em Wall Street, como mencionei no Prólogo. A maior parte da atividade de negociação em larga escala ocorreu nos primeiros segundos após estourar a notícia de que o Federal Reserve tinha entrado no mercado. Foi aí que os grandes participantes fizeram suas negociações. Embora a notícia tenha afetado as negociações o dia todo, a maior parte das atividades foi imediata.

O mesmo acontece quando as pessoas são afetadas por notícias chocantes. Quando o World Trade Center caiu, John Lennon foi baleado e JFK foi assassinado, todo mundo se lembra exatamente do que estava fazendo naquele momento.

Online, o número de "ocorrências" de uma história aumenta rapidamente à medida que a notícia é divulgada. Esse pico é seguido por uma diminuição rápida na velocidade em que as histórias são produzidas. No dia em que Michael Jackson morreu, milhares de matérias em tempo real foram postadas em sites de notícias online e blogs apenas nas primeiras horas.

É fundamental compreender e prestar atenção nessa lei. Se você não o fizer, quando algo importante acontecer na sua frente, isso já terá acabado antes mesmo de você começar a reagir. Você deve reagir rapidamente às notícias; se não for o primeiro, então que seja antes cedo do que tarde.

Com os corretores (descritos no Prólogo), eu aprendi que assim que a notícia tiver se espalhado, a chance de obter lucro acaba. Com Lou Crandall, economista--chefe da firma de pesquisa em tempo real de Wall Street Wrightson ICAP, LLC (onde trabalhei no final da década de 1980), eu aprendi o quão rápido o comentário e a análise de mercado fornecidos exatamente no momento certo levam à ação. E com Seth Godin (conforme discutido no Capítulo 2), eu aprendi como é possível aproveitar a lei de potência para passar sua mensagem com uma velocidade e dinâmica incríveis.

A lei da distribuição normal em tempo real

Enquanto que a lei de potência descreve o padrão que provavelmente ocorrerá à medida que notícias de importância imediata e difundida são divulgadas, a trajetória das histórias que crescem com o tempo é descrita por uma segunda lei: a lei da distribuição normal.

A notícia de que a United Airlines quebrou a guitarra de Dave Carroll não fez com que o mundo parasse de girar. Mas depois que Dave postou sua música no YouTube, o momento cresceu de forma devagar, até que atingiu uma massa crítica. Depois, diminuiu.

Assim como a lei de potência, a lei da distribuição normal é encontrada em qualquer lugar da natureza e em esforços humanos. Por exemplo, com relação à altura do corpo, nós vemos que muitas pessoas situam-se na média e alguns muito altos ou muito baixos nas pontas.

GRÁFICO 3.2 Lei da distribuição normal do marketing e das RPs em tempo real

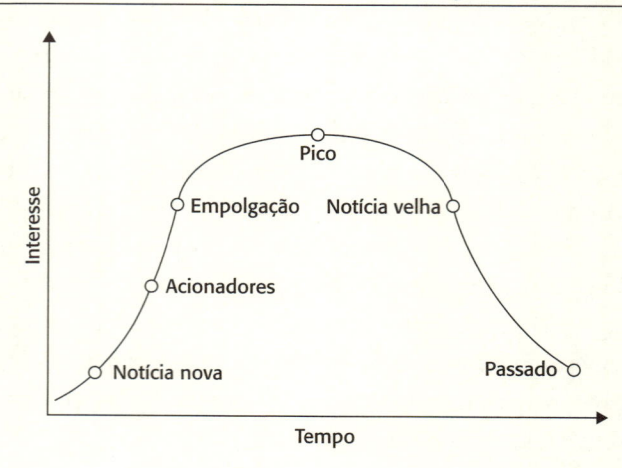

Neste exemplo, a altura do corpo é representada pelo eixo x (horizontal). Se colocarmos o "tempo" como eixo x, você poderá ver a mesma lei de distribuição normal ocorrendo com a popularidade de uma banda de rock. A banda começa pequena, ganha, com o tempo, fãs, atinge o pico e, depois, sua popularidade diminui.

Nós vemos esse fenômeno ocorrer constantemente online. Um blogueiro acende uma faísca dizendo algo ultrajante ou revelador. Algumas pessoas que viram reagem com posts em blogs, *tweets* ou e-mails para amigos. Conforme as pessoas nessa segunda onda começam a discutir o assunto, a dinâmica começa a crescer. Uma hora, um repórter toma conhecimento da conversa e escreve sobre ela na grande mídia. A partir desse ponto, a história pega fogo. Assim como vimos com a guitarra de Dave Carroll, uma Sensação Mundial pode ter início dessa forma.

Quando uma história se torna uma bola de neve, a primeira coisa é entender qual lei rege sua trajetória: a lei de potência ou a lei da distribuição normal. Se a lei de potência tiver sido posta em prática, é melhor você se preparar para o tsunami que chegará dentro de horas, minutos ou até mesmo segundos. Mas se ocorrer a distribuição normal e a história estiver em seus estágios iniciais, você poderá ter um leque de opções mais amplo. De qualquer forma, não fique sentado sem fazer nada. Quanto mais rápido você reagir, melhor.

GRÁFICO 3.3   Gerando interesse

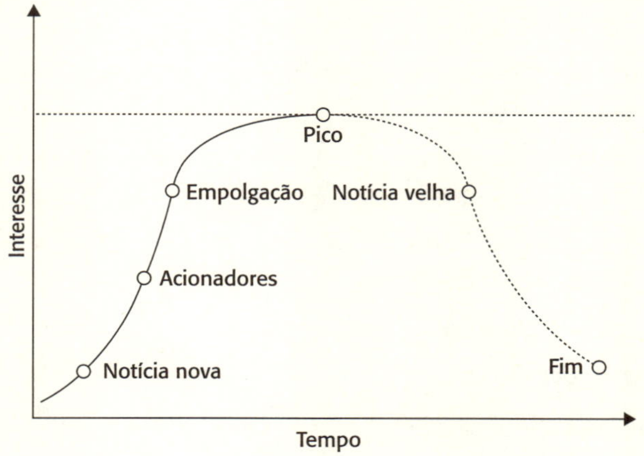

Se você pensar na curva típica em forma de sino que caracteriza a lei da distribuição normal, existem benefícios definitivos quanto ao fato de ser rápido. As pessoas e as organizações que reagem antes (durante o período em que o interesse está aumentando) se beneficiam de muitas formas importantes.

- Quando você começa a conversa, você é tido como alguém que está ligado ao mercado de ideias.

- Se você fala antes sobre uma ideia, você fica naturalmente mais exposto porque as linhas de discussão da conversa surgem a partir do que você disse. Se você chega atrasado, fica perdido na cacofonia.

- Com um novo produto, se você é o primeiro a negociar em uma categoria em alta, seu momento inicial pode lhe fornecer uma vantagem por muitos anos.

- Se você adota rapidamente uma plataforma de mídia social, você cria mais seguidores do que aqueles que começam a participar mais tarde.

- Se você é o primeiro a participar do mercado, as pessoas o notam, e sua oferta recebe uma atenção valiosa.

- Se você reage antes e se conecta com clientes logo que suas preocupações surgem, você é visto como atencioso e gentil.

Como você reagiria?

Pelo mundo online em tempo real da web, nós vemos os mesmos padrões diversas vezes, já que as histórias são conduzidas pela lei de potência e pela lei da distribuição normal. Isso o levará, assim como a sua empresa, a considerar algumas questões fundamentais. Você conseguiria reconhecer uma situação com potencial para se tornar uma bola de neve em seus primeiros estágios?

Como você reagiria se, *neste momento...*

- Sua empresa fosse citada como "o melhor lugar para se trabalhar" por um jornal local?

- Um cliente elogiasse seu serviço de atendimento ao cliente no site de uma influente revista especializada?

- Um analista famoso do setor dissesse em seu blog que é muito difícil fazer negócios com a sua empresa?

- Um concorrente anunciasse que está baixando os preços em 25%?

- Seu CEO fosse demitido?

- Em fóruns e salas de chat as pessoas dissessem que seu produto apresenta um alto risco?

- Uma grande empresa anunciasse sua intenção de adquirir seu concorrente?

Sejam elas oportunidades ou ameaças, você poderá se deparar com cenários como esses quando menos esperar. Se você compreende o quão rápido os eventos podem se desenrolar e está pronto para reagir, você ganhará uma vantagem competitiva significativa.

O segredo, conforme veremos no Capítulo 4, é ter a mentalidade correta.

4
ATITUDE EM TEMPO REAL

Quais os tipos de atitude e comportamento são necessários para você crescer na sua empresa?

Se você trabalha para uma empresa grande, é possível que o movimento de crescimento favoreça qualidades constantes, como conformidade, cuidado e consenso, em vez de características rápidas, como imaginação, iniciativa e improviso. Essa é a natureza da coisa. Grandes negócios são projetados para seguir em frente de acordo com o plano, em um ritmo calculado e planejado.

Antes, quando a atenção e a obediência dos consumidores podiam ser compradas com propagandas na mídia, isso funcionava razoavelmente bem. Os grandes negócios conseguiam ditar o ritmo.

Hoje, no entanto, com apenas uma orientação limitada da mídia de comunicações em massa, os consumidores ditam o ritmo. Deixados com seus próprios dispositivos, eles imaginam todo o tipo de coisas. Eles tomam iniciativas imprevisíveis. Eles improvisam por todo o mundo em alta velocidade.

Tendo diminuído de forma seletiva durante gerações esse traço impulsivo do DNA corporativo, agora é necessário um esforço grande e planejado para que os negócios adotem uma mentalidade em tempo real, voltada para o cliente. A maioria das grandes empresas nem consegue pensar nessa ideia.

Curso normal dos negócios

Eu conversei com pessoas de todo o mundo que estão lutando contra o desafio, e grande parte não está nem um pouco confortável em adotar uma mentalidade em tempo real. Não está na agenda corporativa ou no currículo da escola de negócios. E quando a ideia é apresentada, muitas pessoas descartam uma resposta rápida às oportunidades e às ameaças por ser "impulsiva" ou "arriscada".

As atitudes estão tão impregnadas que, mesmo quando se deparam com um iceberg à frente, as empresas escolhem ser lentas e cautelosas, em vez de rápidas e ágeis. Um tempo excessivo é gasto verificando, obtendo permissões, pesquisando e levando a questão a "especialistas". Quando finalmente se chega a uma decisão, já está na hora de correr para os botes salva-vidas.

O que é esperado no mundo corporativo

- Esperar, para ter certeza.
- Trabalhar com listas de verificação impostas por planos de negócios de um até cinco anos.
- Medir os resultados trimestralmente.
- Operar com base em uma mentalidade de longo prazo para o "lançamento de um novo produto".
- Organizar-se em torno de "campanhas" de marketing e de comunicações por vários meses.
- Obter a permissão de seu superior.
- Passar a decisão por sua equipe.
- Envolver os especialistas, as agências e os advogados.
- Realizar uma pesquisa abrangente.
- Avaliar cuidadosamente todas as alternativas.
- Buscar a perfeição antes da divulgação ao público.
- Responder aos clientes dentro do *seu* prazo.
- Trabalhar com a mídia, analistas e comentaristas apenas quando for conveniente e confortável para *você*.

Nada disso está inerentemente errado. É claro que pesquisa, planejamento e trabalho em equipe são essenciais. O problema é que a velocidade e a agilidade são, muitas vezes, deixadas de lado em prol do "progresso". Para superar isso, você precisa adotar, de forma consciente e proativa, a mentalidade em tempo real.

A mentalidade em tempo real

A mentalidade em tempo real reconhece a importância da velocidade. É uma atitude com relação ao negócio (e à vida) que enfatiza uma rápida movimentação na hora certa.

Desenvolver uma mentalidade em tempo real não é uma proposta que implica a exclusão de outra opção. Não estou dizendo que você deve abandonar seu processo de planejamento atual de negócios. Nem defendo que você permita que sua equipe saia correndo latindo atrás de cada carro que passar. Foco e colaboração são fundamentais.

A melhor resposta é adotar a abordagem inclusiva do "tanto/quanto", cobrindo a distância do criterioso ao ágil. Saiba deixar o manual de lado e desenvolva a capacidade de reagir rapidamente.

> Uma vantagem competitiva extremamente poderosa flui para organizações com pessoas que entendem o poder das informações em tempo real.

Desenvolver essa capacidade requer um esforço constante: estimular as pessoas a tomarem a iniciativa; celebrar seu sucesso quando elas saírem de uma situação difícil em tempo real; não criticar quando elas tentarem e errarem. Nada disso é fácil.

Negócio em tempo real

- Aja antes que a oportunidade desapareça.
- Revise planos sempre que o mercado mudar.
- Avalie os resultados hoje.
- Opere com base no que está acontecendo agora.
- Implemente estratégias e táticas com base em notícias de primeira mão.
- Permita que seus funcionários ajam.
- Mexa-se quando o momento for propício.
- Estimule as pessoas a tomarem decisões inteligentes rapidamente e sozinhas, se necessário.
- Faça pesquisas sobre mudanças, mas esteja pronto para agir.
- Avalie rapidamente as alternativas e escolha um curso de ação.
- Faça e divulgue, porque isso nunca ficará perfeito.
- Responda aos clientes dentro de *seus* prazos.
- Colabore com a mídia no momento em que ela necessita de *sua* colaboração.

Chega do curso normal dos negócios

O processo começa com um entendimento a respeito de como métodos rigorosamente convencionais podem limitar as funções do negócio, principalmente do marketing e das RPs, no mundo sempre conectado das comunicações instantâneas.

A abordagem comercial favorece uma "campanha" (observe a metáfora com a guerra) que exige que as pessoas passem semanas ou meses se planejando para atingir "metas". As agências devem ser consultadas. Estratégias de mensagem devem ser desenvolvidas. Espaço/tempo para propaganda devem ser comprados. Salas de conferências e lanches devem ser preparados para entrevistas coletivas. Você servirá sushis ou sanduíches?

FIGURA 4.1 Processo de planejamento do negócio

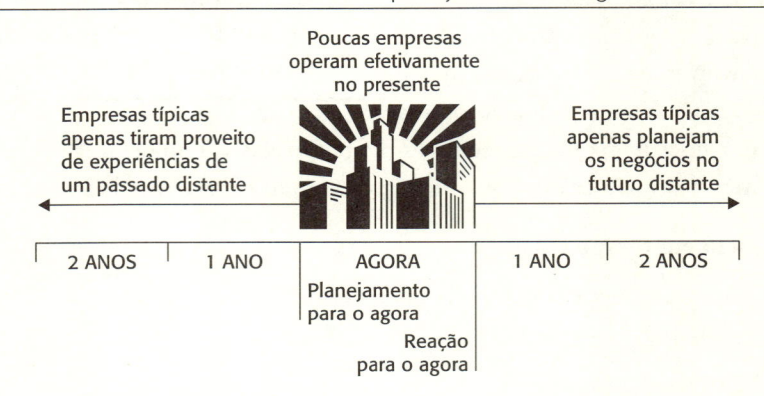

Ao planejar com antecipação, as equipes de marketing e RP geralmente olham para trás. O que estávamos fazendo cinco ou seis semestres atrás? O que aconteceu na feira especializada ano passado? Ao fazer isso, eles ignoram o que está acontecendo agora, hoje, neste instante.

Trata-se de uma confortável forma de trabalhar, seguindo o plano e o processo. Apenas faça o que é esperado e você não correrá risco de encontrar problemas. No entanto, responder a eventos em tempo real é desconfortável; é preciso pensar rápido e assumir riscos.

Então por que se incomodar?

- Porque agora os eventos se desdobram anos-luz mais rápido do que o tempo com que uma campanha convencional consegue lidar.

- Porque seu ágil concorrente, voltado para a ação em tempo real, pode agarrar uma grande oportunidade debaixo de seu nariz antes que você tenha notado que ela estava ali.

- Porque sua empresa parecerá desatualizada e ignorante quando surgir uma crise e você não tiver nada para falar por uma hora.

- Porque um único cliente, cuja guitarra vocês negligenciaram, pode sacudir o seu mundo.

Não são as ferramentas, é a mentalidade por trás delas

É fácil se esquivar da verdadeira questão ao fazer uma declaração em tempo real. Quando um vice-presidente executivo o cerca para dizer "Eu acabei de ler este livro sobre marketing e RP em tempo real... então, o que estamos fazendo para implantar isso?", você pode responder "Agora nós temos uma página no Facebook, um canal no YouTube e tuitamos em média 2,5 vezes por dia".

> **As mídias sociais são as ferramentas.**
> **Tempo real é a mentalidade.**

A menos e até que sua empresa se envolva em uma explosão online, você provavelmente só conseguirá se safar mostrando que tem as ferramentas. E você encontrará todos os tipos de pessoas que se proclamam gurus de mídias sociais que lhe dirão que tudo gira ao redor das ferramentas.

É claro que o Twitter e companhia são importantes. Mas não se trata apenas de ferramentas. Trata-se de adaptar sua mentalidade ao novo ambiente que elas criam.

Se você quiser fazer mais do que fingir que compreende a questão, você precisa transformar sua organização em diversos níveis.

Para as pessoas, comunicar-se em tempo real é natural

Com relação a desenvolver uma mentalidade em tempo real, um negócio de uma pessoa só, como o meu, tem uma enorme vantagem sobre qualquer negócio grande. Se você me fizer uma pergunta, eu não preciso consultar uma autoridade superior antes de responder (Bem, a menos que a resposta afete os planos para o final de semana; então, neste caso, eu precisarei perguntar para a minha mulher e minha filha). Nas próximas páginas, você encontrará muitos outros conselhos para negócios de uma única pessoa, mas permaneça comigo enquanto eu ajudo aqueles que aprendem mais devagar.

Quanto maior o negócio, mais difícil de adotar uma mentalidade em tempo real. As pessoas devem ter o poder de pensar enquanto as coisas estão acontecendo, tomar a iniciativa e usar o senso comum, empatia e o julgamento adquirido com a experiência – todas as coisas que são proibidas na maioria das empresas.

Às vezes você encontra pessoas da área de serviço de atendimento ao consumidor que ainda não perderam essas qualidades. Ao ouvir o dilema de um cliente pelo telefone, elas deixarão de lado o "roteiro" para resolver o problema no momento, dando prioridade à empatia e ao senso comum em vez do manual. Infelizmente, esses heróis do serviço de atendimento do cliente são tão raros que, sempre que um deles salva o dia, os clientes acabam adorando a empresa em que esses trabalham.

Internamente, no entanto, essas boas almas são vistas como pessoas que não se encaixam em suas funções. Os robôs são promovidos.

Assim como Seth Godin discute em seu livro *Linchpin*, pessoas motivadas não esperam que outros a digam o que fazer. As pessoas que levam flexibilidade e humanidade a seus trabalhos são as mais bem posicionadas para ter sucesso na economia de hoje. Pessoas de sucesso planejam o futuro e têm metas a longo prazo, mas elas também reconhecem que não é possível planejar tudo: oportunidades imprevistas e ameaças podem surgir a qualquer momento.

Para desenvolver uma mentalidade em tempo real, cultive pessoas para quem ela é natural.

Mas grandes organizações precisam trabalhar nisso

Quanto mais pessoas você tem em uma organização, mais difícil é se comunicar em tempo real. Em um ambiente de comando e de controle em que nenhuma ação pode ser realizada sem autorização, sem consulta, sem os devidos processos, qualquer pessoa que demonstre uma iniciativa pode ser esmagada.

O desafio é desenvolver um novo equilíbrio que permita a iniciativa de empregados, mas que ofereça uma diretriz em tempo real quando necessário – como uma linha direta para uma autoridade superior.

Algumas empresas estão progredindo bastante com relação a isso. E um bom indicador é se os empregados conseguem fazer uma rede social em tempo real no trabalho. Se sua empresa bloqueia o acesso ao Facebook ou ao Twitter, você não trabalha em um negócio com uma mentalidade em tempo real.

As empresas que têm uma mentalidade em tempo real elevam a tomada de decisão o mais alto possível. Representantes de serviços de atendimento decidem a melhor forma para lidar com as questões dos clientes. Profissionais de marketing são livres para, de maneira apropriada, blogar sobre seu trabalho e comentar nos blogs de outras pessoas. O pessoal de relações públicas tem o direito de responder imediatamente, sem consultar a gerência ou os advogados.

Em uma cultura corporativa em tempo real, todo mundo é visto como um adulto responsável.

E os líderes precisam fazer isso acontecer

Se você é o líder e deseja cultivar uma mentalidade em tempo real por toda a sua organização, acabe com a mentalidade do comando e de controle. Veja seus empregados como adultos responsáveis. Deixe-os tomar a iniciativa. Dê-lhes oportunidade de aprimorar suas habilidades comunicativas e, assim como a IBM, forneça-lhes diretrizes claras com relação ao que é apropriado ou não.

É de baixo para cima que a mudança precisa acontecer. Mas o incentivo só pode começar de cima. E, para os líderes, isso acrescenta mais um imperativo às três perguntas impostas pelo teórico de gerenciamento Peter Drucker:

1. *O que é o seu negócio?*
2. *Quem é o seu cliente?*
3. *O que o seu cliente considera valioso?*

Hoje, você também deve se perguntar: Como podemos agregar valores de forma mais rápida?

5
GRANDE DEMAIS PARA TER SUCESSO?

Algumas empresas são grandes demais para falharem? Esta é uma questão que está na moda nos últimos anos. Mas, ao falar de revolução em tempo real, você precisa fazer essa pergunta de outra forma: algumas empresas são grandes demais para ter sucesso? Com mudanças notáveis a caminho, as maiores empresas são, assim como os dinossauros, muito desajeitadas para se desenvolver? Esta é uma pergunta assustadora que precisa ser feita.

No Capítulo 4, eu discuti como a comunicação em tempo real é algo natural para as pessoas e pequenas equipes. Mas, no caso de um monstro grande, é possível que novas informações viajem rápido o suficiente da cauda até a cabeça e novamente até a cauda? A resposta será inevitavelmente robótica? Existem provas de que essas grandes empresas estão realmente evoluindo? Após estas perguntas promoverem uma calorosa discussão entre meus amigos, eu achei melhor obter alguns diagnósticos rápidos. Mas como poderia fazer isso?

Após pensar sobre isso, ocorreu-me que as 100 maiores empresas dos Estados Unidos formavam um grupo de estudos tão bom quanto qualquer outro. Então eu usei a *Fortune* 500, a lista anual da revista *Fortune* que classifica por receita bruta as 500 maiores corporações de capital aberto dos Estados Unidos. Felizmente, a lista mais recente tinha sido emitida em 3 de maio de 2010, e eu estava terminando de escrever este livro.

Eu enviei uma pergunta por e-mail para o departamento de relações com a mídia de cada uma das 100 maiores empresas da lista. Eu pedi para que cada uma delas me dissesse como tinha se adaptado às novas realidades da web em tempo real. Isto é o que foi perguntado:

Olá,

Eu ficaria muito agradecido se você encaminhasse esta pergunta à pessoa mais adequada para respondê-la.

Estou pesquisando uma história que aparecerá pela primeira vez em meu blog. É provável que eu publique o que me informarem em um artigo em minha coluna no *Huffington Post*[1] e em um livro que estou escrevendo neste momento e que será lançado em novembro de 2010[2].

Também estou entrando em contato com outras empresas.

PERGUNTA: No ano passado ou nos últimos dois anos, a estrutura de sua equipe de comunicação corporativa e/ou de seus processos de comunicação foi alterada para adotar a era digital em tempo real? Se sim, como?

Uma resposta de uma frase a um parágrafo já está bom.

Muito obrigado,

David

Eu incluí minha assinatura de e-mail com um link para o meu site, blog e Twitter caso as pessoas quisessem saber imediatamente mais sobre mim.

Eu recebi resposta de 28 das 100 empresas da *Fortune*. Por si só, esse resultado total não é uma prova animadora de que corporações americanas estão atentas ao assunto. Ainda mais desestimulante era a resposta quase monossilábica de muitos dos que responderam. No entanto, foi muito animador descobrir que algumas empresas já estavam no jogo. Isso me leva a ter esperança de que outros também conseguirão recuperar o tempo perdido assim que focarem nas perguntas certas.

Aqui vão alguns pontos principais do que descobri. Observe que algumas dessas estratégias parecerão familiares à medida que for lendo o livro, o que eu considero prova de que não são apenas as empresas recém-surgidas e modernas da Califórnia e músicos canadenses que se comunicam em tempo real.

Eu começarei com uma história de uma empresa aeroespacial, a cujos produtos eu confio minha vida diversas vezes por mês. Acredite: eu fiquei aliviado em descobrir que esses caras não dormem na cabine do piloto.

Radar da Boeing localiza com muito atraso o avião de Harry

Harry Windsor, um menino de 8 anos de Boulder, Colorado, ama tanto aviões que desenhou centenas deles. Então ele enviou um dos seus preferidos, desenhado

---

[1] O jornal online do momento nos Estados Unidos. (N.T.)

[2] Data de lançamento da edição norte-americana. (N.R.)

com lápis de cor, para a Boeing. Imagine sua decepção quando a Boeing respondeu, por meio de uma carta fria, que eles não aceitavam ideias não solicitadas.

Isso fez com que John, pai de Harry, escrevesse um blog intitulado "Seu Serviço de Atendimento ao Cliente está Preparado para o Novo Mundo de Acessibilidade?". Ele anexou o desenho de Harry e a carta-modelo da Boeing e pediu aos seus leitores que comentassem. Para divulgar o assunto, ele colocou no Twitter um link para o post.

Se essa história fosse sobre a maioria das outras organizações grandes, ela terminaria aqui. Você teria uma criança decepcionada, um pai pronto para estrangular o funcionário preguiçoso da empresa que enviou a carta e um monte de pessoas que leram a história online e balançaram suas cabeças negativamente para a megaestupidez corporativa.

Mas quando Todd Blecher, diretor de comunicações da Boeing, viu o *tweet*, ele respondeu imediatamente ao pai de Harry e aos seus seguidores (usando o Twitter @ BoeingCorporate). *A carta que o Sr. Winsor postou é, como ele disse, uma resposta obrigatória. Para as crianças, nós podemos fazer algo melhor. Nós trabalharemos nisso,* tuitou Blecher.

E foi isso que Blecher fez. Ele ligou para Harry e falou com ele sobre o desenho. E insistiu na necessidade de a Boeing ter uma forma melhor para lidar com cartas de crianças. Após a resposta rápida de Blecher, houve uma reação imediata e positiva das pessoas que acompanharam a saga online.

"Nós estamos focados em participar do espaço digital e tentar colocar uma face humana à empresa", disse-me Blecher. A Boeing emprega uma equipe de comunicadores que monitora a web em tempo real e que tem autorização para responder rapidamente. "Nós tivemos uma mudança de mentalidade. A chefia entendeu que nós precisamos entrar com tudo e ser responsáveis."

A Boeing, como fiquei sabendo, é uma das poucas empresas da lista *Fortune* 100 que se adaptou proativamente ao desafio em tempo real. Vamos ver algumas das outras respostas (e falta delas) à minha pergunta.

Crie uma equipe

"Nossas estruturas e processos em torno das relações públicas, marketing e serviço de atendimento ao cliente evoluíram em virtude da era digital em tempo real", disse-me Joe Strupek. Strupek é o vice-presidente adjunto de relações públicas da State Farm Insurance. "Nós construímos uma equipe interdepartamental para desenvolver e implementar uma estratégia, alinhada a recursos especializados, para monitorar e participar de conversas, e todas as nossas comunicações – internas e externas – levam em consideração a era digital em tempo real. Mas, acima de tudo, isso mudou nossa forma de pensar. A era digital em tempo real criou um senso de percepção com relação à influência que os clientes têm e nos ajudou a focar nos benefícios de se comunicar diretamente com o público, de compartilhar ideias para que possamos atender melhor às suas necessidades."

A Coca-Cola vê o cenário de comunicações global mudar drasticamente. "Houve uma convergência e fusão de limites entre as tradicionais 'comunicações' e o 'marketing'", afirma Petro Jacur, gerente sênior de comunicações de marketing da Coca-Cola Company. "Isso mudou nossa visão com relação à função das comunicações e como nos envolvemos com nossos clientes. Estamos passando de um monólogo para um diálogo. Ao reconhecer essas tendências crescentes e seu impacto na reputação de nossa empresa, em março de 2009 nós criamos um departamento de comunicações digitais e mídias sociais. Este departamento ajudará nossa empresa a se tornar ainda mais confortável e eficiente nesses novos espaços."

Na Chevron, assim como em outras empresas da *Fortune* 100, incluindo a Intel e a Ford Motor, uma pessoa foi encarregada de ser a líder nessa nova área. Justin Higgs, consultor de mídia para políticas, governo e relações públicas na Chevron Corporation, está nessa função há dois anos.

Monitore o que estão falando

Como veremos no Capítulo 8, as empresas que estão se adaptando à web em tempo real monitoram ativamente o que está sendo dito sobre elas por meio de uma análise social da web. A abordagem da Verizon Communication é comum: "Nos últimos dois anos, nós aumentamos drasticamente nossa participação na mídia online e social, reconhecendo que o cenário da mídia mudou exponencialmente", disse-me Peter Thonis, diretor de comunicações da Verizon Communications. "Nós nos reorganizamos para monitorar este mundo online e para conseguir responder rapidamente, bem como participar proativamente quando queremos contar nossa história ou anunciar novos produtos. Hoje, nós temos vários profissionais de comunicação que trabalham com a mídia digital em tempo integral, e todos os membros de nossa equipe participam de alguma forma."

O Wells Fargo foi o primeiro grande banco a ter um blog e uma equipe especializada de mídias sociais, com início em 2006. "Nós queremos estar onde nossos clientes estão", diz Ed Terpening, VP e gerente de mídias sociais do Wells Fargo. "Um bom exemplo disso é nosso arroba no Twitter, @Ask_WellsFargo. Nós conseguimos encontrar meios para oferecer ajuda a clientes que precisam e agradecer-lhes por seus negócios ao ouvir a esfera do Twitter em busca de menções do Wells Fargo. Ferramentas como o Twitter nos proporcionam uma percepção em tempo real do sentimento do cliente e de notícias relacionadas com nossos negócios."

Desenvolva diretrizes e treine a equipe

Como veremos no Capítulo 13, a IBM foi líder em estabelecer diretrizes que estimulam os funcionários a se comunicarem em tempo real. Muitas das empresas da *Fortune* 100 com as quais falei desenvolveram diretrizes semelhantes e programas de treinamento para a equipe. A Prudential Finance é um bom exemplo.

"Nós criamos, e a gerência adotou uma política de mídias sociais para funcionários que foi projetada com base em nossas políticas de comunicação existentes, reconhecendo que, embora a tecnologia possa estar mudando, a empresa já tinha políticas suficientes que regiam como os funcionários podiam se comunicar externa e internamente", disse-me Bob DeFillippo, diretor de comunicações da Prudential.

Na Ford Motor, Scott Monty, diretor de comunicações digitais globais, instituiu um treinamento para a equipe de comunicações para fornecer a todos um conhecimento de como a web em tempo real se encaixa em suas funções no trabalho. Este conhecimento ajuda os funcionários a começar a empregar o tempo real em seu planejamento estratégico, bem como em suas interações diárias.

A Intel criou um Centro de Excelência de Mídias Sociais, diretrizes e um de treinamento de mídias sociais com um currículo completo, que eles chamam de "QI Digital". "O treinamento leva as pessoas a aumentar a velocidade rapidamente", afirma Ken E. Kaplan, gerente de novas mídias e transmissão da Intel. "Qualquer pessoa pode fazer o treinamento, mas para o pessoal de vendas e marketing é obrigatório... O currículo do QI Digital para o treinamento de funcionários em todo o mundo também inclui uma comunidade interna para o compartilhamento de notícias, melhores práticas e principais ensinamentos."

Envolva-se com o mercado

Eu fiquei animado em saber que muitas das empresas da *Fortune* 100 estão se envolvendo com o mercado pela web em tempo real – como vimos com a Boeing. A UPS também está no jogo. "Assim como muitas empresas, nós enxergamos ótimas oportunidades para nos comunicar com nosso público e compartilhar informações", disse-me Debbie Curtis-Magley, do departamento de relações públicas da UPS. "A capacidade de responder rapidamente a ocorrências de notícias e informações incorretas nos ajuda a garantir que a mídia, os funcionários, os clientes e o público tenham acesso aos fatos."

Em janeiro de 2010, a UPS e muitas outras marcas ficaram sabendo de um boato que se espalhou rapidamente nos canais de mídias sociais. "Foi dito que a UPS estava oferecendo remessa grátis ao Haiti para pacotes abaixo de 22 quilos", diz Curtis-Magley. "Nós respondemos imediatamente pelo Twitter e pelo Facebook para desmentir o boato e direcionamos as pessoas ao blog de nossa empresa, o Upside. A história do blog mostrava as contribuições da UPS a agências de ajuda, informava aos leitores que os serviços de remessa estavam suspensos para o Haiti e fornecia uma lista de agências para ajuda ao desastre para as quais o público podia enviar seu apoio. Em menos de 24 horas, nossos esforços para doações aos necessitados geraram mais de 10 mil visualizações da história do blog. Durante esse período, nós acompanhamos 38 blogs e fóruns de discussão que desmentiram o boato. Declarações de nosso blog foram citadas na cobertura de notícias online na CNN, na Foreign Policy[3] e na NPR[4]. As agências de ajuda também contribuíram para espalhar a notícia, e o Exército da Salvação desmentiu, em seu blog, o boato sobre a UPS."

Como você pode ver, para muitas das empresas da *Fortune* 100, a resposta à minha pergunta original – No ano passado ou nos dois últimos anos, a estrutura de sua equipe de comunicações corporativas e/ou de seus processos de comunicação foi alterada para adotar a era digital em tempo real? – foi definitivamente "sim".

Obrigado por perguntar

A Boeing, Chevron, Coca-Cola, Ford, Intel, Prudential Financial, State Farm Insurance, UPS, Verizon Communications, Wells Fargo e outras empresas que responderam à minha pergunta devem ser reconhecidas como líderes. Então me deixe dizer isso a todos os gerentes seniores destas empresas que possam vir a ler este livro: "Sua equipe de comunicações em tempo real está fazendo um ótimo trabalho; dê-lhes um tapinha nas costas por mim".

Eu fiquei impressionado quando algumas dessas empresas me responderam em tempo real para fazer perguntas complementares, sugerir que nos falássemos melhor pelo telefone ou simplesmente se recusar a participar. Essas respostas também são úteis na análise de meu pequeno experimento.

Corinne Kovalsky, da Raytheon, foi a mais rápida de todas, respondendo-me apenas 10 minutos depois de enviar o e-mail à sua empresa. Ela me disse que estava prestes a subir em um avião e perguntou sobre o meu prazo. Isso sim é que é ser rápido! Warren Lee da Marathon Oil respondeu dentro de duas horas para dizer que sua empresa estava no meio do lançamento dos dados trimestrais naquele dia e que precisava de mais tempo para me responder. Uau, isso é incrível. O principal diretor de comunicações de uma empresa da *Fortune* 100 separou um tempo para

---

[3]   Revista de assuntos políticos e econômicos. (N.T.)
[4]   *National Public Radio.* (N.T.)

responder imediatamente à minha pergunta, mesmo no dia mais corrido do trimestre para a área de comunicações.

Muitas pessoas responderam rapidamente para afirmar que não conseguiriam comentar minha pergunta. Na verdade, a segunda resposta mais rápida de uma empresa da *Fortune* 100 veio da Microsoft (15 minutos), e eles se recusaram a comentar. Eu também recebi respostas da Travelers Cos. e da Kraft Foods se recusando a participar. Mesmo se recusando a participar, eu gostei do fato de que seus representantes de mídia foram educados o bastante para me responder rapidamente. Isso também lhes dá pontos.

Eu queria ser científico a respeito disso e ter certeza de que eu poderia avaliar as taxas de resposta que obtive das empresas da *Fortune* 100. Mas, antes mesmo de conseguir fazer uma pergunta, eu tinha que encontrar alguém para quem perguntar. E isso se mostrou muito mais difícil do que eu esperava.

Entre em contato conosco (ou não)

Na minha função de editor colaborador da revista *EContent*, nos artigos que eu escrevo para o *Huffington Post* e durante a pesquisa para o meu blog e livros como este, eu frequentemente entro em contato com pessoas da área de relações com a mídia. Eu prefiro enviar e-mails a telefonar. Embora alguns jornalistas ainda usem o telefone para fazer um contato inicial, de acordo com a minha experiência, mais de 90% dessas primeiras solicitações chegam por e-mail, então foi essa abordagem que usei nessa pesquisa.

A primeira coisa de que precisava era o endereço de e-mail de cada uma das 100 empresas. Eu reuni estes e-mails na semana anterior para que pudesse enviá-los todos de uma vez e ser o mais justo possível com relação aos tempos de resposta.

Este foi o processo pelo qual passei. Primeiro eu pesquisei no Google o nome exato da empresa, conforme ele aparece na lista *Fortune* 500 de 2010. Depois eu fui à seção de relações com a mídia no site de cada empresa e procurei um endereço de e-mail. Eu dei preferência para endereços gerais (por exemplo, midia@empresa.com). Acabou que apenas 26 empresas forneciam um endereço de e-mail geral de relações com a mídia. Minha segunda opção foi um formulário de internet, e 14 empresas tinham essa opção. Se eu não conseguisse encontrar nenhum dos dois, eu procurava pelo e-mail pessoal de alguém – embora, como jornalista, eu não goste de fazer isso porque você nunca sabe se essa pessoa está viajando ou de férias. Se essa fosse a única opção, eu selecionava a pessoa com o cargo mais alto ou, se as pessoas fossem organizadas por departamento, aquela que parecia mais apropriada.

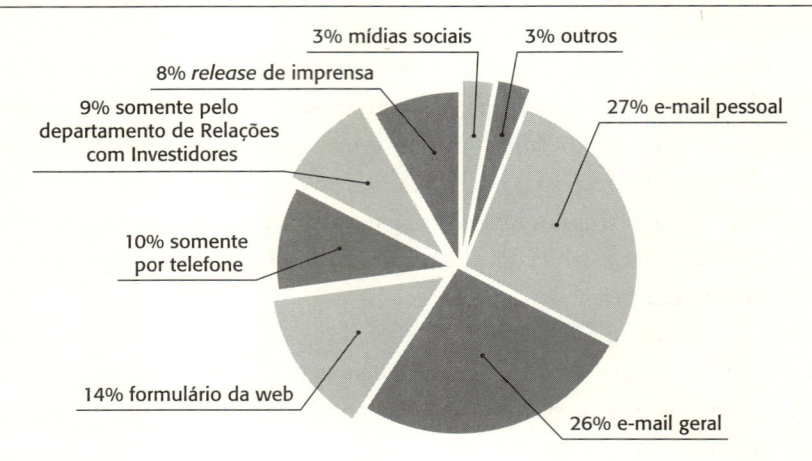

- 3% mídias sociais
- 3% outros
- 8% *release* de imprensa
- 9% somente pelo departamento de Relações com Investidores
- 27% e-mail pessoal
- 10% somente por telefone
- 14% formulário da web
- 26% e-mail geral

Eu fiquei feliz em descobrir que três empresas – AT&T, Hewlett-Packard e Raytheon – possuíam endereços de e-mail para representantes de mídias sociais (e essas pessoas me responderam rápido). Tudo isso dito, o processo rendeu 70 contatos e foi bem fácil. Em grande parte das empresas, eu obtive um endereço de e-mail ou o URL de um formulário em menos de um minuto.

Então as coisas ficaram muito mais difíceis. Em muitos sites corporativos, os endereços de e-mail da equipe de relações com a mídia se mostraram impossíveis de se encontrar. Então eu tive que ser criativo, examinando *releases* de imprensa em busca de e-mails para contato. Eu descobri caminhos para oito empresas dessa forma. Em nove empresas para as quais nenhum contato para relações com a mídia estava disponível, eu descobri contatos de relações com investidores, então os usei em vez daqueles. Embora o departamento de relações com investidores fosse diferente, eu presumi que eles estariam em constante contato com a equipe de RP e encaminhariam minha pergunta.

Dez empresas ofereceram apenas contatos por telefone. É claro que eu podia ter telefonado. Mas eu já tinha decidido que queria fazer todos os contatos iniciais online. E, ei, eu estou escrevendo um livro sobre comunicações na web!

Ao tentar encontrar informações para contato, eu passei por algumas experiências irritantes. A Pfizer ofereceu um formulário – o que é bom –, mas limitado a uma pergunta de 500 caracteres, muito menor do que eu precisava para a minha pergunta. Isso parece ser uma limitação ridícula! Ei, Pfizer, você teria uma overdose se ingerisse mais do que 500 caracteres?

O formulário da American International Group não funcionou de jeito nenhum quando tentei enviá-lo – cancelado – alô, AIG! E o formulário da Walgreens exigia um registro e aprovação prévios. Na minha opinião, não há nada errado com esse procedimento, mas o tempo extra necessário pode desanimar partes interessadas.

Fazendo contato

Eu enviei as perguntas entre 13h01 e 13h44 EDT, na terça, dia 4 de maio de 2010 (expediente comercial normal tanto na costa leste como na costa oeste dos Estados Unidos).

Agora chega de notícias animadoras; vamos para o Jurassic Park ver quais gigantes não mostraram nenhum sinal de progresso evolucionário.

Eu recebi respostas de 28 empresas, e tiveram 11 empresas com as quais não consegui entrar em contato (aquelas que apenas forneciam contato por telefone e a AIG, com seu formulário que não funcionava). Isso fez com que restassem 61 empresas que não responderam minha pergunta de forma alguma. (Veja o Apêndice para uma lista de todas as 100 empresas).

Algumas empresas me enviaram um formulário superficial como resposta:

Massachusetts Mutual Life Insurance: Obrigado. Nós recebemos seu e-mail e entraremos em contato com você com uma resposta. (Eu não recebi resposta.)

Amazon.com: Obrigado por sua mensagem. Sua solicitação foi enviada. Você receberá uma resposta em breve. (Eu não recebi resposta.)

Walgreens: Obrigado por enviar sua solicitação de informações. Um administrador do site responderá sua solicitação em breve. (Novamente, nenhuma resposta. E, por falar nisso, o que quer dizer "administrador do site"?)

GRÁFICO 5.2   Número de respostas: empresas da *Fortune* 100

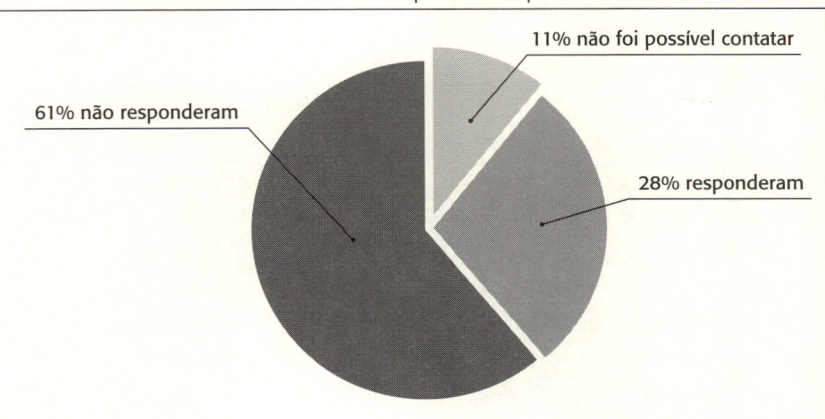

Essas três respostas – da Massachusetts Mutual Life Insurance, Amazon.com e Walgreens – foram a pior experiência para mim como jornalista. Eu posso entender as 61 empresas que optaram por não responder de forma alguma, mas enviar um e-mail automático prometendo uma resposta e não entrar em contato é simplesmente estúpido. Eu fico me perguntando se o lema de comunicação dessas empresas é "Prometer muito e não fazer nada".

Três respostas – da DuPont, Sysco e FedEx – foram tão imbecis que eu tive que rir:

DuPont: A política da DuPont exige que todas as solicitações de pesquisas sejam enviadas por escrito ou por fax ao endereço a seguir: DuPont Company, Resposta de Pesquisa, [endereço]. Quando a pesquisa for recebida, ela será avaliada e encaminhada à pessoa mais adequada da DuPont para análise e resposta; no entanto, a DuPont não faz qualquer promessa quanto a respondê-la. (Antes de tudo, que pesquisa? No entanto, eu realmente fiz o que eles pediram, enviei minha solicitação por escrito. Eu não recebi nenhuma resposta. Mas, para ser justo, a DuPont disse que a empresa não prometia responder.)

Sysco: Seu comentário foi encaminhado ao nosso departamento de resposta do site. Obrigado por seu interesse. (Há? "Departamento de Resposta do Site?" Eu não recebi nenhuma resposta.)

FedEx: Embora a FedEx tenha sido a primeira a fazer entregas expressas de pacotes, eu acho que eles não ligam para a entrega em tempo real online. Nem leem seus e-mails com atenção; 20 dias após enviar minha solicitação, eu recebi isto: Obrigado por sua pergunta. Lamentamos o fato de não podermos tratar de seus interesses desta forma. Lamentamos o fato de a FedEx não ter recursos para responder questões de alunos individualmente. No entanto, há muitas informações no site da FedEx. (Ei FedEx: perguntas de ALUNO? Vocês sequer se importaram em ler meu e-mail e verificar minhas referências? Certifique-se de informar ao seu CEO que "a UPS é muito mais habilidosa do que nós em tempo real".)

O quão rápido responderam as empresas da *Fortune* 100?

Questione minha metodologia o quanto quiser. Ok, eu não sou o Thomas Friedman, do *New York Times*. Não sou um estatístico. Mas eu escrevo para várias publicações com muitos leitores. E sou o autor de um *best-seller* mundial em uma categoria que deveria fazer com que os profissionais de RP ficassem atentos. Deus do céu, eu escrevo sobre marketing e RP!

Então, se eu não consigo encontrar uma forma de contatar a equipe de relações com a mídia de sua empresa e não consigo obter uma resposta inteligente dela – ou qualquer resposta –, eu não acho exagero dizer que algo realmente não está funcionando em sua infraestrutura de comunicações em tempo real.

Por que apenas um terço das empresas da *Fortune* 100 responde em tempo real a perguntas da mídia? As mais rápidas foram as cinco que responderam em menos de uma hora. Doze empresas responderam no mesmo dia em que enviei a pergunta, e outras 11 responderam no dia seguinte.

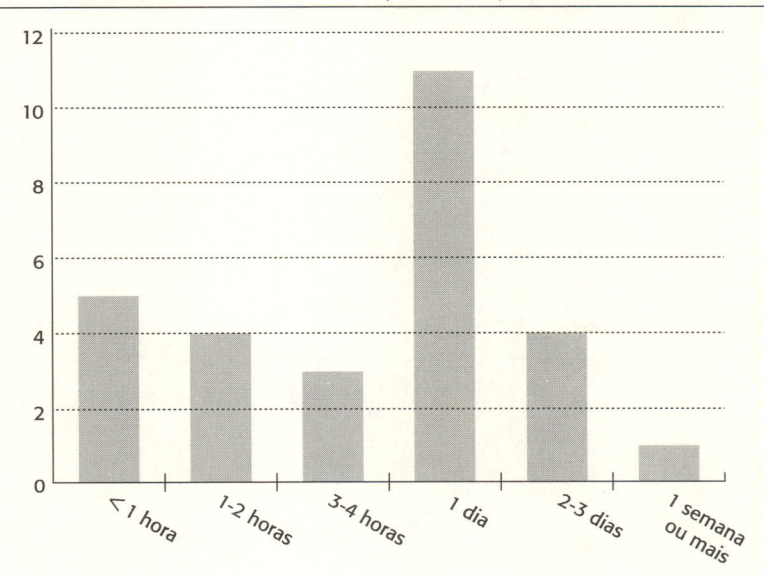

Essas empresas que desenvolveram uma mentalidade em tempo real são líderes em mais de uma forma. Uma comparação dos preços das ações em 2010 revela que, em média, as empresas de capital aberto da *Fortune* 100 que responderam a minha pergunta (aquelas que adotaram as comunicações em tempo real) superam o índice de ações da S&P 500, enquanto as outras ficaram, em média, abaixo do índice. Durante o período – do preço de fechamento em 31 de dezembro de 2009 ao preço de fechamento de 3 de setembro de 2010 (quando este livro foi impresso) –, os preços das ações de 65% das empresas que responderam aumentaram, enquanto apenas 39% daquelas que não responderam tiveram um aumento. Para uma análise detalhada, visite www.davidmeermanscott.com/documents/Real_Time.pdf.

Esta pesquisa confirma o que sempre suspeitei. Até mesmo as maiores empresas podem responder em tempo real se elas se concentrarem nisso. Eu vi os líderes. Posso citar nomes.

Infelizmente, esta pesquisa também confirma o que temia. Três quartos das empresas da *Fortune* 100 não puderam ser contatadas ou não responderam. (Veja o anexo para saber qual foi a taxa de resposta de cada empresa.) Isso não é bom o bastante para o mundo sempre conectado de hoje. Se você detém ações de alguma dessas empresas, é melhor você escrever para o CEO e perguntar o porquê. E mais uma vez pode ser que você não receba uma resposta.

6
ENVOLVA-SE COM A MÍDIA DE ACORDO COM A CONVENIÊNCIA DELES

Era tarde, e eu já estava pronto para encerrar o dia. Eu pensei que era melhor checar o e-mail e o correio de voz pela última vez antes de deixar meu pequeno escritório e ir para casa. A mensagem de um repórter da *BusinessWeek* era curta e direta: "Eu gostaria de falar com você a respeito de uma matéria que estou fazendo sobre marketing na web. Por favor, ligue-me assim que puder".

Eu sabia que devia ligar imediatamente. Mas tinha sido uma semana muito cheia, e eu estava cansado. Senti um frio na barriga quando fechei a porta sem telefonar para o jornalista. Eu poderia ter ligado do meu celular enquanto dirigia para casa (de forma segura, claro, usando fones de ouvido) ou após jantar com a minha família. Normalmente eu respondo imediatamente os repórteres. É assim que eu faço. Eu não sei em que diabos eu estava pensando.

A primeira coisa que fiz pela manhã foi ligar.

"Eu já tenho tudo do que precisava", disse o repórter da *BusinessWeek*. "De qualquer forma, obrigado."

Mais tarde, aquele frio na barriga voltou quando li a matéria do repórter na internet. Era ótima. Uma matéria em uma das mais importantes publicações de negócios do mundo sobre um assunto que eu conheço muito bem. Era uma matéria sem *nenhuma* declaração minha. Eu podia ver exatamente onde minhas observações seriam inseridas no texto. Em vez dos meus pensamentos, havia uma declaração interessante de outra pessoa.

Droga, eu me senti um imbecil.

Durante dias eu me lamentava toda vez que pensava na oportunidade em tempo real que tinha dispensado. Ao optar por responder ao repórter de acordo com o *meu* tempo (e não o *dele*), eu fui deixado de lado. Minha voz não foi ouvida.

Sempre ligado

O que um dia foi um ciclo de notícias previsível de 24 horas dirigido pelos prazos do noticiário noturno de TV e da impressão dos jornais é agora um fluxo de notícias sempre ligado, em tempo real, e com uma evolução constante de milhares de fontes principais apoiadas pelas contribuições de milhões de jornalistas cidadãos, por meio de blogs, do Twitter, YouTube, Flickr e outros.

Como você leu nos capítulos anteriores, isso começou nas finanças com provedores de informações em tempo real, como Bloomberg, Dow Jones e Reuters, os quais transformaram os mercados de uma rede fechada em uma rede global que informa instantaneamente bilhões de dólares em atividades de negociação. Anos mais tarde, conforme notícias sobre política e celebridades começaram a ser passadas em tempo real, empresas criadas há pouco tempo, como o site Politico e a TMZ, cresceram rapidamente, enquanto titãs da mídia mais antigos e lentos diminuíram ou fecharam.

Hoje, a grande mídia está sentindo a mesma força da mudança. Por terem se adaptado, alguns veículos de mídia estão prosperando. Mas muitos outros estão definhando porque se agarram ao velho paradigma. Editores e repórteres inteligentes atualizam blogs e sites da mídia em segundos. Clientes postam vídeos e fotos na web a qualquer momento, na qual a mídia pode vê-los. Os repórteres agora utilizam o Twitter para dicas instantâneas de jornalistas cidadãos que normalmente estão relatando a partir do local, conforme os eventos se desdobram.

A revolução, ao vivo, no YouTube e no Twitter

No dia 12 de junho de 2009, dia da eleição no Irã, o candidato à reeleição Mahmoud Ahmadinejad foi declarado vencedor, derrotando outros três concorrentes. Os protestantes tomaram imediatamente as ruas, iniciando o que muitos chamavam de "revolução". Devido às relações tensas com o Ocidente, poucos repórteres estrangeiros estavam lá para cobrir a história. Mas isso não impediu o mundo de receber as notícias em tempo real. Iranianos comuns arriscaram suas vidas para filmar e postar vídeos e fotos dos protestos no YouTube e no Flickr. Pessoas no local fizeram comentários contínuos no Twitter. Como resultado, a mídia do mundo conseguiu espalhar fotos e vídeos incríveis das ruas de Teerã – incluindo uma sequência de cortar o coração de uma jovem inocente sendo assassinada por forças de segurança.

> A mídia já está operando
> em tempo real.
> Você também deve operar.

Independentemente de a grande mídia não estar lá, o mundo ainda recebeu texto, som e imagens em tempo real.

Nós todos testemunhamos a revolução da mídia que nos trouxe grandes quantidades de informações com a velocidade da luz. O que foi amplamente negligenciado, no entanto, é a falha da maior parte dos negócios de se adaptar ao ambiente de notícias em tempo real de hoje.

Entre em sincronia com o ciclo de notícias em tempo real

Para empresas que buscam cobertura da mídia, o método convencional conta com a equipe de RP para passar uma semana elaborando um *release* de imprensa que depois é examinado pela gerência e pelo departamento jurídico. Semanas depois, quando o *release* de imprensa finalmente é distribuído, os funcionários de RP ficam no telefone implorando para que os jornalistas escrevam sobre ele.

Quando uma empresa é empurrada para o centro das atenções por uma situação em que a notícia é transmitida de forma rápida, isso funciona de forma inversa. Os repórteres ligam para a empresa implorando urgentemente por atualizações ou comentários. Neste caso, os funcionários de RP são forçados a parar o tempo enquanto consultam a gerência, agências de RP e advogados.

Pelo menos com as regras antigas todo mundo sabia o cronograma. Você tinha até o final da tarde para fazer uma declaração a tempo para o noticiário da noite e o jornal de amanhã. Hoje, isso é improvável. Se você não reagir em tempo real, a matéria continuará sem você.

Quando surge uma nova crise corporativa, nós geralmente recebemos novas provas de que mais um negócio ainda não entende a comunicação em tempo real. Durante as horas críticas em que a história surge, a empresa fica em silêncio, enquanto executivos seniores fazem reuniões intermináveis com a equipe de comunicação corporativa, a agência de RP e os advogados. Pior, os

> **A melhor hora de influenciar uma matéria de noticiário é Agora – quando ela está surgindo.**

funcionários de RP locais não fazem nada e esperam que o diretor-geral do outro lado do mundo acorde e faça uma declaração. Já amanheceu na cidade de Toyota?

Seja qual for o valor a ser obtido ao redigir uma resposta cuidadosamente apropriada, ela é muitas vezes negada pelo silêncio inicial, o que faz com que pareça que a empresa tem algo a esconder. E em quase todos os casos, quando ela finalmente chega, a resposta cuidadosa, escrita pelo comitê, surge com palavras evasivas, carregadas de besteiras.

Hoje é imprescindível responder à mídia quando ela precisa de você.

A gerência sênior deve estar ciente do que o mundo está dizendo sobre a empresa em tempo real – tanto na grande mídia quanto na mídia social. Quando a empresa está no centro das atenções, a gerência e a equipe de RP devem estar prontas para reagir naquele momento.

A linha do tempo das relações com a mídia antiga

Aqui está um extremo – se hipotético – exemplo de como muitas empresas estão entendendo tudo errado.

Imagine que uma matéria apareceu em uma revista especializada influente sobre deficiências de produtos no novo lançamento da Empresa X. Assim é como muitas empresas do tipo antigo reagiriam:

> *Dia 1*: Assim que a revista sai, a gerência sênior é informada de que essa história pode trazer consequências negativas para a empresa. Uma equipe é reunida para lidar com a questão, incluindo representantes de RP, do departamento jurídico e do grupo do produto em questão e da agência de RP.
>
> *Dia 2*: Membros da equipe se reúnem pela manhã e depois passam o resto do dia conduzindo pesquisas e formulando recomendações para resposta.
>
> *Dia 3*: A equipe se reúne com executivos para rever o que aconteceu, apresentar ações recomendadas e tomar uma decisão sobre o que fazer.
>
> *Dia 4*: A equipe verifica os fatos, revê planos finais, prepara-se para executar a resposta planejada e cria os materiais necessários (como um *release* de imprensa).
>
> *Dia 5*: A empresa posta a resposta em um site, emite o *release* de imprensa e prepara executivos que estarão disponíveis para entrevistas na mídia.

E aí já se passou *uma semana*. No mundo da mídia em tempo real, uma semana é o mesmo que um século. Passou o momento. Você estragou tudo! #Fail.

Amazon.com como Big Brother

Agora vamos ver um exemplo real de relações com a mídia extremamente lentas – de uma empresa que deveria saber mais sobre isso. É assim que a Amazon.com perdeu uma chance de esclarecer rapidamente relatos negativos sobre um de seus produtos e mostrar que ela se importa com o cliente.

No verão de 2009, uma editora ofereceu livros para venda por meio do leitor de e-books Kindle, da Amazon.com. Mas ela não possuía os direitos autorais para esses títulos, que incluíam os livros *1984* e a *Revolução dos Bichos*, de George Orwell (falaremos mais sobre essa deliciosa ironia mais tarde).

Ao descobrir o erro, a Amazon.com removeu as obras não autorizadas das contas dos Kindles dos clientes no dia 16 de julho, sem qualquer notificação sobre o motivo de ter feito aquilo. Ao mesmo tempo, a Amazon.com devolveu o dinheiro aos clientes que pagaram por elas.

Os usuários do Kindle ficaram irritados ao saber que esses e-books tinham simplesmente desaparecido. *Puf!* Produtos comprados na Amazon.com não estavam mais em sua posse.

A comunidade do Kindle reagiu rapidamente, com centenas de pessoas comentando nos fóruns do Kindle na comunidade da Amazon.com logo no primeiro dia. Aqui vai um exemplo de um post de um cliente bravo no fórum do Kindle:

> Isso aconteceu comigo também. O que me deixou furioso é que eu recebi um reembolso do nada e meu livro simplesmente desapareceu de meu arquivo. Eu enviei um e-mail à Amazons em busca de uma resposta para o que estava acontecendo, e eles disseram que havia um "problema" com o livro, nada mais específico. Desculpe, quando você deleta minha propriedade privada – reembolsando ou não – sem a minha permissão, eu espero uma explicação melhor do que esta. E livros pirateados pela BTW aparecendo na Amazon não é problema MEU – contrate mais pessoas para verificá-los ANTES de vendê-los a mim. Eu chamo essa desculpa idiota de que "algumas vezes as editoras empurram seus títulos", que outra pessoa também recebeu, de papo-furado.

Além de postar nos fóruns do Kindle na Amazon.com, muitas pessoas tuitaram e blogaram sobre sua raiva. Um sentimento negativo ganhou força rapidamente, em parte porque muitos proprietários de Kindles também são usuários conhecedores de mídias sociais e ativos no Twitter. A Amazon.com deveria saber que essa comunidade agiria rapidamente.

Durante a semana seguinte, muitos veículos da grande mídia fizeram matérias. Por exemplo, em 18 de julho de 2009, a manchete do *New York Times* dizia o seguinte: "Em 1984, censuradores do governo apagaram todos os vestígios de artigos de notícias que envergonhavam o Big Brother enviando-os para um incinerador chamado 'buraco da memória'".

Nossa! Que ironia! A Amazon.com, como Big Brother, remove o livro *1984*, de George Orwell. Mas, conforme a mídia comentava cada vez mais a história, não havia nenhum comentário oficial da Amazon.com. Isso deixou os clientes ainda mais irritados.

Finalmente, no dia 23 de julho, uma semana depois que a história surgiu, o CEO da Amazon.com, Jeff Bezos, finalmente se desculpou em uma declaração no fórum da comunidade de clientes do Kindle na Amazon.com.

> Isto é um pedido de desculpas pela forma como lidamos com as cópias do livro *1984* vendidas ilegalmente e de outros romances no Kindle. Nossa "solução" para o problema foi estúpida, impensada e dolorosamente fora de linha com nossos princípios. Ela

causou danos sobre si mesma e merece a crítica que tem recebido. Nós usaremos a cicatriz obtida com esse doloroso erro para ajudar a tomar decisões melhores no futuro, àquelas que combinam com nossa missão.

Nossas profundas desculpas a nossos clientes,

Jeff Bezos

Fundador e CEO

Amazon.com

Imediatamente após o pedido de desculpas de Bezos, o tom dos fóruns do Kindle na Amazon.com mudou drasticamente. Houve 13 comentários nos primeiros dez minutos, grande parte deles em apoio a Bezos. Eles incluíam o seguinte: "Obrigado. De qualquer forma, não tinha sido um grande problema para mim" (postado um minuto após o pedido de desculpas de Bezos); e "O Sr. Bezos teve muita coragem. Continuo sendo um cliente leal da Amazon" (postado dois minutos após o pedido de desculpas).

Sim, as pessoas erram. Toda organização tem a chance de enfrentar uma situação semelhante mais cedo ou mais tarde. No entanto, no mundo sempre conectado de hoje, as empresas devem estar preparadas para responder assim que as notícias ocorrem. Problemas iniciais aumentam significativamente quando uma empresa não reage rapidamente. O silêncio durante uma semana inteira implica que a empresa está totalmente fora de sintonia ou que ela simplesmente não se importa.

Nesse exemplo, o pedido de desculpas de Bezos foi sincero e apropriado. Mas veio muito tarde. É claro que, com centenas de pessoas agindo em tempo real, a Amazon.com devia ter lidado com o problema imediatamente. Eles tiveram uma oportunidade perfeita para acabar com o problema no primeiro dia, mas não disseram nada.

Imagine se, em vez de esperar uma semana, Bezos tivesse respondido no dia 16 de julho, no primeiro dia das reações online dos clientes por meio dos fóruns do Kindle, do Twitter e em blogs? Eu diria que as coisas teriam se desenvolvido de forma diferente. Se eles tivessem pedido desculpas em tempo real, antes de a história se tornar popular, ela teria terminado ali.

Agora vamos ver o que realmente acontece em uma redação e como você pode influenciar histórias em tempo real enquanto elas estão sendo escritas.

Agora: enquanto as notícias estão acontecendo

O *Wall Street Journal* (WSJ), publicado há mais de 100 anos, tem a maior circulação comparado a qualquer jornal dos Estados Unidos. E, graças às suas edições europeia e asiática, o WSJ é agora um jornal global recorde de negócios e finanças.

Assim, para empresas de capital aberto, fazer uma cobertura positiva no *Wall Street Journal* é tão bom quanto ouro. Então, os profissionais de RP o cobiçam e fazem tudo que podem para cultivar relações com repórteres do WSJ.

Como muitos veículos da mídia, o WSJ passou por grandes mudanças nos últimos anos: os repórteres agora reúnem notícias online e publicam matérias no WSJ.com, o maior site de assinatura para notícias pagas da web, com quase 1 milhão de assinantes. Efetivamente, o Wall Street Journal evoluiu para uma potência eletrônica que, por acaso, publica um jornal diário.

Ao conversar com repórteres e editores do WSJ, no entanto, eu pude confirmar minha suspeita de que a maior parte das equipes de RP ainda se envolve com esse gigante de notícias como se ainda não houvesse mais nada além do jornal impresso da manhã que seus pais liam na década de 1960.

Essas pessoas ainda precisam ver que muitos assinantes do WSJ.com usam alertas de e-mail e canais de RSS para receber as principais notícias em tempo real pelo BlackBerry ou iPhone. O conteúdo do WSJ também aparece instantaneamente em pregões em todo o mundo.

Até mesmo na China e no Japão, as pessoas recebem o conteúdo do WSJ em tempo real em seus próprios idiomas. Na verdade, o canal em chinês do WSJ é um dos sites de notícias com crescimento mais rápido na China.

Além disso, o conteúdo do WSJ agora é distribuído de forma eficaz pela mídia social porque as pessoas indicam as matérias para amigos.

> Em um mundo sempre conectado, as pessoas recebem notícias da forma como querem, a partir da plataforma que escolherem e no momento em que for conveniente para elas.

Assim como os métodos de fornecimento mudaram, a forma como as notícias são criadas também se transformou. Antigamente, quando um editor terminava uma história, o texto era simplesmente enviado à imprensa com o resto da edição do dia seguinte. Hoje, com o clique de um botão, a mesma história é enviada a milhões de pessoas em um instante.

O *Wall Street Journal* de 2010 não é o mesmo jornal lido pelo seu pai.

Diversas tomadas, uma história

Matérias de jornais costumavam ser imutáveis. Uma vez que o texto tivesse ido para impressão na edição final, nada podia ser alterado até a primeira edição do dia seguinte. Hoje, as matérias são atualizadas em tempo real à medida que novos fatos e erros são descobertos.

Isso cria uma grande oportunidade para profissionais observadores de RP que reagem rápido. Se o site de um jornal divulgar uma matéria com informações falsas sobre sua empresa, avise-os sobre isso imediatamente. Se você não conseguir fazer com que eles cancelem a matéria, pelo menos você pode acrescentar sua explicação imediatamente.

> No mundo da mídia em tempo real, nenhuma matéria está "terminada". Ela sempre pode ser atualizada, corrigida, complementada e ter informações acrescentadas a ela.

O que é legal sobre isso é que, ao saber que o sistema funciona, você poderá influenciar histórias enquanto elas são divulgadas. Você poderá ver seus comentários serem usados em tempo real no site do jornal. E você poderá ir dormir sabendo que a versão impressa que será entregue na manhã seguinte refletirá, de uma forma mais precisa, o seu lado da história.

Prazos fixos ou finais são coisas do passado. Hoje, à medida que os jornalistas escrevem as matérias e postam versões atualizadas online, você pode influenciar o conteúdo durante o processo – se você for rápido.

Isso significa que equipes de RP não podem mais ficar esperando a autorização dos chefes ou advogados. As regras de engajamento devem lhes fornecer autoridade para abrir fogo.

Como eles fazem as notícias em tempo real

Para ver como funciona internamente uma operação editorial em tempo real, eu falei com Jon Gripton, editor sênior de notícias da Skynews.com, primeiro canal de notícias especializado da TV com operação online 24 horas por dia da Grã-Bretanha. Embora mais conhecida como uma estação de TV, a Sky News é atualmente um "provedor com diversas plataformas" que fornece notícias em tempo real online pelo site Skynews.com, por rádio por meio de mais de 300 estações comerciais, em telefones celulares, iPhones, por alertas de notícias via SMS e até mesmo em plataformas de trem, voos da Virgin Atlantic e pelo boletim de cotações em Piccadily Circus.

A equipe de Gripton conta com 20 pessoas durante as horas de pico, das 7 da manhã às 7 da noite. Mas há pessoas na sala de notícias 24 horas por dia, sete dias por semana, 365 dias por ano. E todo mundo contribui com todo o escopo das plataformas de notícias.

"A Sky News é o canal de notícias que vive perigosamente e não acredita em boletins fixos", disse-me Gripton. "Nós também não acreditamos que o site é o elemento mais importante. É nossa vitrine, se você preferir, mas nós estamos levando nosso conteúdo a todo mundo que quiser recebê-lo."

Gripton diz que ele e sua equipe estão constantemente no meio do que as pessoas estão dizendo online. "Nós não estamos apenas falando com as pessoas, nós estamos respondendo e participando de conversas, e é por isso que logo nomeamos um correspondente do Twitter, cujo trabalho é apenas ficar lá, ser a cara da Sky News no Twitter", diz ele. "É um mundo em que, mais do que nunca, a notícia viaja pelo boca a boca, mas ela também viaja pelos dedos no teclado. Toda a equipe de produção, todos os repórteres e todos os produtores do site estão no Twitter, e todos nós estamos usando o TweetDeck." O TweetDeck é um aplicativo da web gratuito que permite que você monitore vários canais de Twitter e diversos termos de busca em tempo real.

"Todos nós estamos no Facebook e todos nós usamos o MSN Live Messenger também", acrescenta ele. "Você precisa apenas se plugar nessas coisas e fazer parte delas. Nós divulgamos coisas primeiro, então estamos por dentro de todas essas formas de ficar alerta aos materiais que surgem."

Você ouviu aquela da ligação automática pornográfica?

Para Shaun Dakin, fundador e CEO do National Political Do Not Call Registry [registro nacional para o não recebimento de chamadas políticas], compensa entrar em contato com os repórteres conforme eles escrevem.

Ao fornecer aos jornalistas pistas de histórias interessantes em tempo real, Daikin e sua organização conseguiram chamar a atenção em grandes veículos, como o *USA Today*, a ABC News e a CNN.

O objetivo da organização sem fins lucrativos de Dakin é informar quais ligações automáticas de políticos (mensagens de telefone gravadas de políticos e grupos políticos) não estão no Federal Do Not Call Registry [registro federal para o não recebimento de chamadas], que foi criado para permitir que consumidores dos Estados Unidos optem por não receber ligações de vendas. Ele também mantém um banco de dados no qual os cidadãos americanos podem registrar números de telefone para serem adicionados à lista Political Do Not Call [bloqueio de ligações políticas].

Daikin monitora o Twitter em busca de palavras e frases como "ligação automática" e, quando necessário, entra em contato com as pessoas para saber de suas frustrações. Ele me deu um exemplo típico de como ele se relaciona com a mídia em tempo real.

"Cerca de um mês antes das eleições gerais de 2008", disse-me Daikin, "por volta das 8h da noite, horário do pacífico, eu vejo no Twitter que alguém está recebendo uma ligação automática política pornográfica no Norte da Califórnia. Minha antena ligou. Eu pensei: 'Interessante. Políticos normalmente não fazem ligações automáticas pornográficas.' Então eu respondi imediatamente às duas mulheres que estavam conversando sobre isso no Twitter e disse, 'Ei, quem era o candidato? Vocês têm os arquivos de áudio? Quais foram os detalhes a respeito disso?' Elas me responderam quase imediatamente dizendo-me quem era o candidato."

Parece que Zane Starkewolf, um candidato republicano ao Congresso dos Estados Unidos no Primeiro Distrito da Califórnia, enviou mensagens automáticas por telefone a 100 mil eleitores no dia 26 de outubro, cerca de uma semana antes da eleição.

A ligação apresentava uma voz feminina sedutora sussurrando a respeito de Mike Thomson – concorrente de Starkewolf –, no estilo de uma atendente de telessexo. "Mike Thompson tem sido um menino mau... todos nós dissemos não ao socorro financeiro, mas Thompson apoiou Bush, da mesma forma como apoiou a Lei Patriota. [gemido] Vote Sim para Zane."

Daikin usou o conteúdo da ligação automática para criar um post de blog em tempo real, depois entrou imediatamente em contato com a mídia. "Eu tinha alguns contatos na mídia do Norte da Califórnia", disse ele. "Alguns artigos já tinham sido escritos sobre o que eu estava fazendo no *San Francisco Chronicle* e no *San Jose Mercury News*, e eu já tinha aparecido na TV e no rádio na região de San Francisco. Então os repórteres sabiam quem eu era. Eu enviei a eles um e-mail e disse: 'Ei, esse cara que está concorrendo para o Congresso chamado Zane Starkewolf está fazendo uma ligação automática maluca, pornográfica.' Na manhã seguinte, a história estava em todos os noticiários locais do rádio e da TV. E, naquela noite, menos de 24 horas depois, estava no programa da Rachel Maddow na MSNBC."

As matérias locais mencionavam o National Political Do Not Contact Registry de Daikin. É claro que qualquer notícia sobre ligações automáticas ajuda a organização de Daikin, porque estimula a indignação que as pessoas sentem sobre ser interrompidas em casa por pronunciamentos políticos. Todo o processo de descobrir algo interessante no Twitter, blogar a seu respeito e contatar repórteres aconteceu dentro de minutos. E o resultado foi uma matéria nacional no dia seguinte. Dessa forma, Daikin gera a conscientização a respeito de sua organização. Quando a CNN dá cobertura à sua atividade, milhares de outras pessoas se inscrevem no Registro.

Como participar da mídia em tempo real

Quando você é o responsável por relações com a mídia em uma organização maior ou em uma que aparece frequentemente no noticiário, o conselho de Jon Gripton da Sky News sobre como participar é extremamente importante. Mas muitas pessoas trabalham para organizações muito menores que não são muito conhecidas (como a organização sem fins lucrativos National Political Do Not Contact

Registry, de Daikin). Você pode ser como Daikin e ver uma oportunidade para comentar sobre algo na mídia mesmo que sua organização não esteja no centro de uma história. Existem formas de você também obter sucesso? Pode apostar que sim.

As ferramentas básicas das relações tradicionais com a mídia incluíam *releases* de imprensa, telefone e relações pessoais com jornalistas. Não estou sugerindo que você esqueça o telefone e o *release* de imprensa, mas, no mundo online, sempre ligado, você pode encontrar formas melhores de participar na mídia em tempo real.

Vejamos algumas formas de atingir a mídia no momento em que a história está surgindo. Cada uma dessas técnicas é poderosa e eficaz, mas, quando há uma matéria de notícia que se move rápido, é difícil prever o que funcionará melhor. Às vezes uma abordagem inteligente ocorre em diversos níveis – quando você tem algo importante para dizer, consegue isso de diversas formas diferentes.

As batidas na porta criadas pela mídia

Muitos veículos da grande mídia criaram formas simples de todo mundo contribuir com as notícias. Alguns oferecem um endereço de e-mail ou site especial para o envio das notícias. Como cada vez mais veículos de mídia usam fotos, vídeos e comentários do público em seus relatos, utilizar esses aplicativos é uma ótima forma para começar a participar.

Por exemplo, o aplicativo para iPhone da Sky News – o aplicativo de notícias mais popular da Grã-Bretanha – inclui um botão para enviar notícias. No aplicativo, é necessário apenas apertar o botão e você consegue carregar fotos e vídeos direto de seu iPhone. Reunir notícias diretamente do público, o dia inteiro, é parte do que faz a reportagem da Skynews.com ser tão rápida.

Uma das formas mais conhecidas de se publicar notícias diretamente é por meio do CNN iReport, no qual as pessoas participam do relato das notícias e ajudam a moldar o que a CNN cobre. Steve Garfield, um produtor independente de vídeo e autor de *Get seen:* online video secrets to building your business [seja visto: segredos de vídeos online para construir seu negócio] contribuiu com o iReport diversas vezes,

"Eu estava em Maine para o casamento de minha sobrinha, e o Furacão Kyle estava atingindo a costa de Maine", diz Garfield. "Eu levei meu MacBook Pro até o oceano e fiz um vídeo curto para mostrar como estavam as ondas que quebravam. Depois eu dirigi até uma biblioteca local que tinha internet Wi-Fi de graça e enviei o vídeo ao iReport da CNN. Um pouco depois, eu fazia meu *brunch* com a família e meu celular tocou. Eu até disse para eles: 'Com licença, é a CNN no telefone. Posso atender?', o que foi engraçado. A CNN queria ter certeza de que o vídeo era original, porque eles queriam transmiti-lo em todo o mundo. Isso foi muito legal e foi tão fácil."

Garfield também envia materiais à New England Cable News por meio de sua interface Live Stream. Ele usa seu telefone celular para transmitir vídeos ao vivo para o estúdio da New England Cable News. "Nevou muito, então eu saí com um medidor só para fazer o que o pessoal da meteorologia faz para mostrar a quantidade de neve. Eu entrei ao vivo, e então o âncora no estúdio disse: 'Agora vamos falar com Steve, que está em Boston. E vejam a neve que tem por lá.' Eu mostrei a neve em minha casa do meu telefone celular transmitindo a história ao vivo, e eles colocaram na TV." Embora ambos os exemplos de Garfiled estejam relacionados com o tempo, você pode enviar qualquer assunto que possa interessar repórteres que estejam cobrindo uma história.

"Revolucionário" é um termo usado demasiadamente esses dias – e eu assumo a culpa. Mas é realmente revolucionário o fato de que agora você pode carregar vídeos do seu celular e fazer com que eles sejam transmitidos em tempo real em uma grande rede de TV!

O ponto aqui é simples. Se você quer atingir a mídia, não faça vista grossa às novas portas que esses veículos abriram para facilitar a contribuição de notícias.

Use *hashtags* nas suas mensagens do Twitter

Conforme aprendemos com Jon Gripton, os repórteres agora contam com o Twitter para relatar uma história em primeira mão. Se você tem algo a dizer e quer que os repórteres descubram isso, tuíte seus pensamentos. Mas, para ter certeza de que eles encontrem o que você tem a dizer, certifique-se de usar *hashtags* adequadas e IDs em seu *tweets*.

Hashtag é um identificador único que é usado para marcar algo no Twitter. É uma única palavra (ou sigla) precedida pelo sinal "#" (algumas vezes chamado de jogo da velha). Por exemplo, no final de 2009, quando os trens da Eurostar ficaram parados por horas no Eurotunel, as pessoas usavam "#eurostar" como um identificador único para qualquer *tweet* relacionado à situação. Uma *hashtag* simplifica a busca de pessoas no Twitter e localiza instantaneamente todas as referências àquele assunto em particular, que são exibidas em ordem cronológica reversa (do *tweet* mais recente ao primeiro). Como os jornalistas frequentemente fazem buscas dessa forma, eles receberão sua mensagem se você usar *hashtags*. Dentro de minutos, um repórter pode entrar em contato com você em busca de mais informações.

David Curle é conselheiro e analista líder da Outsell Inc., uma firma de pesquisa e de consultoria focada nos setores de publicação e informação. Curle usa o Twitter em sua pesquisa. "Eu uso o Twitter a todo o momento como filtro e agregador", diz ele. "Quando há notícias em primeira mão, a busca do Twitter é sem dúvida minha melhor ferramenta. Por exemplo, há algumas semanas, o Google Acadêmico criou um banco de dados sobre jurisprudência nos Estados Unidos – uma grande notícia no mundo de informações jurídicas. Eu fiquei sabendo disso por meio de um canal de Twitter que sigo e então verifiquei o Twitter em busca das reações de outros usuários. Esses *tweets* tinham diversos links para posts de blogs e outras informações confiáveis a respeito da notícia. Nessas primeiras horas, não havia informações úteis sobre o caso que não passassem pelos meus canais de Twitter usuais ou por aqueles que descobri com a pesquisa, então eu senti que estava realmente a par do assunto. O Twitter se tornou para mim uma ferramenta de negócio muito importante para monitorar notícias dos setores em primeira mão."

Use seu blog ou a sala de imprensa online para fazer com que sua voz seja ouvida

Ao trabalhar em uma história que se espalha rapidamente, os jornalistas geralmente buscam informações básicas e declarações em blogs de especialistas ou salas de imprensa corporativas online (seções especiais do site voltadas para a mídia).

Quando você tem algo a dizer, é uma ótima solução blogar sobre isso o mais rápido possível para colocar suas ideias no mix de informações. Colin Warwick, gerente responsável pela integridade de produtos da divisão de software de design e simulação da Agilent Technologies, usa seu blog para divulgar as informações rapidamente. "Ter um blog permite que eu seja espontâneo", diz ele. "Por exemplo, eu posso carregar diagramas muito rapidamente e fazer com que as pessoas fiquem sabendo de informações valiosas. Se nós precisássemos colocar esse conteúdo no site corporativo, isso levaria três dias. Com o blog, eu posso entrar em uma conversa em apenas 5 minutos."

Eu mesmo usei essa técnica diversas vezes. Por exemplo, no domingo, dia 2 de maio de 2010, eu estava tomando um copo de água gelada da torneira enquanto relaxava em casa com a minha família. O telefone tocou. Como eu não reconheci o número que apareceu no meu identificador de chamadas, eu deixei cair na caixa postal.

A mensagem era do sistema de comunicações "reverse 911" da minha comunidade local, o qual alerta todo mundo da cidade em caso de emergência. A mensagem informava sobre o rompimento ocorrido várias horas atrás de um cano de água na área. O problema exigia que a água fosse fervida antes de beber.

Eu entrei na internet para saber mais. Naquele momento, a notícia era incompleta. Mas, nas horas seguintes, sites de jornais começaram a relatar a história, e estações de TV começaram a mostrar o vídeo do enorme vazamento. Era um esforço pela comunicação de crise em tempo real do governo do Estado, principalmente da Autoridade de Recursos Hídricos de Massachusetts (MWRA)[1], já que mais de 1 milhão de casas estavam recebendo água que era considerada imprópria para beber.

Eu fiquei impressionado com a forma como a situação foi tratada pelas autoridades locais, pela cidade de Boston, pelo Estado de Massachusetts e pela MWRA. Durante o dia e até à noite, Fred Laskey, diretor executivo da Autoridade de Recursos Hídricos de Massachusetts, estava em todos os noticiários fornecendo atualizações em tempo real. Suas informações eram detalhadas, e ele foi o tempo todo cauteloso em dizer quando as coisas voltariam ao normal.

Eu achei que as autoridades fizeram um trabalho excelente no que se refere aos aspectos relacionados à comunicação da situação. Eu bloguei sobre isso no dia seguinte (enquanto a crise ainda estava se desenrolando) em um post intitulado "Comunicação de crise em tempo real da Autoridade de Recursos Hídricos de Massachusetts".

Menos de duas horas depois que eu publiquei o post do blog, Don Aucoin, repórter do *Boston Globe*, o encontrou e me contatou para que eu comentasse uma história que ele estava pesquisando e escrevendo sobre o aspecto das comunicações dessa emergência. Ele entrou em contato comigo por e-mail e me perguntou se eu podia conversar aquele dia. Eu concordei, e nós nos falamos por telefone imediatamente.

A matéria de Aucoin, intitulada "Sistema de alerta há muito tempo otimizado passa no teste", apareceu na primeira página do *Boston Globe*. A matéria também recebeu uma versão online e foi fornecida às agências de notícias para distribuição. A matéria incluía uma declaração minha com uma menção de meu livro anterior *The new rules of marketing & PR* [as novas regras do marketing e de RP]. Mas não foi o fato de ser autor que fez com que eu fosse citado. Foi simplesmente porque eu tinha um post de blog relacionado ao assunto no qual Aucoin estava trabalhando. Portanto, eu era uma pessoa ideal para falar a respeito da matéria. Eu postei logo no começo, quando essa história estava surgindo, e, portanto, fui visto pelo jornalista exatamente no momento em que ele precisava de mim.

Bob Lutz, antigo vice-presidente da General Motors, também usou essa técnica em seu blog FastLane, criado em 2004. Lutz começou a blogar cedo e frequentemente despertava a atenção dos jornalistas por meio de seu blog em tempo real. Antes de se aposentar, eu conversei com ele para saber mais sobre a sua abordagem.

"Eu uso isso principalmente como um método de divulgar o nosso lado da verdade", disse-me Lutz. "Nós recebíamos esses relatórios da imprensa, que eram descaradamente infundados e com fatos incorretos. A velha defesa que você tinha diante de coisas como essa era fazer com que o cara responsável pelas comunicações

---

[1] Sigla para Massachusetts Water Resources Authority. (N.R.)

chamasse o editor e dissesse 'Nós queremos uma correção'. E a correção nunca chegava ou apareceria no fim da página 23, o que é completamente ineficaz."

Lutz se envolveu mais com seu blog quando viu algo no noticiário e queria responder imediatamente. "Eu gostei de ter minha própria voz. Quando eu refutava algo, vamos dizer que o *Wall Street Journal* alegue que o Chevrolet Cobalt é uma porcaria porque é o único carro de sua categoria no mundo com freio traseiro a tambor, eu conseguia dizer: 'Isso é uma mentira descarada. Todos os carros japoneses e alemães posteriores daquela categoria têm freios traseiros a tambor, e é um sistema de freio perfeitamente aceitável.' Bem, ok, isso não interessa a milhões de pessoas, mas eu descobri que o blog FastLane era lido por jornalistas. Esse era o meu verdadeiro público. Se eles vissem que eu estava ciente do que eles escreviam e mais do que pronto para refutar essas informações rapidamente e fazer com que eles ficassem mal perante seus colegas, isso fazia com que eles fossem muito mais cuidadosos ao escrever."

Seu blog ou a sala de imprensa da empresa é um ótimo lugar para adicionar sua visão da história enquanto ela está acontecendo. Mas não apenas escreva o post ou edite a sala de imprensa e vá embora. Alerte as pessoas sobre a informação tuitando sobre ela ou enviando um link aos jornalistas que possam se interessar, com suas informações de contato caso eles queiram dar prosseguimento com um pedido de entrevista.

Do palanque

Se você é alguém que frequentemente fala em público, às vezes um evento ao vivo pode ser uma oportunidade perfeita para adicionar sua visão sobre uma notícia de última hora. Isso é particularmente verdadeiro para políticos, que têm repórteres prestando atenção em cada palavra que dizem. No dia 15 de setembro de 2008, o candidato republicano à presidência John McCain falou em um comício em Jacksonville, na Flórida, após vários dias de turbulência econômica: "A base da economia está forte", disse ele. Devido à grande incerteza nos mercados no dia em que o Lehman Brothers[2] foi à falência, o comentário foi visto por muitos como falso.

A campanha de Obama formulou rapidamente uma resposta para os comentários de McCain, que foi pronunciada pelo próprio Obama em um evento de campanha em Grand Junction, no Colorado. "Ele não entende o que está acontecendo entre a montanha em Sedona onde ele vive e os corredores de Washington onde ele trabalha... Por qual outro motivo ele diria hoje, entre todos os dias – há apenas algumas horas – que a base da economia ainda está forte? Senador, de que economia você está falando?"

---

[2]   O quarto maior banco de investimentos dos Estados Unidos. (N.R.)

David Plouffe, gerente da campanha Obama para a América, escreve sobre essa troca de farpas em tempo real entre os candidatos em seu livro *The audacity to win: the inside story and lessons of Barack Obama's historic victory* [a audácia de vencer: os bastidores e lições da vitória histórica de Barack Obama]. Observe como a reação imediata é projetada para divulgar o ponto de vista de Obama para o maior número de repórteres, o mais rápido possível, mas também perceba a importância de se ter o primeiro comentário vindo do próprio candidato Obama.

> Nossa resposta seguiu uma fórmula padrão. Inserir uma refutação ao comentário ofensivo de McCain no próximo discurso de Obama naquele dia para criar uma troca de farpas, garantindo uma cobertura máxima. Produzir anúncios para TV e rádio para serem lançados naquela tarde e divulgá-los nos Estados imediatamente. Ter certeza de que todos os nossos voluntários e a equipe nos Estados tivessem argumentos a esse respeito para participar de conversas com eleitores. Ter certeza de que todos os nossos substitutos fazendo campanhas por nós, especialmente aqueles que fazem entrevistas na TV, tocassem no assunto sem dó. E garantir que os repórteres entendessem que nós achávamos que isso poderia ser o momento de definição da campanha.

A mesma técnica pode ser usada ao se fazer negócios. Considere como a Apple garante o máximo de interesse da imprensa em novos produtos ao mantê-los em segredo até que Steve Jobs, CEO da Apple, os revela em cima de um palco.

Envie um alerta para a mídia (aviso de pauta)

Um "alerta para a mídia" é semelhante a um *release* de imprensa, mas tem o intuito de fornecer aos repórteres uma pequena quantidade de informações específicas enquanto eles estão escrevendo sobre um assunto atual. Alertas para a mídia são geralmente postados na sala de imprensa online de uma empresa, mas também é importante enviar o alerta por meio de um serviço de distribuição de *release* de imprensa para que ele tenha uma exposição ampla. Os serviços de distribuição de *releases* de imprensa estão disponíveis em muitos países e idiomas.

Uma seleção dos maiores serviços de distribuição de *release* de notícias

- BusinessWire: www.businesswire.com
- GlobeNewswire: www.globenewswire.com
- Marketwire: www.marketwire.com
- PrimeNewswire: www.primenewswire.com
- PR Newswire: www.prnewswire.com
- PRWeb: www.prweb.com

Os alertas para a mídia também são usados em grandes feiras especializadas e em eventos da indústria para alertar a mídia a respeito das notícias que surgem nas feiras. Aqui está um exemplo de um alerta para a mídia enviado pela Polycom, Inc., durante a Feira de Eletrônicos de Consumo de 2010.

Alerta para a mídia: Polycom demonstra sua telepresença para casa baseada em nuvem na CES de 2010.

Quem & o que: Na CES, a Polycom, Inc. (NASDAQ: PLCM) demonstrará um protótipo de sua solução de telepresença para casa. Nessa demonstração, a Polycom levará suas capacidades de colaboração em termos de liderança no setor e de qualidade comercial ao mercado de consumo. A telepresença para casa permitirá que os consumidores visitem seus amigos e sua família em todo o mundo e se integrem perfeitamente com as redes de vídeo e telepresença da empresa, tudo no conforto de suas casas e de um HD 1080p de tamanho integral que parece real. A demonstração acontecerá no espaço de reuniões da IBM, o qual é projetado para ilustrar tecnologias para a sua visão "Tecnologia Smarter Home Permitida por Nuvem".

Quando & onde: Venha conhecer a telepresença para casa da Polycom como parte da Iniciativa Smarter Home da IBM:

— Demos Interativos ao Vivo: CES, 7 a 10 de janeiro, Centro de Convenções de Las Vegas, North Hall Upper Level, N227, N228 (somente com hora marcada)

— ShowStoppers @CES: 7 de janeiro, das 18h às 22h, Lafitte Ballroom

— Painel de Discussões Smarter Home: 8 de janeiro, das 20h30 às 21h30, N227, N228

Um alerta para a mídia marcado para um evento físico como a Feira de Eletrônicos de Consumo é projetado para despertar o interesse de centenas de jornalistas que participam dessa enorme feira. Neste caso, a Polycom espera que os jornalistas compareçam à demonstração ou talvez simplesmente mencionem a nova oferta da Polycom em sua cobertura da feira.

Este alerta para a mídia da Burberry é projetado para atingir tanto a mídia quanto os consumidores interessados em moda:

A Burberry transmitirá ao vivo de Milão seu desfile de moda masculina da coleção Outono Inverno 2010 da Burberry Prorsum

Sábado, às 18h (horário de Milão) (GMT+1) em live.burberry.com.

Os espectadores que estiverem online poderão comentar o desfile enquanto ele acontece em tempo real diretamente no site ou por meio de suas contas no Twitter e Facebook.

Os espectadores foram convidados a assistir ao desfile ao vivo no sábado em uma mensagem de vídeo de Christopher Bailey, Diretor de Criação da Burberry, gravada em Milão, onde ele está se preparando para o desfile que está por vir.

Isso acontece após a transmissão ao vivo do desfile de moda feminina da Coleção Primavera Verão 2010 da Burberry Prorsum de Londres, no qual a Burberry foi a primeira marca de moda de luxo a permitir que os espectadores comentassem online sobre a coleção enquanto ela acontecia.

Faça uma coletiva de imprensa com um canal de vídeo de transmissão ao vivo

Mais uma ótima forma de divulgar suas informações é fazer uma coletiva de imprensa ao vivo com repórteres e blogueiros.

Coletivas de imprensa são uma ferramenta consagrada há muito tempo por políticos e grandes corporações e são cobertas por um bando de repórteres. Por exemplo, conforme eles revelam novos modelos na feira anual de automóveis de Detroit, CEOs das montadoras normalmente falam a um público de centenas de repórteres antes de responder a perguntas da feira. Mas o que você pode fazer se estiver em Wichita, longe do público da mídia?

Faça um canal de vídeo transmitido ao vivo de sua coletiva de imprensa para que as pessoas que não possam estar presentes fisicamente ainda possam ver e ouvir o que está sendo dito em tempo real. Existem diversos provedores de serviços de transmissão ao vivo, incluindo o Ustream.tv, que faz com que seja fácil colocar uma câmera ligada em tempo real à web. Alguns apresentadores agora respondem perguntas feitas por espectadores distantes, normalmente pelo Twitter ou por plataformas de mensagem instantânea. Também é possível arquivar o canal para que as pessoas possam assistir mais tarde. Canais de notícias transmitidas ao vivo ainda são raros, o que me surpreende, devido ao retorno tremendo que se obtém ao atingir outros repórteres e blogueiros.

Para conhecer uma forma inovadora de fazer coletivas de imprensa, eu falei com Mitch Germann, vice-presidente de comunicações comerciais do time de basquete profissional do Sacramento Kings. Germann também é o responsável pelas comunicações da Arco Arena, onde o Kings joga.

"A maioria das coletivas de imprensa que temos com o Kings é para notícias relacionadas ao basquete", diz ele. "Semana passada, nós anunciamos a prorrogação de um contrato para nosso presidente de operações de basquete, e isso era uma situação para a convocação de uma coletiva de imprensa. Algumas vezes, se um jogador importante vai se aposentar, isso requer uma coletiva de imprensa. Após o *draft*, nós damos uma coletiva de imprensa para introduzir nossas novas escolhas do *draft* à mídia local, e nós temos um dia antes do início da pré-temporada para deixar a mídia vir e falar com todos os jogadores e os técnicos."

Germann também realiza coletivas de imprensa ocasionais voltadas para o lado do negócio. "Antes da temporada 2009/2010, nós trabalhamos de perto com nosso prefeito para formar o que chamamos de 'comitê de liquidação', a fim de tentar vender todos os ingressos de nossos dois primeiros jogos em casa", diz ele. "E assim nós usamos o prefeito ao lado dos nossos proprietários para anunciar essa iniciativa e anunciar os membros do comitê."

As coletivas de imprensa facilitam a cobertura de eventos importantes para os repórteres locais que seguem um time. "Existe o jornal diário local, o *Sacramento Bee*, diversos jornais semanais, além de quatro estações de TV locais, mais algumas rádios locais de esporte e notícias que cobrem a gente", afirma Germann. "Se for uma coletiva de imprensa relacionada a negócios, nós também temos o *Sacramento Business Journal*, que nos cobre de uma forma mais expressiva no lado dos negócios."

O Sacramento Kings é um dos times mais modernos da NBA com relação ao acesso de blogueiros. "Nós temos blogs de fãs locais que contam com muitos participantes e lhes fornecemos acesso e credenciais para jogos", diz Germann. "Então eles participam de coletivas de imprensa também."

O time transmite vídeos ao vivo de suas coletivas de imprensa quando anunciam notícias importantes, permitindo que todos assistam em tempo real – sem proteção de senha. O arquivo de vídeos de coletivas de imprensa também está disponível a blogueiros e a outras pessoas, então o conteúdo pode ser incorporado para visualização sob demanda.

Um recente "Dia para a Mídia dos Kings" atraiu 12.005 visualizações, incluindo muitas enviadas por meio do aplicativo do Facebook/Ustream, que permite que os fãs façam perguntas aos jogadores em tempo real. Em comparação, o evento que introduziu as escolhas do *draft* de 2009 dos Kings gerou 10.482 visualizações. Essas medições detalhadas permitiram que Germann e seus colegas soubessem quais eventos atraíam mais espectadores. A partir disso, o time descobriu quais dias e horários eles podiam atrair mais espectadores. "Quando nós transmitimos coletivas de imprensa em um dia de semana às 14h, por exemplo", diz Germann, "nós percebemos um tráfego significativamente maior do que, digamos, sexta-feira à noite, às 19h30".

Germann também monitora menções no Twitter e no Facebook. Ele sabe quantas pessoas retuitaram, colocaram links ou clicaram em um link para uma coletiva de imprensa transmitida ao vivo. Mas o retorno para o Sacramento Kings de fornecer vídeos ao vivo de coletivas de imprensa vai muito além do que apenas números de espectadores.

"A tecnologia está permitindo que os fãs fiquem mais próximos de seus times preferidos como nunca aconteceu antes e dando-lhes uma visão de coisas que eles nunca tinham visto antes", diz ele. "Coletivas de imprensa transmitidas ao vivo são uma grande forma de abrir a cortina e dar aos fãs acesso a algo que costumava ser um mistério e era visto apenas pela mídia. Antigamente, os fãs tinham que esperar o jornal local para ver os destaques de uma coletiva de imprensa, e, ainda assim, era apenas uma breve recapitulação com alguns trechos de fala – possivelmente enviesados pela opinião do repórter. As coletivas de imprensa transmitidas ao vivo dão aos fãs a oportunidade de ver o evento inteiro em tempo real, formar suas próprias opiniões e ajudar a construir uma relação direta com o time."

Com o ciclo de notícias em tempo real de hoje vêm oportunidades e riscos. Com relação às oportunidades, está mais fácil do que nunca acompanhar o que está acontecendo neste exato momento e incluir seu ponto de vista no meio. No entanto, muitas pessoas escolhem evitar comunicações instantâneas. Elas não participam em tempo real. Em uma crise (incêndio em uma fábrica, CEO preso por fraude, o defeito de um produto que causa uma lesão), qualquer organização poderia ser empurrada para os noticiários e precisar comentá-la em tempo real. No Capítulo 7, nós focaremos em técnicas de comunicação de crise em tempo real.

7
COMUNICAÇÕES DE CRISE E A MÍDIA

Mais cedo ou mais tarde, sua organização deverá passar por uma crise. E advinha só? É provável que a notícia surja fora do horário comercial normal. Você estará pronto para se comunicar em tempo real? Parte da preparação está em saber como veículos da grande mídia montam as notícias quando uma história que se espalhará rapidamente está se desenvolvendo. No Capítulo 6, nós aprendemos como os repórteres montam suas histórias. Neste capítulo, nós focaremos no trabalho com a mídia quando se tem que lidar com uma questão que ameaça prejudicar de forma irreparável a sua marca. Nós também discutiremos como se comunicar com seus clientes no Capítulo 10.

No Capítulo 6, eu contei sobre minhas discussões com Jon Gripton, editor sênior de notícias na Skynews.com. Acontece que uma crise estava se desenrolando em tempo real enquanto falava com ele.

A Eurostar e o silêncio

Na noite de 18 de dezembro de 2009, os trens de alta velocidade da Eurostar, que faziam a conexão de Londres a Paris e a Bruxelas, pararam de funcionar bem no meio do Eurotúnel, que tem 50 quilômetros de extensão. Centenas de passageiros ficaram presos no túnel, e milhares de viajantes também ficaram retidos nos outros trens que se aproximavam do túnel e em Londres e Paris. Mas, à medida que as horas passavam, a Eurostar não havia dito quase nada sobre a causa da pane, nem quando os passageiros que estavam presos seriam resgatados ou quando o serviço voltaria a funcionar.

No dia seguinte, enquanto eu falava com Gripton, ele e sua equipe da Skynews.com estavam correndo para obter a história em tempo real.

"A Eurostar está no centro de uma explosão total", disse-me Gripton. "Eles estão mostrando como não fazer relações públicas durante uma crise. Eles estão fazendo tudo tão errado, e o Twitter está explodindo de ódio contra eles."

Por 14 horas, o Twitter oficial da Eurostar ficou completamente em silêncio. Mas enquanto eu verificava o *stream* do Twitter, o público estava repreendendo a Eurostar a uma taxa de quase um *tweet* por minuto. Segue uma amostra do que consegui em um período de 10 minutos:

- "Euroidiotas – Por quanto tempo esses trens estão funcionando em más condições de manutenção??"
- "Eu devo pegar o trem de ski #eurostar no Boxing Day[1], por favor, por favor, que isso se resolva logo!"
- "Quando o Eurostar voltar a funcionar, as pessoas que possuem passagens serão atendidas de acordo com a ordem de chegada para entrar no trem! Isso é inaceitável!"
- "Se o poder das pessoas pode mudar o resultado do single nº 1 do Reino Unido, então fazer com que o CEO da eurostar seja despedido deve ser fácil"
- "Eu me pergunto por que a #eurostar não tem concorrência. Virgin, KGV, Ice, por favor, façam rotas para Paris e eu nunca mais usarei a Eurostar"

"É muito difícil obter qualquer informação agora, seja você um jornalista ou um viajante", disse Gripton. "A equipe de RP da Eurostar está acostumada a falar com jornalistas de negócios sobre as trapalhadas da empresa, mas não de fazer relações públicas em momentos de crise, e eles estão se esforçando. Hoje, eles divulgaram três mensagens dizendo que os trens vão funcionar esta tarde, depois, duas horas mais tarde, oh não, nós estávamos errados, desculpe, os trens não vão funcionar de jeito nenhum, talvez amanhã. É um estado de caos."

Na falta de informações por parte da Eurostar, Gripton e sua equipe estavam constantemente preenchendo o vazio com posts sobre a crise no Twitter da Skynews com notícias em primeira mão (@skynewsbreak), o que fez com que eles fossem a fonte de notícias mais atualizada até então.

"Nós podemos ver, com base em quem está visitando nossos sites e o que eles estão procurando, que isso criou uma demanda enorme por informações", disse

---

[1]   Dia seguinte ao natal, no qual ocorre uma grande liquidação nos estabelecimentos comerciais devido ao excesso de mercadorias, sendo uma das datas mais movimentadas do comércio em diversos países de língua inglesa, sobretudo no Canadá e nos EUA. (N.R.)

Gripton. "As pessoas estão entrando em contato conosco para dizer: 'Muito obrigado por suas informações a respeito da Eurostar porque vocês foram o único lugar em que conseguimos obtê-las'."

Twitter como ferramenta para comunicação de crise

Quando as coisas estão se movendo de forma veloz e furiosa, você deve estar disponível para a mídia. "Se você é supostamente a pessoa que fala com a mídia", disse Gripton, "então, pelo amor de Deus, esteja disponível, não importa se está de dia ou de noite".

Então como ficar disponível para Gripton e outros jornalistas?

Assim como muitos jornalistas, Gripton está constantemente disponível no Twitter, monitorando o que está acontecendo e vendo quem tem novas informações.

"Para nós é 'precisamos disso agora'", disse-me Gripton. "É assim que você diz algo, nós relatamos. Então não se esconda. O Twitter é fantástico porque estou lá a todo o momento. Apenas endereç e a mensagem a mim e eu a verei."

Isso funcionará se você quer entrar em contato apenas com Gripton. Mas, para atingir outros jornalistas e seus clientes, você precisa usar Twitter IDs apropriados em seus *tweets*. No caso da Eurostar, se alguém quisesse chamar a atenção tanto da Eurostar quanto dos jornalistas que estavam cobrindo a crise, ele poderia colocar o Twitter ID oficial da Eurostar (@little_break)[2] no *tweet*. Então, sempre que as pessoas estiverem buscando *tweets* enviado pela Eurostar ou sobre ela usando o ID da Eurostar, elas verão o seu *tweet*. Observe que os Twitter IDs são precedidos pelo símbolo "@", que os diferencia das *hashtags*. Outra forma de chamar a atenção de determinados veículos de mídia ou repórteres é fazer referência a seus Twitter IDs em seus *tweets*. Por exemplo, para dizer algo à Sky News, você poderia incluir o Twitter ID da Sky News (@skynewsbreak) ou até mesmo o Twitter ID pessoal de Jon Gripton. É claro que nada disso garante que seu *tweet* será visto ou que um repórter dará prosseguimento, mas sempre vale a pena tentar.

Segue um exemplo que une todas essas ideias. Se você estivesse retido em um trem da Eurostar durante a crise, você poderia ter tuitado algo como isso: "Estou preso no #Eurostar, e ele não anda há 3 horas. A @little_break não ajuda em nada. Eu ficaria feliz em conversar, @skynewsbreak."

A limitação de 140 caracteres do Twitter significa que um *tweet* frequentemente parece enigmático para os iniciantes. Traduzido, isso significaria "Estou preso no trem da Eurostar faz três horas (o uso da *hashtag* da Eurostar garante que as pessoas verão seu *tweet* em um busca). Os trens não estão andando. Os oficiais da Eurostar

---

[2]   Atualmente, o Twitter ID oficial da Eurostar passou a ser o @EurostarUK. (N.R.)

(que usam o Twitter ID @little_break) não me ajudam em nada. Se os repórteres da Sky News (que usam o Twitter ID @skynewsbreak) quiserem me entrevistar a respeito desta situação neste momento, favor entrar em contato comigo".

Quem sabe? Em um caso como este, um repórter poderia muito bem ter respondido pedindo por um número de telefone. Quem escreveu o *tweet* poderia ter sido entrevistado ao vivo e ouvido no mundo inteiro. Ou o repórter poderia ter feito um bate-papo privado, usando Mensagens Diretas do Twitter e realizado a entrevista dessa forma.

Alertas para a mídia em tempo real

Muitas empresas usam alertas para a mídia para fornecer informações ao público (por meio da mídia) após um desastre natural. (Para saber mais sobre alertas para a mídia, veja o Capítulo 6). Por exemplo, após uma queda de energia, uma concessionária pode enviar um alerta para a mídia para informar ao cliente quando a energia será restabelecida. Os jornalistas simplesmente copiam, colam e colocam na internet.

Os CEOs algumas vezes emitem declarações breves para indicar a posição da empresa com relação a um item de preocupação nas notícias. Por exemplo, no dia em que o Lehman declarou falência, o CEO de outro banco poderia ter usado um alerta para mídia para acalmar os ânimos a respeito da estabilidade daquele banco. Novamente, a finalidade é obter uma declaração dentro do texto que os jornalistas estão escrevendo e transmitindo enquanto a história se desenvolve em tempo real.

Conecte-se com os jornalistas antes que você precise deles

Relacionamentos pessoais são fundamentais. Os jornalistas me dizem inúmeras vezes que, quando uma notícia surge, eles ligam para as pessoas que já conhecem, cujos números de telefone e e-mails eles já têm. Eles se perguntam: "Quem poderia saber isso?" e então ligam imediatamente.

Obviamente, o início de uma crise é um momento difícil para se apresentar adequadamente, estabelecer sua credibilidade e construir um relacionamento de confiança. Tentar usar o "extraoficialmente" no primeiro encontro é arriscado.

É por isso que você precisa fazer isso agora. Entre em contato com repórteres, analistas e editores. Desenvolva uma afinidade para que, quando seu conhecimento for, de repente, relevante para uma boa história para o noticiário, eles pensem imediatamente em contatar você. Seguem algumas coisas que você deve fazer hoje para estabelecer relacionamentos com a mídia.

Acompanhe a publicação e seus jornalistas

Se você acompanha regularmente o que jornalistas individuais escrevem ou transmitem, você entenderá seus interesses e atitudes.

Comente as matérias e posts de blog

Muitas publicações online dão espaço aos leitores para postar comentários a respeito de matérias; e muitos repórteres agora blogam. Use esses canais para se envolver com eles. Como a maioria das pessoas, os repórteres são suscetíveis a bajulações, então elogie seus esforços (sem exagerar). Melhor ainda, forneça-lhes informações adicionais relevantes para o que eles estão escrevendo. Se forem úteis, o repórter certamente perceberá seu conhecimento sobre o assunto. Isso pode levar a uma discussão particular por e-mail que permitirá que você crie uma afinidade.

Caso escreva seu próprio blog, você também pode escrever um post que acrescente informações a uma matéria específica, depois ligue-o a ela (usando tanto o nome do repórter quanto o da publicação). Repórteres inteligentes usam os alertas do Google (ou outros serviços) para monitorar cada menção feita a seus nomes e publicações. Novamente, o repórter ficará sabendo sobre você. Você se tornará uma pessoa conhecida, com maior probabilidade de ser chamada para comentar uma história assim que ela surgir.

Envie uma apresentação por e-mail

Você também pode apenas bater à porta. Envie um e-mail breve, simpático, dizendo quem é você e o que você faz. Essa é uma boa forma de estabelecer uma relação. Foque um jornalista específico. Seja o mais simples e breve possível e, nesta apresentação, não promova uma ideia para uma matéria. Por exemplo, eu diria: "Sou um especialista em estratégias modernas de marketing e RP." Você pode sugerir os tipos de histórias que pode comentar. No meu caso, eu poderia dizer algo como: "Estou disponível para comentar matérias sobre mídias sociais no ambiente de trabalho, incluindo Twitter, YouTube e Facebook".

Quanto mais específico, melhor, já que muitos repórteres vão arquivar suas informações com base no que você disse que pode comentar. (No meu caso, quando surgir uma notícia sobre algo relacionado ao Facebook no ambiente de trabalho, eu posso receber um telefonema). Forneça informações completas para contato em seu e-mail, incluindo números de telefone (comercial e celular), endereços de e-mail e de mensagens instantâneas. Caso tenha, você também pode incluir o URL de seu blog ou site e o seu Twitter ID.

Siga o repórter no Twitter

O Twitter é uma ótima forma para se relacionar. Acompanhe o seu repórter favorito e depois use o Twitter para estabelecer uma relação. Novamente, *forneça algo primeiro* antes de esperar receber alguma coisa. Por exemplo, você pode indicar o trabalho desse repórter aos seus seguidores usando o Twitter ID dele em seu *tweet*. Eu faço isso o tempo todo. Por exemplo, "Principais empresas recém-criadas para se observar em 2010 por @ScottKirsner no Boston Globe de sexta-feira http://bit.ly/7wwjF8." Observe que, por eu ter usado o Twitter ID de Kirsner, ele verá meu *tweet* no seu *stream* do Twitter. Esse "tapinha nas costas" virtual é uma forma excelente de se iniciar uma relação.

Se eles estiverem no Twitter, normalmente você pode achar o ID de um repórter no início ou no fim de uma matéria. Se não, use uma ferramenta de busca para encontrá-lo. Então, se você não soubesse o ID de Scott Kirsner, uma busca pela palavra "Twitter" e "Scott Kirsner" traria como resultado o seu Twitter ID.

Nunca envie spams a repórteres

Eu deixei o conselho mais importante desta seção por último. Nunca, jamais envie spams, aborreça, escreva uma lenga-lenga interminável ou irrite de outra forma seus contatos jornalísticos. Se fornecer informações de valor, você será respeitado. Se você for inconveniente, será ignorado.

Lance-se dentro da notícia quando menos esperar

Algumas vezes as notícias surgem ao seu redor e o colocam em uma posição única de contar a história em tempo real. É o que aconteceu com Netra Parikh no dia 26 de novembro de 2008, quando terroristas realizaram uma série de ataques coordenados em Mumbai, na Índia (lembrado pelos indianos como 26/11), matando centenas de pessoas.

Ao visitar Mumbai, eu conversei com Parikh sobre sua terrível experiência. Ela estava em seu laptop, em casa, por volta das 21h, quando ouviu de um amigo sobre os ataques. Ela começou imediatamente a tuitar em seu Twitter ID @netra usando a *hashtag* #Mumbai, alertando seus seguidores sobre o caos que estava acontecendo. Então, começou a ligar para os amigos para confirmar se eles tinham chegado a salvo até suas casas e perguntou a cada um deles o que sabiam sobre os ataques ocorridos em uma dúzia de lugares pela cidade. Ela também ligou no noticiário da TV, que estava nesse momento relatando as notícias da violência.

"Eu comecei a tuitar sobre os locais em que os tiros e explosões de bomba estavam ocorrendo e comecei a reunir informações de todas as fontes disponíveis", disse-me Parikh.

Os terroristas tinham atacado o icônico Hotel Taj Mahal e feito centenas de pessoas reféns. Espectadores do mundo inteiro assistiam ao drama ao vivo pela televisão. Mas a polícia logo percebeu que os terroristas também estavam assistindo ao noticiário da TV para saber o que estava acontecendo do lado de fora do hotel. Então as autoridades ordenaram a interrupção de transmissões ao vivo do Taj.

Assim que esse canal foi interrompido, Parikh descobriu de repente que seu canal do Twitter tinham se tornado uma fonte importante tanto para a mídia global quanto para os moradores.

"Eu consegui obter informações de amigos que na época moravam perto do Hotel Taj", disse-me Parikh. "Então eu comecei a ligar para os hospitais e contar quantas pessoas tinham sido encaminhadas. É assim que eu fiquei sabendo que os hospitais precisavam de doações de sangue para ajudar os feridos."

Parikh tuitou todas as informações que descobriu em tempo real durante a noite do dia 26 e pelos dois dias seguintes. Antes de tudo acabar, ela tinha passado 60 horas ininterruptas em seu teclado, sem dormir.

"Durante o dia 26/11, não havia muitas pessoas tuitando na Índia, e meu canal se tornou uma espécie de sala de notícias para jornalistas internacionais", disse ela. "Havia tanta coisa a ser feita de modo a usar o Twitter como ferramenta de auxílio e ajuda às vítimas. Eu estava retransmitindo informações sobre linhas de ajuda de países como os Estados Unidos, Brasil, Austrália e Suécia."

A partir da manhã de 27 de novembro, Parikh foi entrevistada por jornalistas de todo o mundo. "Eu recebi minha primeira ligação da CNN dos Estados Unidos na noite do dia 27 e depois recebi uma ligação da CNN de Londres à meia-noite." Ela foi uma fonte importante para muitos jornalistas durante o drama dos reféns e foi citada em jornais nacionais da Índia, na CBS News nos Estados Unidos e em outros canais locais de notícias nos Estados Unidos e na Austrália.

"O Twitter se torna uma ferramenta tão poderosa em tempos de crise", disse ela, refletindo sobre sua própria experiência.

Hoje, Parikh está arrecadando dinheiro para as vítimas por meio de um site que iniciou com amigos: www.helpmumbai.pinstorm.com.

Quando você tem notícias quentes

Pode chegar um momento em que você tenha notícias importantes e inesperadas para divulgar. Se você tiver em mãos uma história bombástica, você está no comando – pelo menos no início. Sua notícia pode ser positiva, digamos, um grande salto nas vendas ou o anúncio de que sua empresa será adquirida por um concorrente maior e mais famoso. Ou a notícia pode ser negativa.

Dependendo da natureza da história, você escolherá como irá divulgá-la ao mundo. Suas escolhas afetarão muito a forma como a história se espalhará e como o público o verá.

Eu acredito piamente que se deve contar a história inteira em primeira mão, com todos os dados, fotos e vídeos com os quais se pode sustentá-la. Eu também acho que você deve disponibilizar porta-vozes dia e noite para explicar a história. Mesmo se ela for negativa, se você a contar integralmente e for transparente, você receberá créditos pela "confissão". Faça isso e você pode esperar ser tratado com justiça. O pior é parecer que você está escondendo algo. Quando você se esconde, as pessoas presumem que notícias ainda mais negativas estão por vir. Ei, BP![3]

Em caso de notícias ruins, a pior coisa a se dizer é "sem comentários". Algumas organizações tentam enterrar a história lançando-a sexta-feira à noite, durante o final de semana, durante o feriado ou durante um dia com muitas notícias. Isso pode funcionar, mas os repórteres perceberão o que você está fazendo, e isso não ajudará a sua credibilidade.

No entanto, quando você tem boas notícias para contar, as manhãs e o começo da semana são normalmente melhores para fazer isso, porque é quando os jornalistas tendem a procurar histórias para escrever. Dias com poucas notícias são ótimos porque você sabe que a mídia terá espaço para preencher.

Como diminuir um escândalo

David Letterman, apresentador do extremamente popular programa *Late Show*, na NBC TV dos Estados Unidos, surpreendeu seus espectadores no dia 1º de outubro de 2009 ao revelar que alguém tentou chantageá-lo ameaçando expor casos extraconjugais com seus empregados.

Eu deixarei os comentários sobre os aspectos de mau gosto desse incidente para as milhares de outras pessoas que ponderam suas opiniões com base na perspectiva sexual. O que me impressiona aqui é a forma habilidosa que Letterman escolheu para lidar com o assunto.

É importante que o público tenha ouvido primeiro sobre a situação a partir do próprio Letterman. Ele forneceu uma descrição sem qualquer emoção da tentativa de extorsão e admitiu que de fato teve relações sexuais com mulheres que trabalhavam para ele. Ao fazer isso, ele diminuiu imediatamente o valor da ameaça a zero.

Letterman sabia que a notícia vazaria de qualquer forma. Mas encarar essa possibilidade e optar por assumi-la, de acordo com seus próprios termos, em seu

---

[3]   O autor refere-se aqui à British Petroleum, empresa multinacional atuante no setor de energia com sede no Reino Unido. (N.R.)

próprio tribunal (seu programa de televisão de altos índices de audiência), foi, apesar de tudo, uma jogada brilhante.

Se más notícias vão vazar de qualquer forma, é melhor você mesmo contar a história e evitar ser pego de surpresa e ficar sem saber o que fazer.

Essa história poderia ter tido todos os elementos necessários para alimentar um escândalo que poderia estar presente na mídia durante anos: sexo, celebridade, infidelidade, cobiça, vergonha, mentiras e outros. Mas, ao revelar a verdade imediatamente – admitindo seu erro –, Letterman conseguiu de forma habilidosa diminuir o escândalo de antemão. Como resultado, grande parte da cobertura que se seguiu focou na extorsão, e não nas indiscrições de Letterman. Tiger Woods, jogador de golfe norte-americano, poderia ter evitado um mundo de sofrimento se tivesse buscado conselhos com ele.

Se estiver enfrentando más notícias, a pior coisa a se fazer – *konnichi-wa, Toyota!* – é deixar a mídia descobrir um novo detalhe interessante a cada dia durante meses. Divulgue logo toda a verdade e coloque toda a sujeira em cima da mesa imediatamente. Diga a verdade, peça desculpas diversas vezes, faça as pazes e siga em frente – o mais rápido possível.

O momento é agora

Como a mídia modificou a mentalidade do ciclo de notícias de 24 horas em favor de uma cobertura contínua, você precisa manter o ritmo. Esteja ciente do que está acontecendo ao seu redor. Envolva-se com os repórteres, analistas, editores e blogueiros enquanto eles criam suas matérias. Faça acréscimos à mistura publicando sua própria história em seu blog e na sala de imprensa online ou por meio de alertas para a mídia e coletivas de imprensa.

> Você precisa treinar sua mente para pensar em microexplosões de atividades imediatas. Quando a notícia surge, o momento é agora.

Vamos encerrar este capítulo dando uma olhada em como uma crise de mídia foi resolvida em tempo real em uma organização que simplesmente não tolera falhas.

A porta de 1 milhão de dólares

Na primeira hora da manhã do dia 21 de julho de 2009, o capitão Nathan Broshear, diretor de relações públicas da 12ª Força Aérea dos Estados Unidos/Força Aérea do Sul, teve um choque de relacionamento com a mídia em tempo real. O *Drudge Report* tinha acabado de postar uma história sobre uma "porta de 1 milhão de dólares" na Base da Força Aérea de Dyess, em Abilene – bem no coração da administração provincial do Texas e de Broshear.

A história resultou de um relato obscuro do site Recovery.com, descrevendo que 1,4 milhão de dólares em fundos do governo estavam sendo alocados à AFCO Tech para "consertar uma porta" na base.

A mídia sentiu o cheiro de um escândalo delicioso. Afinal de contas, uma porta é uma porta e quanto isso poderia razoavelmente custar? O gancho da notícia era fácil de se explicar, fácil de se visualizar e curto o bastante para caber em qualquer mídia: na internet, na TV ou nos jornais. Logo, a história estava sendo relatada por uma mídia local no Texas e depois em âmbito nacional por Glenn Beck, da FOX News, que disse: "E no Texas, a Base da Força Aérea de Dyess está gastando 1,4 milhão de dólares para consertar uma porta no Edifício 5112. Uau, o que aconteceu com aquela porta? É muito conserto. Podemos comprar uma nova e mais barata?".

Broshear fez uma pesquisa rápida e descobriu que a "porta" era na verdade uma porta de hangar com seis painéis e com 4,5 metros de largura usada para proteger bombardeiros da Força Aérea B-1 Lancer no valor de 250 milhões de dólares cada. A porta incluía mecanismos automáticos de acionamento elétrico e dispositivos de segurança altamente seguros e era à prova de furacões e tornados. Além disso, o contrato de 1,4 milhão de dólares incluía reparos ao próprio edifício do hangar.

Broshear sabia que precisava responder – *imediatamente*. "Nós enviamos fotógrafos da base para o hangar para tirar fotos de todos os ângulos possíveis", disse-me ele. "Eles também tiraram fotos de um homem ao lado da porta e de uma picape estacionada a alguns metros em frente do edifício para que as pessoas tivessem uma noção de escala. Então nós redigimos um breve e-mail a Matt Drudge[4] e anexamos as fotos."

Como seu comandante começou a ouvir sobre a "porta de um milhão de dólares" de seus contatos, Broshear sabia que a história estava se movendo rapidamente no meio militar, bem como na mídia. Ele sabia que tinha que fazer mais. Uma ação imediata era necessária para parar de espalhar a história errada.

"Continuamos com a tarefa, e eu perguntava à minha equipe 'Quantos links para esse site estão sendo divulgados nesse momento?'", Broshear me disse. "'Quantos blogs, outros novos sites ou e-mails encaminhados contendo esta história estão sendo enviados *neste momento?*'"

Sua equipe rapidamente adicionou fotos e informações sobre o contrato da porta à seção de mídia do site da 12ª Força Aérea e também enviou a informação à secretaria de imprensa da Força Aérea para distribuição ao *pool* de imprensa do

---

[4] Blogueiro e radialista norte-americano. Drudge também é o fundador do site Drudge Report, um dos veículos de comunicação e jornalismo mais poderosos e controversos da internet. (N.R.)

Pentágono. Essa ação rápida extinguiu a possível história entre as corporações militares de imprensa.

"Muitos não tinham ouvido a versão inicial incorreta quando receberam o e-mail e as fotos", diz Broshear. "Como todos esses repórteres tinham ido a bases militares, eles entenderam o tamanho do edifício em questão e os custos associados com esses tipos de hangares grandes, então ninguém cobriu a história."

Uma rápida palavra de Broshear e de sua equipe, por um breve período de tempo, acabou com o que poderia ter se tornado uma grande história. Que manchete! Uma porta de um milhão de dólares comprada com o dinheiro de seus impostos! Mas havia muito mais com relação à história, e contar o lado da Força Aérea foi essencial nesses primeiros minutos. "Foi necessária uma resposta tempestiva", diz ele. "Nós tínhamos que contar nosso lado da história com uma resposta breve e simples, com fotos autoexplicativas ilustrando como a manchete da 'porta de um milhão de dólares' era equivocada. Isso garantiu que a história durasse apenas algumas horas."

A velocidade com que histórias como essa surgem é muito maior hoje do que há alguns anos. "No passado, você poderia trabalhar em uma história pela manhã para uma transmissão à tarde, ou trabalhar com um repórter até as quatro para que ela pudesse estar pronta para o programa da noite", diz Broshear. "Hoje, nós temos que ser capazes de responder dentro de minutos qualquer notícia. Até mesmo as horas são muito tempo. Durante o tempo de tirar as fotos e redigir o e-mail, novos veículos do Texas, de Washington e de Nova York já estavam ligando em busca de explicações. Diversos veículos de mídia planejaram relatar a história sem confirmação, mas todos abandonaram o plano depois de tomar ciência dos fatos. Eu vi uma simples manchete sobre o início de investigações no congresso interromper projetos e até encerrar carreiras. Você precisa estar pronto para responder a qualquer veículo rapidamente, de forma clara e direta."

Quando a notícia surge e você tem algo a dizer, não existe uma fórmula exata a ser seguida. Na verdade, eu acho isso bom, porque significa que aqueles que pensam em tempo real e entendem que precisamos nos mexer *agora* manterão uma enorme vantagem sobre aqueles que são lentos e insistem em verificar, planejar e chamar os advogados.

Se alguma coisa malcheirosa atingir o seu ventilador, eu desejo sorte e espero que este capítulo o tenha ajudado a se preparar para isso.

8
O QUE AS PESSOAS ESTÃO DIZENDO SOBRE VOCÊ NESTE INSTANTE?

"Quem diabos SÃO essas pessoas?" foi o título que coloquei em um post de blog no final de 2009. Nele, eu mostrei um banco de imagens e perguntei aos meus leitores: *Quem são essas pessoas jovens, felizes, bonitas, multiculturais com ótimos dentes e cabelos melhores ainda que ficam com seus notebooks em salas de conferência reluzentes e modernas nos sites de empresas B2B em todo o mundo? Quem são esses habitantes internacionais de locais corporativos virtuais?*

Eu comecei a descrever o banco de imagens que adorna muitos sites corporativos: *O problema com a "sala de conferência B2B multicultural e feliz com foto de computador" é que ela se tornou um clichê. Esse tipo de imagem é usado de forma tão exagerada que perdeu o sentido. Esses modelos não se parecem com você. Eles não se parecem com seus funcionários. E eles não se parecem com seus clientes (a menos que você tenha uma agência de modelos). Como esses modelos não se parecem com você nem com seus clientes, é insultante e humilhante para todos (principalmente para seus funcionários e clientes) usar essas fotos em sua página inicial e por todo o seu site.* Após postar esse fragmento, eu também tuitei "Quem diabos SÃO essas pessoas?" com um link para o texto.

Quem diabos SÃO essas pessoas?

A reação foi imediata. O primeiro *retweet* (quando alguém encaminhou meu *tweet* a seus seguidores) veio em segundos. Logo, muitas pessoas estavam tuitando e retuitando, direcionando seus seguidores ao meu post. A primeira hora teve em média um *tweet* a cada dois minutos. Outros *tweets* durante o dia levaram milhares de pessoas ao post. Segue um gráfico representando o que foram as primeiras duas horas de *tweets*. Observe a curva em formato de sino da lei da distribuição normal, conforme descrita no Capítulo 3.

GRÁFICO 8.1 "Quem diabos SÃO essas pessoas?" *Tweets* a cada 15 minutos

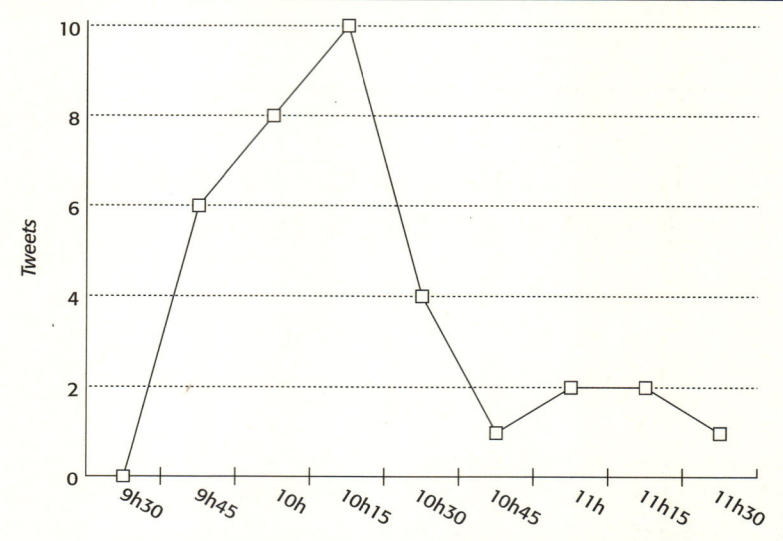

Total de 274 *tweets* que levam a esse post no período de um mês

Fonte: Hora dos *tweets* (26 de outubro de 2009, EDT)
www.WebInkNow.com.

Após o tumulto inicial da atividade, às 14h46, Chris Brogan[1] tuitou: "Agradeço @dmscott por me fazer rir tanto. Quem diabos SÃO essas pessoas?". Como Chris é extremamente popular no Twitter (com mais de 100 mil seguidores), muitas outras pessoas visualizaram o post do meu blog e muitas outras o tuitaram. O próximo gráfico, fornecendo dados das primeiras 12 horas após eu ter incluído o post, mostra duas curvas distintas em formato de sino (uma a partir do meu *tweet* inicial e outra após o *tweet* de Chris Brogan). No gráfico, é possível ver o poder gerado quando uma pessoa com muitos seguidores indica algo. Chris dobrou o número de pessoas que visualizaram o post do meu blog. Perceba também o pequeno pico de interesse no final do dia. Eu registrei esse resultado com meus seguidores na Austrália e Nova Zelândia, os quais, devido à diferença de hora, estavam "offline" quando ocorreu o pico da ação. Quando eles viram o post de manhã, alguns deles também tuitaram.

Ao mesmo tempo, as pessoas também começaram a deixar comentários em meu blog, uma dúzia na primeira hora e mais 30 durante o primeiro dia. O que me intrigou, no entanto, é a rapidez com que o interesse no post diminuiu.

---

[1]   Escritor, jornalista, consultor de marketing e palestrante norte-americano. (N.R.)

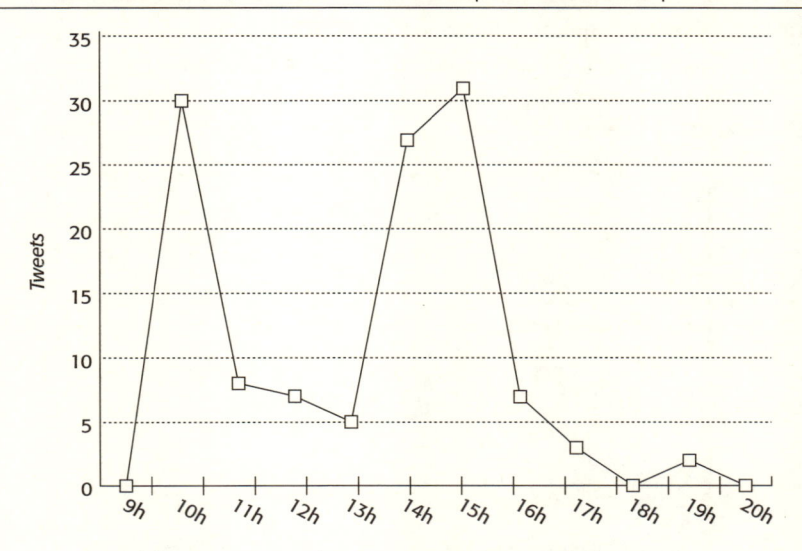

Total de 274 *tweets* que levam a esse post no período de um mês

Fonte: Hora dos *tweets* (26 de outubro de 2009, EDT)
www.WebInkNow.com.

Ao estudar as tendências em conversas online, eu descobri que o interesse quase sempre segue o mesmo padrão e diminui mais ou menos com a mesma velocidade. Veja o próximo gráfico, que mostra o número de comentários do blog por dia. Você verá como o número segue o padrão previsível da lei de potência à medida que o post do blog se torna "antigo".

A velocidade com que um item para de despertar o interesse das pessoas no Twitter é ainda mais dramática. O gráfico a seguir mostra claramente o padrão de diminuição da Lei de Potência do Marketing e das RPs em Tempo Real (introduzido no Capítulo 3). Eu examinei os dados para mais detalhes. Os *tweets* do primeiro dia foram basicamente *retweets*. Em outras palavras, a maioria das pessoas que tuitou ficou sabendo do post do meu blog por outros usuários do Twitter. Eles viram um *tweet* meu, do Chris Brogan ou de outra pessoa e então visitaram meu blog para ler o post. Algumas pessoas que acharam o post interessante escolheram usar o Twitter para alertar seus seguidores simplesmente retuitando-o (o equivalente do Twitter de encaminhar um e-mail). Esse tumulto de *retweets* em tempo real (mais de 100) tinha quase acabado até o final do primeiro dia.

No entanto, os *tweets* dos dias seguintes foram originais (e não *retweets*), e o motivo é simples. Muitos dos seguidores do meu blog ficaram sabendo do meu post por meio de seus leitores de RSS (RSS é a sigla para "really simple syndication" [distribuição extremamente simples], que permite que você se inscreva em blogs, recebendo atualizações à medida que forem incluídos posts) ou por meio de Feed-Blitz (que fornece posts por e-mail em um lote diário). Portanto, muitos só viram meu post dois dias depois, e seus *retweets* geraram uma segunda onda de interesse.

GRÁFICO 8.3   "Quem diabos SÃO essas pessoas?" Comentários no blog por dia

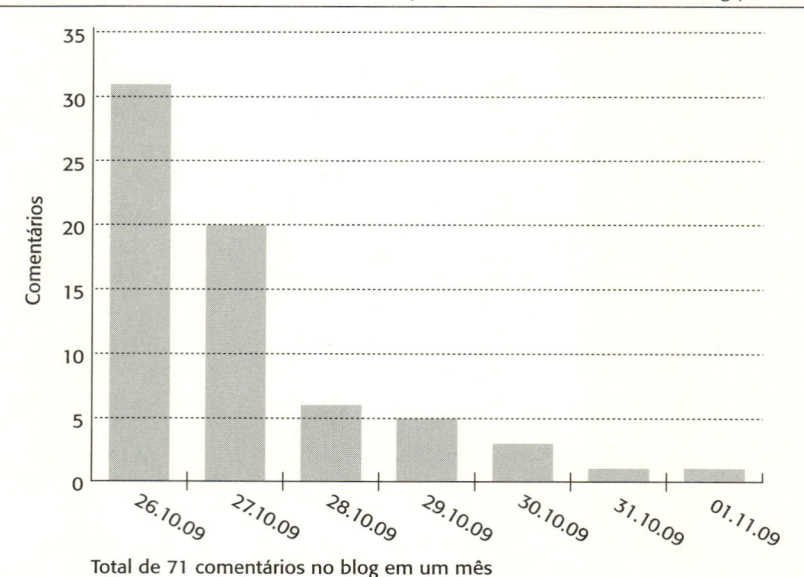

Total de 71 comentários no blog em um mês

GRÁFICO 8.4   "Quem diabos SÃO essas pessoas?" *Tweets* por dia

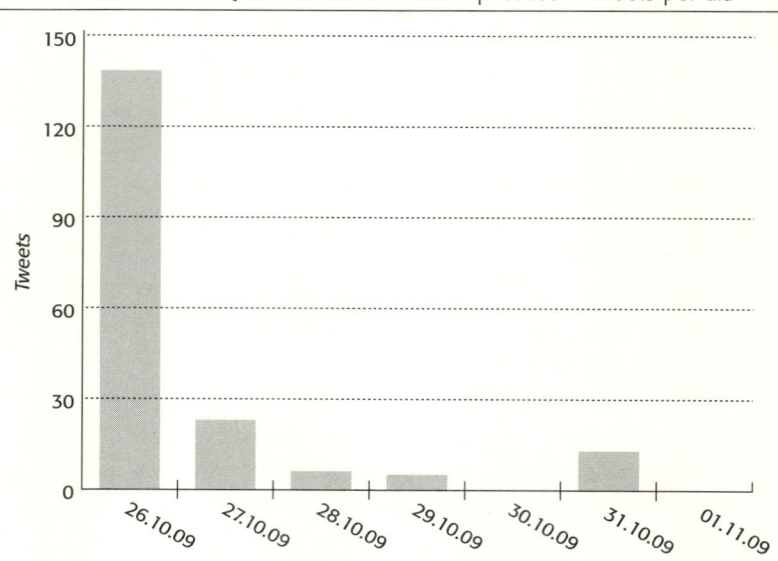

Total de 274 *tweets* que levam a esse post no período de um mês

É possível ver também um pequeno pico em *tweets* no dia 31 de outubro. Em homenagem ao feriado mais assustador celebrado pelos americanos, eu tuitei isto: "Algumas fotos corporativas sinistras e assustadoras muito boas para o Halloween!". Isso resultou em mais ou menos uma dúzia de *retweets* e centenas de outras visualizações do meu post original.

Por que estou gastando tanto tempo analisando um pequeno post de um blog? Porque isso ilustra perfeitamente como funciona a popularidade online. Um fenômeno em tempo real ocorre na medida em que as pessoas entram em discussões ativas, como a que eu iniciei sobre bancos de imagem.

A conversa realmente dinâmica só acontece no primeiro dia ou nas primeiras horas após a lei de potência do marketing e das RPs em tempo real. Isso funciona assim. Conforme as pessoas leem conteúdos atualizados em blogs ou em grandes sites de notícia, elas normalmente deixam um comentário. E como os primeiros comentários normalmente aparecem primeiro na lista, aqueles que iniciaram a conversa serão os mais lidos. Suas vozes se destacam na conversa que se forma a seguir.

> A velocidade de reação é fundamental. É claro que você não pode reagir a menos que saiba (e entenda!) imediatamente o que está sendo dito.

Com o meu post sobre banco de imagens, vários dos primeiros comentários foram lidos por quase 10 mil pessoas, enquanto que os últimos foram lidos por algumas centenas de pessoas no máximo. Novamente, esse padrão ilustra a importância da velocidade em todos os aspectos de se fazer negócios online. Quando você se expressa rapidamente, as pessoas ouvem as suas ideias.

Neste capítulo, nós veremos uma ampla variedade de ferramentas que você poderá utilizar para monitorar o que está sendo dito online. Mas, diferentemente do Capítulo 7, no qual focamos o monitoramento da grande mídia e de blogueiros, aqui nós veremos como você poderá ouvir pessoas comuns e seus clientes conforme eles falam sobre a sua empresa.

Alguns desses serviços são gratuitos e fáceis de usar, enquanto outros são aplicativos sofisticados utilizados por grandes negócios ou governos. Grande ou pequeno, não importa. Você precisa saber o que estão dizendo sobre você e sobre questões fundamentais para o seu negócio. E, para reagir em tempo real, você precisa saber disso rapidamente.

Monitorando aqueles que você conhece

A primeira prioridade é ouvir blogueiros, analistas, jornalistas e outras pessoas que falam frequentemente sobre você e seu negócio. Comece identificando o máximo de vozes que puder. Liste todas as revistas especializadas relevantes. Descubra um analista de valores mobiliários que cubra o seu setor. Verifique outros países para encontrar conteúdo sobre o seu setor em mercados distantes. Busque por fóruns ou salas de bate-papo relevantes. Localize blogueiros que opinaram sobre questões relacionadas ao seu negócio. Continue sempre buscando novas fontes.

Para encontrar essas vozes, comece verificando as ferramentas de busca (Google, Yahoo!, Bing e assim por diante) com todas as palavras-chave e frases relevantes que puder lembrar: sua empresa, clientes, concorrentes, prospectos, categorias de produtos, jargões, qualquer coisa em que consiga pensar.

Use ferramentas de busca especializadas de blog, como o Google Blog Search, IceRocket e Technorati, para encontrar blogueiros interessados em assuntos relacionados ao seu negócio.

Assim que tiver identificado as principais fontes, o próximo passo é começar a monitorar o que elas dizem em tempo real. Conforme seu nome sugere, uma forma extremamente simples de fazer isso é usar o RSS, "really simple syndication", uma ferramenta que permite que você obtenha conteúdo de centenas de blogs e canais de notícias sem ter que visitar cada um deles. Os canais de RSS são atualizados sempre que um site muda, alertando-o a respeito de informações relevantes sobre assuntos que você especificar. Eu uso o Google Reader para isso, mas existem muitos outros leitores de RSS para se escolher.

O Twitter, como mencionei, é uma ótima forma para ficar sabendo das notícias que estão surgindo. Muitos blogueiros, jornalistas e veículos da mídia agora usam o Twitter para direcionar o tráfego para conteúdos atualizados quando estes aparecem. Se essas fontes estiverem ativas no Twitter, você descobrirá um Twitter ID em seus sites ou blogs. Use o TweetDeck ou outra ferramenta de monitoramento do Twitter para complementar seus canais de Twitter importantes (ou seja, conjuntos de *tweets* importantes para o seu negócio) para que você possa monitorar facilmente o que está sendo dito pelas pessoas que são importantes para você.

O objetivo aqui é saber imediatamente o que as pessoas estão dizendo, para que você possa comentar em tempo real, quando apropriado. E é certamente mais fácil quando você já identificou as pessoas que provavelmente falariam sobre você.

É como participar de um círculo com seus amigos em um coquetel: você pode prever que suas conversas lhe agradarão. E como você é aceito por seu círculo de amigos, você pode facilmente participar dando sua opinião.

Então, enquanto você monitora o que as pessoas estão falando sobre você, é bom ter uma noção de quais são os interesses de cada uma delas. Se alguém escreve sobre o seu setor, tente saber seus interesses específicos. Faça, de vez em quando, comentários sobre seus posts ou artigos, mesmo que eles não se refiram à sua empresa ou aos seus produtos. Se você já for uma voz conhecida, sua opinião será levada mais a sério ao entrar em uma discussão sobre algo diretamente relacionado ao seu negócio.

A vantagem de reagir rapidamente e ser um dos primeiros a comentar é enorme. Você é visto como alguém que se importa e que sabe o que está acontecendo.

É igualmente importante deixar que as pessoas que escrevem sobre você vejam que você está prestando atenção. Mesmo àqueles que escrevem coisas negativas a seu respeito, responda educadamente e sem raiva. Isso pode criar um vínculo positivo para ajudar a garantir que, na próxima vez, eles tentem fornecer os fatos corretos e talvez até pedir para você confirmar uma informação antes que eles a publiquem. Além disso, você pode esperar: eles serão mais educados. Ao receber suas mensagens educadas e amigáveis, eles pensarão duas vezes antes de queimar você!

Optando por responder (ou não)

Durante o monitoramento de suas fontes regulares, você pode se deparar com pessoas discutindo sobre sua empresa. Então, como você decide quem receberá uma resposta e quem será ignorado? Isso não é fácil de se responder. Algumas pessoas são simplesmente loucas, e você não quer ser levado a ter um diálogo com um maluco.

Eu gosto da forma como Christopher Barger, diretor de mídias sociais da General Motors, decide. Barger diz que o importante é descobrir quem é atencioso: "Sejam críticos ou fãs, são eles os realmente atenciosos e que estão apenas jogando bombas ou arremessando bolas de softball em você", disse-me ele. "É ótimo ter fãs, e você sempre terá críticos que não o suportam independentemente do que você faça. Se alguém fizer uma crítica construtiva e as pessoas responderem com respostas construtivas, nós podemos dizer que se trata de uma conversa inteligente e da qual devemos participar."

Barger diz que sua regra de engajamento do "atencioso" surpreende muitas pessoas, as quais presumem que o número total de leitores é o fator mais importante. "Você precisa esquecer o antigo conceito dos números", diz ele. "Uma linha de pensamento diz 'Esta pessoa tem 200 mil seguidores no Twitter ou um blog que milhões de pessoas leem, então você deve entrar lá'. Mas você pode ter tanto impacto quanto ao se envolver com alguém que tenha [menos] seguidores se esta pessoa [for influente]."

Ouvindo milhões de discussões em tempo real

Até agora, nós falamos sobre interagir em tempo real com pessoas que você identificou como importantes centros de influência. Mas o que dizer sobre os milhões de pessoas por aí que você ainda não conhece? Se você tem um negócio de tamanho considerável, existe a possibilidade de pessoas por aí estarem falando sobre você nas mídias sociais e que não estão em seu radar. A boa notícia é que você ainda consegue monitorar os milhões de conversas que estão acontecendo online e responder instantaneamente às oportunidades e às ameaças.

Há dez anos, quando eu era vice-presidente de marketing e relações públicas para uma empresa de tecnologia *business-to-business* negociada na Nasdaq, nós medíamos nossos programas de RP com um *"clipping* de RP". Todo mês, nossa agência de RP enviava uma cópia encadernada do *clipping*, incluindo todos os artigos de notícias e transcrições de transmissões mais recentes que mencionavam a empresa. Embora isso fosse uma ótima ferramenta para justificar nossa existência para os chefes – "olhe só para tudo isso" –, era uma forma terrível para saber sobre nossa reputação em tempo real. A informação era tão velha quando chegava até nós que nunca podíamos reagir e participar realmente!

Avançando para 2010, agora todo mundo (não apenas empresas B2B, mas também marcas de consumo, consultores, organizações sem fins lucrativos e até bandas de rock, igrejas e faculdades) tem uma tremenda oportunidade de atingir as pessoas e se envolver com elas em tempo real.

As ferramentas online de hoje oferecem um conhecimento instantâneo do que está sendo dito sobre você e suas atividades. Essa conscientização permite que você participe à medida que as discussões acontecem, em vez de ficar esperando semanas até o momento que o *clipping* estiver na mesa do chefe.

Para pessoas e grupos menores, os aplicativos gratuitos (mas poderosos) disponíveis online são suficientes para monitorar notícias e conversas relevantes para as suas atividades. Eu tenho uma lista de ferramentas úteis aqui.

Grandes empresas, no entanto, geram tanta discussão que normalmente vale a pena investir em um serviço de análise de mídias sociais mais sofisticado. Isso é particularmente verdade para marcas de consumo, agências governamentais, organizações sem fins lucrativos famosas e campanhas políticas em larga escala. Nós veremos alguns dos serviços premium mais adiante neste capítulo.

Como ficar ciente de milhões de discussões que estão ocorrendo neste momento

- Crie uma lista abrangente de termos relevantes de busca para as suas atividades. Inclua os nomes de sua empresa, executivos seniores, concorrentes, clientes, prospectos, produtos, além de quaisquer jargões ou frases – todos os termos em que você consiga pensar!

- Use ferramentas de busca (por exemplo, Google News ou Yahoo! News) para definir um alerta de notícias usando aqueles termos de busca. Isso lhe informará automaticamente em tempo real quando qualquer um de seus termos de busca aparecer. Defina alertas em ferramentas de busca de blogs também. Saiba que, se você escolher o Google Alerts, você poderá definir o alarme para lhe informar quando uma frase aparecer em diversos tipos de conteúdo; dessa forma, um conjunto de alertas poderá ajudá-lo a monitorar blogs, canais de notícias, sites e outros.

- Conforme o monitoramento progride, você provavelmente precisará modificar seus termos de busca, já que alguns fornecerão uma enxurrada de "resultados falsos", e outros não darão em nada. Alguns serviços oferecem recursos avançados que permitem que você refine suas buscas. Por exemplo, operadores booleanos, como "e", "mas" e "não", podem deixar suas buscas mais específicas. Se precisar de ajuda, busque consultores independentes com conhecimento em biblioteconomia. Adicione novos termos de busca à medida que avança (procure *tags* dos autores referentes aos itens que lhe interessam). É um processo contínuo, então você não pode apenas definir seus termos de busca e esquecê-los.

- Monitore seus termos de busca no Twitter também. Alguns *tweets* aparecerão em seus alertas de notícias se você usar um serviço que classifique o Twitter, como o Google. Mesmo assim, eu acho mais eficaz monitorar o Twitter diretamente. Use uma ferramenta de monitoramento, como o TweetDeck ou HootSuite, para pegar suas principais frases. Você também pode usar a própria função de busca do Twitter para buscas únicas.

Um *tweet* de 250 mil dólares!

Algumas pessoas dizem que apenas grandes marcas de consumo precisam monitorar o que está sendo dito sobre elas na internet. Isso não é verdade! Pequenos grupos e empresas *business-to-business* podem gerar menos tráfego, mas isso torna ainda mais importante saber o que está sendo dito.

Veja o exemplo da Avaya Inc. e sua tecnologia de telecomunicações especializada usada em *call centers*. A Avaya vê com cuidado o que está sendo dito nas redes sociais para ganhar e manter seus clientes.

Quando Paul Dunay se juntou à Avaya como diretor-geral global de serviços e marketing social em 2009, ele rapidamente começou a criar o perfil de mídia social da empresa, incluindo sua presença no Twitter. Um aspecto importante de sua estratégia focava como a Avaya poderia entender e responder melhor ao que os outros diziam sobre a empresa.

"Ouvir o mercado e participar das conversas certas faz com que a Avaya consiga ver rapidamente os problemas e oportunidades à medida que eles surgem, mesmo antes que qualquer pessoa contate a empresa", disse-me Dunay.

A Avaya estabeleceu sua presença em quatro principais domínios das mídias sociais: blogs, fóruns, Facebook e Twitter. O Twitter assumiu um papel importante, como um posto de escuta e centro de resposta rápida da empresa, tanto para resolver problemas quanto para criar oportunidades para interagir com possíveis clientes.

Inicialmente, o próprio Dunay monitorou todas as menções da Avaya no Twitter e outros tráfegos em mídias sociais, encaminhando *tweets* e posts que necessitavam de uma resposta a um representante de vendas ou suporte qualificado. Quando ficou claro que o número de menções era muito alto para que ele monitorasse sozinho, Dunay obteve o apoio oficial do diretor de marketing da Avaya para a criação de uma equipe global interfuncional.

Dunay organizou uma equipe inicial composta por sete pessoas da Avaya, que incorporou rapidamente as mídias sociais – uma equipe que desde então aumentou para 50 membros. "Membros da equipe das áreas de marketing, suporte, jurídica e outras unidades de negócio monitoram de 1.000 a 2.500 menções da empresa e discussões por semana usando o TweetDeck com o Radian6 [uma ferramenta de análise e monitoramento de mídias sociais], fornecendo *backup* para capturar itens perdidos", diz ele. "Um membro de uma equipe que fica sabendo de um problema que necessita de uma ação o posta em um wiki interno. As respostas não são automáticas. Em vez disso, o problema é encaminhado a alguém com conhecimento e autoridade para lidar com ele."

Dunay diz que problemas tratados com clientes por meio de sites de redes sociais incluem suporte a produtos, disponibilidade de peças, questões de financiamento e faturamento e questões com relação ao final da vida útil dos produtos, bem como solicitações de suporte para o canal de distribuidores. "Ouvir e participar de conversas no Twitter a respeito da Avaya faz com que a empresa consiga aproveitar oportunidades de venda e gerar receitas rapidamente, melhorar o suporte para o canal de distribuidores e lidar com problemas de produtos e serviços antes que eles tenham tempo de inflamar", diz ele.

Por exemplo, a estratégia gerou uma rápida recompensa quando alguém tuitou "[Nome de um concorrente da Avaya] ou Avaya? Logo chegará a hora de ter um novo sistema telefônico". O *tweet* foi visto pela equipe de Dunay em tempo real, e, em apenas alguns minutos, eles tuitaram em resposta usando o Twitter ID @Avaya_Support: "@[Twitter ID da pessoa] – deixe-me ver se podemos ajudá-lo – nós temos alguns Consultores Estratégicos que podem ajudá-lo a avaliar suas necessidades". A pessoa que tuitou estava realmente avaliando sistemas telefônicos naquele momento e optou pela Avaya, o que resultou em uma venda rápida de 250 mil dólares. Menos de duas semanas depois, o cliente tuitou: "Na [nome da empresa] nós escolhemos a AVAYA como nosso novo sistema telefônico. Estou empolgado com a tecnologia e os benefícios gerados para a [nome da empresa]". O cliente ficou tão feliz com os serviços e com as pessoas da Avaya com as quais estava trabalhando que ele tuitou novamente alguns meses depois: "Estamos nos preparando para instalar nosso novo sistema telefônico da Avaya – nossos clientes vão adorar".

"Um *tweet* de 57 caracteres levou a uma venda de 250 mil dólares", diz Dunay. "São quase 4.500 dólares por caractere!"

Mudando a opinião de um crítico

Mais cedo ou mais tarde, todo mundo que monitora o que as pessoas dizem em tempo real irá se deparar com um cliente chateado que não tem nada além de coisas ruins para dizer sobre a empresa e seus produtos. É ótimo quando isso acontece!

Isso pode parecer absurdo, mas ocasiões como essa proporcionam às equipes de participação em tempo real oportunidades ótimas para expressar valores.

Quando as pessoas desabafam suas frustrações nas mídias sociais, elas simplesmente não esperam uma resposta da empresa. Os clientes presumem que as empresas são muito grandes e cheias de preocupações para se importar em interagir com eles. Então o motivo pelo qual sou otimista com relação a expressões negativas é que, quando alguém de *sua* empresa interage em tempo real, isso choca muito quem fez a reclamação, frequentemente transformando um crítico em um defensor. Eu vi isso acontecer inúmeras vezes. As pessoas que reclamam ficam felizes com o fato de terem sido ouvidas e constantemente contam aos outros a respeito de sua experiência positiva.

> Reagir de forma inteligente e em tempo real a uma crítica mostra que você é humano e normalmente faz com que você ganhe um defensor.

Por exemplo, minha esposa, Yukari Watanabe Scott (@YukariWatanabe), reclamou no Twitter (em japonês): "Prezada Amazon.co.jp, eu gasto meu tempo escrevendo críticas para a Amazon.co.jp, mas normalmente elas só são postadas mais de um mês depois, ou somente depois que eu reclamo. Eu me pergunto se esta é uma boa prática. Isso não acontece comigo na Amazon.com dos EUA".

Em *menos* de 10 minutos chegou uma resposta em tempo real de Hiroyoshi Watanabe (nenhum parentesco com a minha esposa), diretor e chefe de política pública do Japão da Amazon Japan K.K. (@hiroyoshi): "Eu farei com que verifiquem a causa do problema". Minha esposa achou isso incrível e me contou sobre a experiência. Então é isso, enquanto eu conto a história para você, a Amazon recebe críticas de RP positivas.

O problema em si foi corrigido em 24 horas, e suas críticas agora são postadas rapidamente no site da Amazon Japão. A empresa transformou uma crítica em uma defesa devido a um acompanhamento rápido e algumas palavras bem colocadas em tempo real.

Quando você não tem uma resposta imediata

Uma resposta imediata é o ideal ao interagir com o público em uma mídia social. Quando você entra em uma discussão em tempo real, você agrada o público. E quando o tom é negativo, você pode geralmente mudá-lo, transformando críticos em defensores.

É claro que você não terá sempre uma resposta mágica em mãos. Mas, mesmo assim, participe imediatamente, identifique-se, reconheça a queixa de forma simpática e prometa que encontrará uma resposta. O simples fato de *estar presente* em tempo real é o que importa.

Assim como com a experiência de Yukari com a Amazon Japão, haverá ocasiões em que você pessoalmente não terá um domínio imediato sobre o problema. Mas, em um dia ou apenas em alguns minutos, você poderá encontrar um. Diga isso! Responda para fazer com que a pessoa saiba que você está atento e depois descubra a resposta. Mas, quando fizer uma promessa, certifique-se de cumpri-la. Lembre-se de que é melhor prometer menos e oferecer mais, então dê a si mesmo tempo o bastante para isso. Se você conseguir fazer o trabalho mais rápido, melhor!

"Eu não acho que há algo errado em dizer 'Eu não sei a resposta para isso agora e vou precisar de um tempo para arranjar a pessoa certa'", diz Barger, da GM. "Agora seria uma história diferente se eu dissesse 'Bem, eu acho que eu tenho uma resposta, mas tenho que mostrá-la aos advogados'. Isso é diferente; neste caso, você está sendo corporativo, e não humano. É humano dizer 'Eu não tenho a resposta certa agora', e eu acho que isso é aceitável."

Humanidade, conforme observa Barger, é um elemento crítico aqui. As pessoas não esperam que um representante da empresa interaja, porque todos nós experimentamos muita negligência de corporações anônimas ou sem identidade.

Quando foi a última vez que você ligou para uma linha de atendimento ao cliente gratuita e não foi jogado de um lado para o outro? As pessoas já têm expectativas de que as empresas não irão se importar. Então quando você realmente responde aos clientes na mídia social em tempo real, eles se sentam e prestam atenção. Eu mesmo já disse isso: "Caramba! Um ser humano de verdade está ouvindo o que eu tenho a dizer".

Análise da web social

Nós olhamos alguns dos serviços gratuitos que organizações menores podem usar para monitorar o que está sendo dito em tempo real. Agora, vamos ver plataformas mais sofisticadas que podem ajudar organizações maiores a não só monitorar o que está sendo dito como também a fornecer análises e relatórios (para compartilhar com a gerência) e integrá-las ao seu fluxo de trabalho.

Muitas pessoas a favor de mídias sociais, como Paul Dunay, da Avaya, e Christopher Barger, da GM, utilizam tanto serviços gratuitos quanto aplicativos de análise pagos.

Há apenas alguns anos, o Twitter nem existia, e o Facebook era apenas para aqueles que tinham um endereço de e-mail ".edu". Mas as ferramentas de análise estão se superando de maneira veloz, e o mercado está crescendo rapidamente.

Para entender o cenário que está se desenvolvendo com tanta rapidez, eu consultei Philip Sheldrake, fundador da Influence Crowd, LPP. Sheldrake mostra às empresas como se procede a influência e as ajuda a entender o que está acontecendo – tudo a tempo para reagir.

Primeiro, uma definição. Até agora, neste capítulo, eu usei o termo "monitorar" para falar sobre o processo de ver o que está sendo dito. Quando você muda para o aspecto analítico (criando dados, por exemplo, quantos posts de blog foram mencionados de uma empresa semana passada, e fazendo análise de opiniões, que é uma proporção das opiniões positivas com relação às negativas), você acaba com um serviço que significa muito mais do que apenas monitorar. É como a diferença entre assistir a um evento esportivo ao vivo e assisti-lo pela TV, completo, com estatísticas e comentários.

É assim que Sheldrake descreve a análise da web social:

> A aplicação de tecnologias de busca, classificação, análise semântica e de inteligências de negócios para a tarefa de identificar, monitorar, ouvir e participar de conversas distribuídas sobre uma marca, produto ou questão em particular, com ênfase em quantificar a tendência do sentimento e influência de cada conversa.

Uau. Isso é muita coisa! Mas leia novamente devagar e isso começará a fazer sentido. Existe mais a ser feito do que apenas monitorar o que as pessoas falam. De fato, algumas organizações estão se tornando extremamente sofisticadas no uso de diversas ferramentas disponíveis.

"Algumas pessoas usam os termos *análise de web social* e *análise de mídia social alternadamente*", diz Sheldrake. Mas isso não é correto. "Mídia social é apenas um subconjunto da web social. A web social abrange a mídia social (por exemplo, Facebook, resenhas da Amazon, blogs), aplicativos (TweetDeck, Skype), serviços (canais de geolocalização, como o FriendFeed e o Taptu) e a própria rede. Então, a longo prazo, a análise da web social abrangerá cada vez mais um conjunto bem mais amplo de dados do que apenas informações de mídias sociais; alguns fornecedores já chegaram lá."

Como a análise da web social ajudará o seu negócio

- Coleta e armazenamento de dados da web social, incluindo blogs, fóruns e novos sites.

- Fornecimento de um mecanismo para analisar os dados e criar significado. Isso inclui normalmente a disponibilização de informações sob a forma de tabelas e gráficos e as análises de opiniões mencionadas anteriormente.

- Apresentação das informações de uma forma fácil de ser digerida para participantes internos, incluindo aqueles responsáveis por responder, além dos executivos que precisam estar cientes do que está sendo dito.

- Integração dos serviços nas rotinas normais de fluxo de trabalho da empresa, como os sistemas de gerenciamento de clientes ou os sistemas de automação de vendas existentes. (Nós falaremos mais sobre isso no Capítulo 15).

- Facilidade de reação à informação e acompanhamento ao longo do tempo, se apropriado.

Uma seleção de serviços de análise da web social

Segue uma lista de serviços de análise da web social, tanto os gratuitos quanto os comerciais. Os serviços comerciais variam de algumas centenas de dólares por mês a milhões de dólares por ano para as implementações globais mais sofisticadas. Sheldrake diz que alguns especialistas mantêm listas de mais de 200 serviços que atendem total ou parcialmente à nossa definição de análise da web social. Observe, então, que esta é uma seleção dos serviços mais interessantes e populares, não uma lista abrangente. Todos estes serviços estão disponíveis em inglês, mas, se você precisa lidar com conteúdo multilíngue, estude cada oferta com cuidado.

Assim que avaliar cada um destes serviços, certifique-se de que ele oferece o "tempo real" – a velocidade dos melhores serviços é de segundos. Alguns serviços (principalmente aqueles que classificam fontes da grande mídia) somente transmitem notícias ao sistema a cada hora. Em um ambiente em tempo real, uma hora de atraso não vai funcionar.

Serviços gratuitos para a grande mídia e a mídia social

- Google: www.google.com
- Bing: www.bing.com
- Yahoo!: www.yahoo.com
- Ask: www.ask.com

Ferramentas gratuitas de análise gráfica

- BlogPulse: www.blogpulse.com
- Google Trends: www.google.com/trends

Serviços gratuitos para busca de blogs

- Google Blog Search: http://blogsearch.google.com
- Technorati: www.technorati.com
- Twingly: www.twingly.com
- IceRocket: www.icerocket.com

Serviço gratuito de alerta

- Google Alerts: www.google.com/alerts

Buscas gratuitas de Twitter

- HootSuite: http://hootsuite.com/
- TweetDeck: http://www.tweetdeck.com
- Twitter search: http://search.twitter.com

Serviços comerciais

- Alterian: www.alterian.com/www.techrigy.com
- Attentio: www.attentio.com
- Brandwatch: www.brandwatch.net
- CIC: www.ciccorporate.com
- Cision: www.cision.com
- Crimson Hexagon: www.crimsonhexagon.com
- Collective Intellect: www.collectiveintellect.com
- dna13: www.dna13.com
- Dow Jones: www.dowjones.com/product-djinsight.asp
- NielsenBuzzMetrics: http://en-us.nielsen.com/tab/product_families/nielsen_Buzzmetrics
- Radian6: www.radian6.com
- Scout Labs: www.scoutlabs.com
- Sysomos: www.sysomos.com
- TNS Cymfony: www.cymfony.com
- Trackur: www.trackur.com
- Visible Technologies: www.visibletechnologies.com

Mais uma vez, não se trata de uma lista abrangente, apenas o ponto de partida para se saber o que existe.

O objetivo final para organizações sofisticadas é integrar de forma contínua uma plataforma de análise da web social nos processos de trabalho existentes dos departamentos de marketing e RP, para que elas se tornem uma ferramenta para capacitação, e não apenas de alerta. E todo mundo deve participar.

"Uma engenharia de processo [do tamanho da empresa] é importante aqui", diz Sheldrake. "Você precisa ser forte e disciplinado. Seus principais funcionários devem dizer: 'Nós precisamos ouvir, vamos conversar e vamos colocar em prática um sistema que irá nos ajudar'".

Uma consideração fundamental ao integrar o sistema em sua estrutura organizacional é garantir que uma pessoa competente seja designada para responder de forma adequada e em tempo real. Não é uma tarefa trivial para uma organização grande distribuir centenas de itens por dia e responder a eles. "Você não quer que algumas centenas de coisas vão para todas as pessoas de sua equipe, porque isso é apenas duplicar o esforço", diz Sheldrake. Ele diz que definir um sistema como um centro de atendimento por telefone pode funcionar bem. Novos problemas são enviados a determinado representante para que este forneça uma resposta, e então esse problema é "de propriedade" do representante até a conclusão. É claro que, dada a realidade do mundo sempre conectado 24 horas por dia, o monitoramento completo em tempo real durante o dia inteiro pode ser desafiador para as organizações que precisem fazer isso.

Como até mesmo as maiores empresas podem ser perfeitamente sociais

"Nós somos três na equipe de mídias sociais corporativa da HQ", disse-me Tim Washer, diretor de produções de mídias sociais da IBM. "Mas existem 700 pessoas na área de comunicações, e nós monitoramos ativamente o que está sendo dito. Então, se há uma questão que pode se espalhar rapidamente, nós garantimos que o membro da equipe de mídias sociais, de relações públicas ou de serviço de atendimento ao consumidor esteja ciente da situação. Nós pedimos para que eles respondam rapidamente e na mesma mídia. Se houver uma questão em um blog, então queremos que as pessoas respondam no mesmo blog, assim como o comentário [original]."

O motivo de Washer para responder pela mesma mídia pode parecer óbvio. É claro, você pode dizer, se alguém bloga sobre a sua empresa, você deve comentar no blog, certo? Sim. Mas muitas pessoas tropeçam quando confrontadas com mídias como vídeos do YouTube. O que fazer, então?

De modo ideal, você ainda deveria responder nessa mídia. O YouTube tem um recurso para comentário, mas, no caso de vídeos populares, pode haver centenas ou até milhares de comentários, e o seu pode se perder. Por que não filmar rapidamente uma resposta em vídeo e postá-la em seu canal no YouTube? Dependendo do canal de vídeo, as respostas geralmente estarão na lista de vídeos relacionados que aparece quando o vídeo termina, então os espectadores terão uma chance melhor de encontrar a sua resposta. No YouTube, você pode criar um link para um vídeo existente marcando-o como uma "resposta".

Você não está limitado a responder em uma mídia. Em muitos casos, é bom responder em várias delas. Por exemplo, faça um vídeo-resposta, escreva um post em um blog e coloque o vídeo nele.

Monitorar o que está sendo dito e usar a análise da web social para fazer da reação a isso uma parte de sua cultura organizacional é fundamental para qualquer negócio que leva a sério a ação em tempo real. Mas isso exige muito trabalho, principalmente para empresas maiores.

No Capítulo 13, eu defendo a criação de um novo cargo chamado "diretor de comunicações em tempo real". Se você faz do desafio uma prioridade nesse nível e utiliza a melhor configuração das ferramentas disponíveis para sua situação específica, você estará pronto para participar imediatamente.

Quando o mundo falar sobre você, você conseguirá responder com a velocidade que o mundo agora espera – e respeita.

9
RECORRA À MULTIDÃO PARA UMA AÇÃO RÁPIDA

A cada ano, o Super Bowl recebe os dois melhores times da Liga Nacional de Futebol Americano em um campeonato que é o evento mais assistido dos Estados Unidos – 106,5 milhões de espectadores pela TV em 2010. A audiência é tão grande que todas as empresas, com todos os seus recursos, criam anúncios dos quais as pessoas se lembrem e comentem. O evento é tão conhecido, e os orçamentos são tão grandes, que cada anúncio é intensamente medido e discutido.

Dessa forma, o Super Bowl é também um campeonato de propaganda – e eu gosto da competição comercial mais do que do futebol. (Sim, eu sou um nerd de marketing.)

Eu sempre fico fascinado em ver o que cada empresa bolou. Quem está investindo nos anúncios do Super Bowl este ano? De quais produtos eles estão falando? Eles estão usando o humor? Celebridades? Drama? Ou alguma outra técnica?

A cada ano, eu costumava assistir ao jogo, fazer anotações sobre as propagandas e depois escrever um post no blog a respeito disso logo de manhã. Muitos jornais fazem o mesmo, algumas vezes usando grupos de discussão com diversos "especialistas" que classificam as propagandas de acordo com vários critérios. Esses artigos são geralmente divertidos, mas falta algo importante neles. Eles usam as opiniões de apenas algumas pessoas, e nós não os vemos até algumas horas (ou mesmo dias) após o fim do jogo.

É por isso que nos últimos anos eu comecei a achar os comentários das propagandas do Super Bowl (incluindo os meus), de certa forma, fracos e não convincentes. Ao assistir ao jogo de futebol em si, nós sabemos instantaneamente quando um time marca um *touchdown*. A plateia vai ao delírio. No fim do jogo, nós *sabemos* quem ganhou.

Então por que nós temos que esperar até o dia seguinte para saber quem ganhou a competição de propagandas? Na verdade, nós não obtemos um resultado claro – apenas um debate entre especialistas.

Com as propagandas, assim como os *touchdowns*, eu quero ouvir o barulho da plateia em tempo real – a reação de 100 milhões de espectadores americanos. Essa é a verdadeira medida de quem marcou pontos!

Com as mídias sociais, agora isso é totalmente possível. Então, eu fiquei feliz de ver a Mullen, uma agência de propagandas, juntar-se ao Radian6, um provedor de monitoramento e participação de mídias sociais, para criar o BrandBowl2010, uma competição em tempo real para avaliar a reação aos anúncios no Super Bowl de 2010. Eles usaram técnicas de *crowdsourcing* baseadas na web, monitorando e avaliando as opiniões das pessoas e classificando os anúncios durante o jogo.

O *crowdsourcing* envolve pegar uma tarefa normalmente desempenhada por uma ou algumas pessoas e distribuí-la para um grande *grupo* de pessoas – externalizando-a para um grupo – por meio de redes sociais online.

Por exemplo, para nomear um novo produto, você pode recorrer à sua rede de fãs e pedir sugestões. Dessa forma, o *crowdsourcing* pode substituir semanas de dúvidas internas ou grandes taxas pagas a uma agência especializada em nomes. No entanto, o *crowdsourcing* pode aumentar o processo convencional. Pegue uma pequena lista de nomes verificados com relação à conformidade com marcas registradas e pergunte aos seus fãs quais eles gostam.

Como dar um título a um livro ou um nome a um produto

É isto que Mark Levy fez para finalizar o título de seu último livro: *Accidental genius:* using writing to generate your best ideas, insight, and content [gênio por acaso: usando a escrita para gerar suas melhores ideias, observações e conteúdos].

Levy e seu editor usaram o SurveyMonkey, uma ferramenta de pesquisa baseada na web, para solicitar a opinião de um grupo de pessoas a respeito do título e subtítulo do livro. O editor enviou questionários por e-mail aos amigos, colegas e fãs de Levy pedindo para que classificassem seus favoritos a partir de duas listas de títulos e subtítulos.

"Para mim, o *crowdsourcing* foi interessante de uma forma que não esperava", disse-me Levy. "Como alguém criativo, eu fiquei com medo de que o *crowdsourcing* forçaria escolhas artísticas sobre mim, o que eu odiaria. Em outras palavras, eu pensei que perderia o controle de meu próprio projeto com base na opinião pública. Em vez disso, o *crowdsourcing* sustentou algo que eu suspeitava (que *Accidental Genius* era o melhor título) e proporcionou às pessoas um fórum para me ajudar a construir [um subtítulo], o que não conseguiria sem suas opiniões."

Essa técnica não é apenas para organizações menores. A Kodak usou o *crowdsourcing* para nomear uma nova câmera de vídeo à prova d'água chamada "zx3". O concurso fez rapidamente o *crowdsourcing* de milhares de ideias para nome, sendo que o nome vencedor foi "Kodak PlaySport".

Um grupo para qualquer propósito

O melhor exemplo de um projeto de *crowdsourcing* gigantesco é a Wikipedia, a enciclopédia gratuita online, na qual qualquer pessoa pode adicionar ou editar conteúdo. A Wikipedia cresceu rapidamente desde sua criação, em 2001, para um dos maiores sites de referência, atraindo aproximadamente 65 milhões de visitantes por mês em 2009. A Wikipedia tem mais de 85 mil colaboradores trabalhando em 14 milhões de artigos em mais de 260 idiomas. Todo dia, pessoas de todo o mundo fazem em conjunto dezenas de milhares de edições em tempo real e criam milhares de novos artigos. Assim, o volume de conhecimento detido pela Wikipedia expande a cada dia, tudo graças a um dos mais bem-sucedidos projetos de *crowdsourcing* do mundo.

> Quando as pessoas o ajudam a responder uma pergunta por meio do *crowdsourcing*, elas têm uma sensação de autoria. A participação transforma espectadores em ajudantes.

A televisão também descobriu o *crowdsourcing*. Durante transmissões ao vivo, programas como o *American Idol* e o *Britain's Got Talent* fazem com que a audiência avalie os candidatos ligando para um número de telefone especial ou enviando mensagens de texto com seus votos. Esse *crowdsourcing* em tempo real atrai e prende a atenção dos espectadores ao deixar que eles sintam que estão ativamente envolvidos.

O *crowdsourcing* pode ajudá-lo a tomar decisões com base em um grande conhecimento coletivo. Com o BrandBowl 2010, as opiniões de dezenas de milhares de pessoas, reunidas em tempo real, foram um contraponto poderoso para a opinião especialista de *"quaterbacks* de poltrona" nos jornais da manhã do dia seguinte. Eu achei a abordagem do *crowdsourcing* tão convincente que eu nem me importei em blogar minhas próprias opiniões sobre as propagandas do Super Bowl 2010. Em vez disso, eu simplesmente tuitei para os meus seguidores um link para o site BrandBowl 2010.

O BrandBowl usou 98.656 *tweets* coletados durante o jogo para determinar uma classificação geral dos anúncios. Isso foi baseado em uma pontuação composta que levou em consideração tanto o volume (o número de pessoas que tuitou sobre cada anúncio) quanto a opinião (conforme calculado pelo Radian6, cocriador do

BrandBowl). As opiniões expressas em *tweets* foram usadas para produzir uma pontuação líquida para as opiniões, calculada como (*tweets* positivos – *tweets* negativos)/total de *tweets*, a fim de avaliar se a reação geral do público era positiva ou negativa.

Para determinar se cada *tweet* era positivo ou negativo, o Radian6 criou uma biblioteca de consultas de exemplos, atribuindo valores à linguagem usada em *tweets* para selecionar distinções sutis e usos coloquiais (o que acontece muito no Twitter). Por exemplo, "Aquele anúncio foi muito ruim; ele era realmente horrível" seria negativo. No entanto, "Aquele anúncio era agressivo; muito legal" seria positivo. Depois que pessoas criaram a biblioteca de consultas, um sistema automatizado comparava conversas online com relação ao parâmetro. Assim, foi atribuída em tempo real aos posts sobre o assunto uma designação positiva, negativa ou neutra, com base nas palavras-chave e frases de opiniões especificadas.

O site do BrandBowl2010 também incluiu links para os vários anúncios, para que, se alguém que tivesse perdido algum (talvez ao ir buscar mais cerveja), pudesse vê-lo.

"O *crowdsourcing* expõe um problema ou desafio para várias pessoas para ver se o conhecimento do público pode proporcionar um *feedback* que deixe o processo mais rápido ou de uma forma que nunca tenha sido prevista antes", diz Edward Boches, diretor de criação da Mullen e concriador do BrandBowl 2010. "Para os anúncios do Super Bowl, você não tinha que esperar até a manhã de segunda-feira e pelo *USA Today* para saber quais marcas fizeram o melhor trabalho, porque tínhamos resultados durante o jogo."

As duas principais marcas eram Doritos e Google. A Doritos ganhou título do BrandBowl 2010 ao dominar absolutamente o volume de *tweets*. Isso foi o suficiente para mantê-la à frente do Google, o qual, na verdade, teve um percentual mais alto de *tweets* positivos. As marcas mais populares na competição foram McDonald's e Dr. Pepper. Curiosamente, nenhuma destas teve o volume necessário para entrar no top 10 do BrandBowl, mas os *tweets* sobre essas marcas foram predominantemente positivos. Quem ficou em último lugar no BrandBowl 2010 foi a Budweiser Select55.

Muitos repórteres que cobriram os anúncios do Super Bowl na mídia impressa e online citaram os resultados do BrandBowl 2010 em suas matérias, incluindo escritores do *San Francisco Chronicle*, do *Boston Globe* e do *AdWeek*. Eu acho isso fascinante, mas é pouco surpreendente que os resultados do *crowdsourcing* em tempo real tenham sido amplamente citados na cobertura convencional. Claramente as pessoas estão começando a reconhecer o valor do *crowdsourcing* em tempo real.

Encontrando o público certo

Muitas organizações estão descobrindo que o *crowdsourcing* produz resultados *muito mais* rápido do que métodos tradicionais. A seguir estão algumas tarefas ou projetos que você pode considerar como *crowdsourcing*:

- Gerar uma ampla variedade de soluções ou respostas para uma pergunta.

- Solicitar sugestões de seus fãs, por exemplo, novos nomes de produtos.

- Encorajar pessoas a votar ou classificar uma lista de itens (por exemplo, selecionar o vencedor de um concurso).

- Dividir projetos grandes e que requeiram trabalho intensivo em diversas tarefas menores, as quais os voluntários podem realizar com facilidade.

- Gerar inscrições para um concurso.

- Requisitar um grande número de opiniões especializadas rapidamente.

- Solicitar doações de tempo ou dinheiro para uma causa nobre.

- Gerar interesse de comparecimento em uma reunião ou evento físico.

Como um primeiro passo para o *crowdsourcing*, pense em fazer uma pergunta à sua rede. Se já tiver presença em uma rede social (por exemplo, LinkedIn, Facebook ou Twitter), você pode fazer isso agora.

Na véspera do Natal de 2009 com a minha família, meu irmão Peter nos disse que era cético com relação ao Twitter. Ele tinha lido a respeito disso, mas simplesmente não conseguia entender por que alguém iria gostar de tuitar. Em vez de dar a minha própria explicação, eu decidi enviar um *tweet* pedindo respostas aos outros. A resposta superou minhas expectativas.

> O *crowdsourcing* tem o potencial de gerar resultados instantâneos e significativos que podem ser usados imediatamente.

Meu *tweet* dizia: *Meu irmão Peter não entende o Twitter. "É estranho – quem se importa com o que você faz?" Vocês podem me ajudar a explicar, por favor!!*

Eu comecei a receber respostas em segundos. Dentro de 10 minutos, eu tinha 50 respostas de pessoas de todo o mundo, inclusive de Coogee, na Austrália, e Santo Domingo, na República Dominicana. E tudo isso estava acontecendo em tempo real na Véspera de Natal!

Eu simplesmente adorei respostas que chegaram. Eu ainda rio sobre algumas, e outras são um tanto profundas.

- *Twitter é como higiene pessoal. Você apenas descobre os benefícios após começar a usar...*

- *É uma ferramenta de busca para a vida. Você quer encontrar pessoas que gostam de fazer o que você gosta? Pesquise, ouça e conecte-se.*

- *Twitter é como se misturar em uma festa com algumas pessoas que você conhece, outras que não, e muitas outras que você ainda tem que conhecer.*

- *Não, ele tem razão. É estranho. Nós somos estranhos. A vida é estranha. Aí está, o círculo completo. ;)*

- *Estou respondendo apenas para mostrar ao Peter que as pessoas estão ouvindo.*
- *O Twitter para mim é mais para compartilhar ideias rapidamente e obter informações de outras pessoas.*
- *O Twitter é a substituição para as pessoas com quem você gostaria de conversar e com as quais gostaria de aprender quando não pode estar com elas.*
- *Não é tanto sobre o que você faz, mas mais sobre o que você pensa.*
- *É uma ótima forma para compartilhar ideias e de se conectar com todos os tipos de pessoas interessantes. E pode ser divertido.*
- *O Twitter proporciona a você acesso às ideias de centenas de pessoas – a respeito de qualquer assunto que o interesse.*
- *Compartilhar e descobrir coisas interessantes, descobrir pessoas interessantes e acompanhar seus interesses.*
- *O Twitter é o maior grupo de discussões do mundo e, além disso, é gratuito! Você pode saber exatamente os pensamentos de seus possíveis clientes em tempo real!*

Não é incrível isso, as diferentes formas que 50 pessoas puderam responder algo, cada uma com 140 caracteres ou menos e em apenas alguns minutos? Você acaba obtendo uma explicação melhor do que qualquer pessoa poderia pensar sozinha em dias de explanação! Esse é o poder do *crowdsourcing*. Se você tem uma pergunta irritante e precisa que ela seja respondida em tempo real, por que não expô-la a seus apoiadores e ver o que eles têm a dizer *neste momento*?

Para fins de uma revelação completa: Peter ainda é cético. Mas ele entende muito mais sobre o Twitter do que entendia antes, devido às muitas respostas em tempo real que recebi para a minha pergunta. Obrigado, pessoal!

Um grande *brainstorm*

Um uso do *crowdsourcing* cada vez mais popular (especialmente para marcas de consumo) é fazer concursos que dão a pessoas criativas uma chance de enviar suas ideias promocionais – vídeos, imagens, logotipos, o que quiser. Você geralmente obtém coisas incrivelmente originais. Melhor ainda, normalmente prontas para serem usadas imediatamente, sem o processo longo necessário com uma equipe interna ou uma agência externa.

Pessoas criativas, jovens e talentosas estão tão ávidas para obter sucesso que muitos agradecem pela chance de produzir trabalho para uma grande marca. Os concursos oferecem a eles uma oportunidade para exposição. Ou talvez você fique tão impressionado que os contratará. Pelo menos, os participantes realizam um trabalho para acrescentar a seu portfólio.

A HP, a gigante de TI do Vale do Silício, fez essa abordagem pedindo a estudantes que: "Apresentem uma ideia que promova a capacidade das Estações de Trabalho da HP de trazer à vida qualquer coisa que uma mente criativa possa conceber."

Uma das respostas a este desafio – filmada, editada e dirigida por Matt Robinson e Tom Wrigglesworth – está entre um dos meus vídeos online preferidos de todos os tempos. Nele, os criadores usaram uma videografia de *time lapse*[1] para capturar impressoras da HP expelindo documentos em um ritmo de dança. O vídeo é simplesmente fantástico! Dê uma olhada[2].

A Heineken, a famosa fabricante de cerveja da Holanda, solicitou envios de vídeos para uma sequência do comercial de TV "walking refrigerator" ["geladeira andante"] da empresa, o qual foi visto em todo o mundo. A Heineken pediu à BrandFighters, uma empresa especialista em *crowdsourcing*, para organizar o concurso e espalhá-lo por meio das mídias sociais. Participantes com idade legal para beber tiveram seis semanas para planejar, produzir, filmar e editar um vídeo de um minuto. A Heineken escolheu o vencedor entre 35 vídeos recebidos[3].

Jan-Paul de Beer, que criou o conceito da BrandFighters, diz que aqueles que fazem filmes têm muito interesse de entrar em concursos para obter exposição. "De que outra forma um jovem produtor de filmes teria a oportunidade de fazer um filme para uma grande marca?", disse-me ele.

Talvez o melhor aspecto de esforços como este é a oportunidade que proporciona a uma marca de interagir com públicos-alvo demográficos. Você faz com que membros brilhantes de seu público-alvo impressionem seus colegas.

Fazendo o *crowdsourcing* de um filme de graça

Também na Holanda eu descobri outro exemplo que leva o *crowdsourcing* ao seu máximo. Jan Willem Alphenaar, produtor e diretor de *DSB the movie* [DSB o filme], conseguiu produzir um documentário de duas horas em tempo recorde – e sem gastar nada!

O filme conta a história do DSB Bank NV, um banco holandês que faliu em outubro de 2009. Incrivelmente, Alphenaar fez o *crowdsourcing* de tudo o que ele precisava para o filme – logotipo, roteiro, trilha sonora, edição, trabalho de câmera, atuação e publicidade – de graça. E enquanto produções semelhantes levam um ano para serem produzidas, o *DSB the Movie* foi concluído em apenas quatro meses.

---

[1]   Processo cinematográfico em que cada fotograma ou quadro de filme é gravado a uma velocidade muito mais lenta do que aquela em que o filme será reproduzido. (N.T.)

[2]   http://youtu.be/p1U7gr_ye8u.

[3]   http://youtu.be/mOvoO6eQDms.

Alphenaar espalhou o assunto pelo LinkedIn, pelo Twitter e pelo Hyvez, um site de rede social em língua holandesa. "Primeiro, eu pedi ao público que fizessem um logotipo", diz Alphenaar. "Também foi um teste para ver se nosso sistema funcionaria e se o público entendia o que esperávamos deles. Nós tivemos 42 designs de logotipos em cinco dias."

Imagine isso. Alphenaar conseguir escolher o primeiro componente do *crowdsourcing* entre 42 designs enviados em meros cinco dias. Quando eu trabalhei em um projeto para logotipo em uma empresa anterior, nós precisamos de meses para conseguir isso!

A próxima tarefa foi fazer o *crowdsourcing* de um roteiro. "Nós tínhamos dois roteiristas profissionais que disseram 'Ei, nós ajudaremos. É um projeto legal. Nós podemos fazer um nome com isso'", relata Alphenaar.

Mas, para criar um roteiro, os escritores precisavam da contribuição de antigos clientes do DSB e da equipe e das pessoas envolvidas no processo de falência. Então, Alphenaar publicou um novo pedido, dessa vez para a contribuição de um roteiro. "Nós falamos com empregados do banco e com pessoas do governo, e todo mundo nos deu informações", diz ele.

Logo, um jornalista da *Quote*, uma publicação de negócios holandesa, viu o grupo do *DSB the Movie* no LinkedIn enquanto fazia uma pesquisa sobre a falência do DSB Bank. Ele contatou Alphenaar para dizer que estava intrigado com o filme e escreveu uma matéria que foi publicada na internet. Quando ele informou outros jornalistas que cobriam escândalos, as matérias online começaram a crescer.

"No dia seguinte, nós estávamos na primeira página do *De Telegraaf*, o maior jornal da Holanda, assim como na *BNR Nieuwsradio*, *Marketing Tribune*, *Mediajournaal*, *EindhovensDagblad* e outros. Nós estávamos em todos os noticiários", diz Alphenaar.

Esse perfil elevado serviu para expandir o *pool* de colaboradores de *crowdsourcing*.

Naturalmente, quando chegou a hora de filmar, isso também foi feito por *crowdsourcing*. Às pessoas interessadas em fazer uma cena foi dado um roteiro, foi pedido que elas o filmassem e depois que colocassem os resultados no YouTube. "Cada cena tinha de cinco a oito colaboradores, e o público [o grupo que acompanhava o progresso do filme] votava na internet para decidir qual delas usar", diz Alphenaar.

Quando foi feito o *crowdsourcing* da trilha sonora, os votantes também avaliaram três trabalhos enviados por músicos profissionais.

O projeto de Alphenaar mostra como pode ser feito até mesmo o *crowdsourcing* de um empreendimento grande e como ele pode ser concluído em uma fração do tempo que esforços convencionais exigem. Embora o esforço geral ainda exigisse tempo, cada elemento foi criado de forma extremamente rápida.

Por exemplo, na primeira vez em que falei com Alphenaar, não havia um site em inglês para o filme. Assim que eu ressaltei isso, ele disse que faria com que um fosse produzido. Imagine minha surpresa quando ele entrou em contato comigo algumas horas depois para dizer que já tinha sido feito o *crowdsourcing* da tradução e que a versão em inglês entraria no ar no dia seguinte. Uau, isso é que é velocidade em tempo real!

"Seu público está disposto a ajudá-lo", diz Alphenaar. "Eles não precisam de dinheiro, eles apenas querem crédito. Normalmente é necessário um ano e muito dinheiro para fazer um filme. Nós não temos nem um pouco de dinheiro. E nós não queremos ganhar dinheiro com este filme, porque ele é do público, é para o público. Eu acho que o *crowdsourcing* tem um grande futuro no marketing, porque seu público está disposto a ajudá-lo com seus produtos, com suas ideias. E eles estão dispostos a ajudá-lo se receberem o crédito por isso. Eles apenas querem ajudar e serem parabenizados pelo que fizeram."[4]

Você tem que dar para receber

Toda essa coisa de *crowdsourcing* parece ótima, não? Quem não ficaria entusiasmado em fazer um pedido ao público e ter colaboradores que lhe enviassem um material valioso de forma rápida e gratuita?

Observe, no entanto, que nada disso apenas acontece. Conforme você pode ter notado neste capítulo, é importante considerar quais benefícios os colaboradores receberão por seus esforços.

Com o *DSB the Movie*, os colaboradores conseguiram se envolver integralmente na produção de um filme importante, contando uma história que afetava muitas pessoas na Holanda. De alguma forma, eles trocaram trabalho pelo direito de se gabar e por um crédito no filme.

Os jovens produtores de vídeos que enviaram vídeos curtos para a Heineken tiveram a chance de ver seu trabalho transmitido a gerentes de marketing de uma das marcas mais famosas do mundo, obtendo uma oportunidade que normalmente não está acessível.

Então, antes de pedir ajuda, certifique-se de que pode oferecer aos colaboradores alguma recompensa tangível pelos seus esforços.

Às vezes, tudo que precisa é um simples "obrigado" quando as pessoas gastam seu tempo ajudando-o. Quando eu pedi aos meus seguidores no Twitter ajuda para explicar o Twitter para o meu irmão Peter, as quase 50 pessoas que responderam receberam meu agradecimento por meio de uma menção em um post de blog em que eu falava sobre a troca de perguntas e respostas.

Meu ponto em falar sobre *crowdsourcing* não é para mostrar como você pode adquirir bens e serviços de forma barata – embora este possa ser um benefício

---

[4] http://youtu.be/_z3dXo_HOEU.

secundário. Talvez isso possa funcionar em uma sociedade com um nível mais alto de confiança compartilhada – em países como a Holanda e o Japão. Nos Estados Unidos, tudo o que será necessário para prejudicar o *crowdsourcing* é que este desenvolva uma reputação ruim por causa de pessoas desonestas e impostoras que extorquem colaboradores com e-mails tipo spam, tentando obter algo em troca de nada.

Aqui se espera que o *crowdsourcing* cresça na base do respeito e da confiança.

O que eu acho fascinante e relevante sobre o *crowdsourcing* é como ele pode fazer com que você obtenha conhecimento e ideias, bem como criar um conteúdo de qualidade *muito mais rápido* do que uma abordagem convencional. É disso que este livro trata: conectar-se com seus clientes e acelerar o ritmo de seu negócio.

II
CONECTE-SE COM O SEU MERCADO

Existe algo mais impessoal e insensível do que "Escolha uma das oito opções a seguir", seguido por 10 minutos de música de espera? Infelizmente, tudo o que conecta grande parte das empresas com seus clientes são atendentes automatizados de telefone, além de, talvez, um formulário de e-mail no site. O que é isso, gente, não podemos fazer melhor do que isso?

Na verdade, hoje qualquer empresa pode fazer mais do que isso – e expandir seu negócio ao fazê-lo. Conforme as empresas inteligentes estão aprendendo, a mídia social e os dispositivos móveis estão criando grandes oportunidades para uma resposta em tempo real e um contato proativo com os clientes.

Na Parte II, nós veremos uma variedade de formas de se comunicar com seus clientes em tempo real. Nós também exploraremos como a velocidade leva ao crescimento quando serviços inovadores economizam o tempo dos clientes e tempos de processamento de desenvolvimento mais curtos colocam novos produtos no mercado primeiro.

10
CONEXÃO COM O CLIENTE EM TEMPO REAL

Meu amigo Justin Locke conta uma ótima história sobre como se conectar com os clientes. Locke é o autor de *Real men don't rehearse* [homens de verdade não ensaiam], um texto biográfico extremamente engraçado de seus anos como violoncelista da Boston Pops Orchestra. Eu deixarei Justin contar a história em suas próprias palavras:

> Nos primeiros dois ou três verões de concertos, a política, o tempo de serviço e o destino em geral se uniram para fazer com que eu fosse o violoncelista da terceira cadeira. Como os dois primeiros violoncelistas estavam na frente do resto da seção, isso significava que eu estava localizado atrás deles, bem no limite do palco. Se eu olhasse para baixo, à minha esquerda, eu veria uma ou duas mesas de pessoas na plateia que, mesmo estando "na primeira fila", não veriam muito mais do que meus cadarços da Allen Edmonds. Eu sempre pensei nas pessoas da plateia como convidados de minha casa, então, assim que eu pegava meu violoncelo e começava a aquecer, eu sempre olhava para baixo, chamava a atenção deles e dizia "Olá, meu nome é Justin e eu serei seu violoncelista esta noite". Isso sempre, sempre, sempre tirava um sorriso dessas pessoas que estavam se sentindo um pouco deslocadas em um ambiente não familiar... e que não estavam sentadas no melhor lugar. Muitas noites elas se ofereciam para me pagar uma bebida.
>
> Uma vez a direção percebeu que eu, diferentemente de todos os outros da orquestra, fazia contato visual e realmente conversava com "aquelas pessoas" da plateia, então eu fui imediatamente rebaixado para a quinta cadeira, na qual eu não podia mais causar essas divergências no contínuo espaço-tempo.

Eu adoro esta história porque ela ilustra perfeitamente o impulso reflexivo da administração de criar barreiras entre empregados e clientes, eliminando assim qualquer chance de que a humanidade possa de alguma forma prosseguir lentamente para um diálogo e destruir a ilusão de uniformidade de um mecanismo automático.

Além de evitar qualquer vestígio de humanidade, muitas empresas percorrem grandes caminhos para se esconder de seus clientes. Eles fazem você passar por um sistema infernal de encaminhamento de chamadas se você tenta ligar. E se você usa os formulários anônimos de "entre em contato conosco" em seus sofisticados sites, seu e-mail vai parar em um buraco negro.

Alguém gosta de fazer negócios como uma empresa como essa? Eu não sei quanto a você, mas cada minuto que eu passei em espera eu pensava para qual concorrente eu gostaria mudar.

Conectar-se com os clientes é marketing e RP

Até agora, neste livro, nós focamos em usar o marketing e as RPs em tempo real para nos envolver com o mundo como um todo: possíveis clientes, a mídia, a blogosfera e outros. Aqui é onde nós obtemos um eleitorado mais importante ainda: seus *clientes atuais* – as pessoas que você espera que voltem em busca de mais; as pessoas que contam aos outros como realmente é fazer negócios com você.

Ao entender que clientes atuais precisam saber que eles serão valorizados, pequenas empresas estão se esforçando para demonstrar isso respondendo com velocidade e cuidado pessoal. Neste capítulo, nós veremos um número de formas para agir com relação a isso.

Um ótimo serviço de atendimento ao consumidor é uma plataforma essencial sobre a qual todas as outras atividades de marketing e RP serão construídas. Afinal de contas, se seus clientes atuais não têm coisas boas para contar aos amigos, à família e aos contatos das mídias sociais a respeito de suas experiências, nenhuma propaganda poderá cobrir o buraco em sua oferta. Mas quando as experiências dos clientes são surpreendentemente excepcionais, quando elas excedem suas expectativas, eles querem contar isso ao mundo.

Se a experiência for: "Eu paguei um preço médio; funciona bem, eu acho; e o serviço de atendimento ao cliente era o que eu esperava", quem vai se importar em compartilhar isso? Mas se você surpreender e contentar seus clientes – com um preço imbatível, desempenho notável, atos gentis fortuitos, resposta rápidas, ou apenas sendo humano –, eles naturalmente quererão compartilhar experiências. O ponto é que as mídias sociais agora fornecem aos clientes um escape poderoso para compartilhar suas experiências, sejam elas para descarregar frustrações ou para gastar elogios. Agora, mais do que nunca, nada gera negócios melhor do que uma ótima referência de um cliente feliz.

Há quatro principais pontos de contato nos quais as empresas precisam se focar, criando ou melhorando as conexões em tempo real com os clientes.

1. *Pré-venda*: Muitas empresas concentram todos os seus esforços em uma conexão durante a pré-venda com seus possíveis clientes, muitas vezes desprezando o resto do ciclo de vendas. E como a primeira seção do livro estava focada na pré-venda, já foi dito muito sobre isso aqui.

2. *Pós-venda imediata*: O que você diz a um novo cliente imediatamente após a venda define o tom para o resto da relação. Então fale imediatamente para criar uma confiança.

3. *Pronto para receber*: Se as dúvidas dos clientes após a venda são raras ou correntes em seu negócio, ambos os lados ganham quando o resultado é uma satisfação fornecida rapidamente ao cliente. A empresa ganha ainda mais quando as lições são aprendidas com cada contato. Se seus funcionários responsáveis pelo manuseio das bagagens estão jogando guitarras, conserte o problema e a guitarra!

4. *Solução de problemas e comunicação de crise*: Se um problema sério surgir, há grandes chances de que seu primeiro alerta venha de um cliente. Então se alguém liga dizendo que seu acelerador está prendendo, não responda apenas "Deve ser o tapete, dona". Ouça cuidadosamente e verifique de forma rápida. Se for um problema de grande repercussão, não perca tempo para contar aos clientes. É essencial que eles escutem o problema a partir de você primeiro, de forma rápida e precisa.

Vejamos como várias empresas estão desenvolvendo mecanismos de resposta em tempo real para cada um desses pontos de contato do pós-venda. Você pode achar alguns relevantes para o seu negócio. Mas, de novo, não há uma "forma correta" rápida e consistente para se conectar. Mantenha o objetivo em mente e desenvolva sua própria abordagem. Tenha sucesso nisso e você poderá se encontrar na frente de seu setor, simplesmente porque pouquíssimas empresas começaram a fazer as perguntas certas.

Por que *eu* deveria ajudá-lo?

Todo ano eu viajo pelo mundo dando palestras para plateias de negócios sobre os tipos de ideias que você está lendo aqui. Isso significa que eu fico em vários hotéis

– 40 ou mais por ano. E como eu faço minhas próprias reservas online, eu estou em excelente posição de observar como os hotéis se comunicam com os clientes após a reserva ser feita.

Quase todos os hotéis enviam uma confirmação por e-mail logo depois que a reserva é feita. E alguns poucos enviam lembretes mais ou menos uma semana antes do *check-in*. Normalmente, é tudo isso que recebo *antes* da estadia.

No entanto, muitos hotéis me importunam *após* a estadia solicitando que eu preencha uma pesquisa sobre a minha experiência. Eu recebi este e-mail, aparentemente de Rakesh Sarna, um executivo do Hyatt, enquanto escrevia este capítulo:

> Eu gostaria de aproveitar esta oportunidade para agradecer sua estadia conosco no Grand Hyatt Mumbai do dia 7 ao dia 11 de fevereiro. Foi um prazer tê-lo como nosso hóspede e esperamos que sua estadia tenha sido a mais agradável.
>
> Recentemente nós o convidamos a responder uma pequena pesquisa sobre sua estadia. Como um valioso Membro do Gold Passport, nós ficaríamos muito agradecidos se você reservasse um tempo para nos fornecer seu valioso *feedback*. Isso será de muita ajuda para que continuemos a refinar e melhorar nosso nível de serviço.

Eu nunca faço essas pesquisas porque elas tomam muito o meu tempo e é uma forma preguiçosa para os hotéis receberem um *feedback*. Observe que Rakesh está falando sobre o que *ele* quer de *mim*! Isso não é egoísta? As pesquisas podem beneficiar as empresas, mas elas frequentemente irritam os clientes.

Assim, foi com interesse que eu falei com Wayne Townsend, CEO da ClickSquared, um provedor de aplicativos de relacionamento em tempo real, incluindo sistemas sofisticados de e-mail. Como um autointitulado especialista em estadias de hotel, eu pedi a Townsend para explicar como os hotéis com os quais a empresa dele trabalha se conectam com os clientes em tempo real.

Os clientes do ramo de hotéis e resorts da ClickSquared incluem o Montage Laguna Beach Resort e o Montage Beverly Hills, ambos sofisticados resorts de luxo do sul da Califórnia, com spas e conforto extra. Os clientes normalmente

> **Em todas as suas comunicações, pense em como elas beneficiarão seu cliente, e não o que você receberá com ela.**

fazem reservas com três a quatro meses de antecedência e passam três noites em um quarto luxuoso. "Nós estamos integrados com os sistemas de administração de propriedade e de reserva do hotel", diz Townsend. "Nós enviamos uma confirmação por e-mail dizendo 'Nós recebemos a sua reserva, este é o seu itinerário e segue uma oferta especial: Você gostaria de uma noite extra? Gostaria de um quarto maior? Gostaria de agendar um tratamento no spa?' Os e-mails de confirmação são enviados em tempo real enquanto a reserva é feita."

Após a confirmação inicial, os clientes recebem uma série de mensagens com a aproximação da estadia. "O que descobrimos com nossos clientes é que, se nós pudermos obter as informações corretas no momento correto usando o canal de comunicação preferido deles, nós podemos receber uma taxa de resposta de três a cinco vezes melhor", diz Townsend. Em outras palavras, esse foco em envios oportunos cria boas "taxas de abertura" para e-mail, bem como melhores respostas para ofertas do que o e-mail normal genérico que a maioria das organizações envia.

Townsend diz que a otimização do tempo de um programa de pré-estadia de hotel requer ajustes com base no adiantamento da pessoa em fazer a reserva. O programa fica reduzido, com a desistência de alguns e-mails, quando a reserva é feita pouco tempo antes da estadia. Ele fica maior, com o acréscimo do e-mail, se a reserva é feita antes.

"Deve haver muito foco para garantir que as comunicações continuem sendo relevantes", diz ele. "Se o hóspede acrescenta uma reserva para o spa ou uma hora para o chá no campo de golfe, nós ajustamos o seu itinerário imediatamente e confirmamos novamente, então comunicamos algo relevante, como informações sobre o tempo." Essa abordagem em tempo real requer uma automação sofisticada das comunicações integrada fortemente aos sistemas de reserva do hotel. Por exemplo, se alguém fizer uma reserva para jogar golfe por telefone em vez de fazer pela internet, essa informação também é adicionada à ficha do cliente e aciona um ajuste instantâneo para o programa de comunicações por e-mail. Eu gosto disso porque eu odeio quando um hotel envia uma oferta para algo como golfe quando eu já fiz uma reserva para jogar golfe. Quando isso acontece, eu viro meus olhos e digo *"Duh!"* ou algo mais pesado. Como essas informações contextuais específicas para a visita de cada pessoa é atualizada constantemente, a comunicação é feita de forma tempestiva, relevante e apreciativa.

Claramente, conectar-se com o cliente em tempo real após a venda é um componente essencial para um bom marketing. Afinal de contas, quando alguém tem uma ótima experiência após a reserva, ele se envolve até mesmo antes da efetiva estadia. Isso tudo é o mais valioso, considerando que as pessoas normalmente podem cancelar suas reservas e ir para outro lugar. Uma comunicação eficaz mantém o hóspede "entusiasmado" entre a reserva e o *check-in*.

Interagindo com os clientes em tempo real

Descobrir formas de interagir com os clientes de forma regular e em tempo real é como uma forma de arte. Mas, se você tiver a abordagem criativa certa, as mídias sociais agora fazem a comunicação ser instantânea, fácil e gratuita.

Chris Reimer é o fundador e o proprietário da Rizzo Tees, um site de comércio eletrônico que ajuda a vender camisetas modernas com designs originais. Reimer se conecta constantemente com seus clientes por meio das redes sociais. "Eu adoro interagir com as pessoas", diz Reimer. "Isso faz desse negócio algo muito divertido de se trabalhar. Envie um e-mail para mim, encontre-me no Twitter e no Facebook, fale comigo, diga o que está pensando. Quanto mais pessoas eu 'conheço', melhor. É fácil falar sobre um assunto que eu gosto, como camisetas, e é fácil fazer com que as pessoas se interessem, porque é um assunto divertido."

Para Reimer, o Twitter é uma ferramenta fundamental para comunicação após a venda. "Não há nada mais legal do que quando alguém tuíta sua foto usando uma das minhas camisetas", diz ele. "Eu não tenho vergonha nenhuma de retuitar imediatamente coisas como essa e depois agradecer a essa pessoa."

Eu sei que isso é verdade porque, quando eu tuitei *Amigos não deixam amigos tuitar e dirigir via @RizzoTees (em uma camiseta) http://www.rizzotees.com*, Reimer tuitou alguns segundos depois *@dmscott hahaaa valeu cara! você é muito bom*.

Eu também fico fascinado com a forma que Reimer usa o *crowdsourcing*. "Muitos dos designs são da minha própria imaginação", diz ele. "Assim que tiver um novo design, eu o postarei em meu blog e direi 'O que vocês acham disso?' E depois eu tuitarei para meus quase 40 mil seguidores. Por exemplo, meu designer gráfico acertou em um ótimo design para uma camiseta da Kate Gosselin, com uma silhueta que mostra o corte de cabelo dela. Mas eu tinha este slogan: *(Jon + Kate + 8) – (Jon x GF)/2 = ____*. Então eu perguntei às pessoas, e, cara, criticaram-me duramente! Ninguém gostou! Eles disseram: 'É confuso, tipo, eu entendi a figura, mas e com relação à fórmula matemática?' Então eu pedi sugestões. E quando alguém tuitou de volta 'Mullet 2.0', os outros disseram imediatamente 'Ei, até que isso é bem legal!' Então eu fui nessa."

Reimer diz que ele consegue *feedbacks* sobre designs de camisetas em apenas alguns minutos. "As pessoas se intrometem para evitar que eu imprima algo que não venderia e fizesse com que minha empresa ficasse mal", diz ele. "Eu digo a eles 'Sejam honestos comigo'. Você não quer um bando de pessoas que concordam com tudo dizendo 'Ei, isso é ótimo'. Receber *feedbacks* instantâneos me livra de gastar milhares de dólares e de perder a reputação."

Reimer é um empresário que trabalha sozinho e administra seu negócio do porão de sua casa e usa designers *freelance*. "Eu não tenho sócios", diz ele. "Exceto a minha esposa, que algumas vezes aparece com ideias para camisetas, sou apenas eu. As pessoas dizem 'Você precisa de um sócio', e eu digo 'Não, não preciso.' Eu tenho quase 40 mil seguidores no Twitter, e eles são meus sócios, porque confio no conselho honesto deles da mesma forma que confiaria em um verdadeiro sócio."

Amigos tuítam primeiro para amigos

Sabe o que eu realmente odeio? Simplesmente me irrita quando uma empresa em que eu faço compras oferece uma oferta melhor para novos clientes assinarem do que para mim, que sou seu cliente por anos. Revistas e jornais fazem isso o tempo todo. Eu vou renovar minha assinatura de 50 dólares por mês do jornal *Boston Globe* só para ter a *Oferta Introdutória: Assine para receber em casa o Boston Globe e ganhe 50% de desconto na taxa de entrega em domicílio*. Bem, caramba! E quanto a mim? E nem vou falar das empresas de telefone celular e seus preços incríveis que todo mundo *menos* os clientes estão qualificados para receber!

Eu acho que as empresas deveriam fazer exatamente o oposto. Diga aos seus fãs primeiro. Ofereça suas melhores ofertas para seus clientes atuais. Não deixe as pessoas que pagam você hoje vejam que você não se importa!

Na minha opinião, o *tweet* mais famoso de todos os tempos ocorreu na manhã de sábado, dia 23 de agosto de 2008. Eu estava de férias e, como faço na maioria das manhãs, chequei o Twitter quando acordei. Eu podia ver imediatamente o que as pessoas estavam falando sobre a escolha para vice-presidente do Barack Obama. Então eu corri para o @BarackObama e vi este *tweet*: *Anunciando o Senador Joe Biden como nosso candidato a VP. Assista ao primeiro comício Obama-Biden ao vivo às 15h ET em http://BarackObama.com.*

Embora a escolha de Biden feita por Obama tenha sido interessante, o nerd de marketing em mim ficou absolutamente fascinado em saber que o *tweet* foi enviado 10 minutos antes do *release* de imprensa que alertava a mídia. Caramba! A campanha do Obama alertou seus fãs mais importantes *primeiro*!

Essa é uma lição essencial para a arte de se conectar em tempo real com o cliente. Em seu livro *The audacity to win* [a audácia de vencer], David Plouffe, gerente de campanha do Obama, escreve sobre a decisão de informar aos fãs primeiro sobre a escolha de Biden e pelo Twitter: "Foi compatível com outros momentos críticos da campanha – relatar os números da arrecadação de fundos, a decisão de limitar nossos principais debates, optar por não usar o sistema de financiamento público – quando nós nos comunicamos primeiro diretamente com nossos partidários. Essa era tanto sua campanha quanto nossa, e eles mereciam saber primeiro de nós as decisões importantes".

Foi esse tipo de atenção à sua base que fez com que Barack Obama fosse eleito. A lição aqui é parar de focar em fornecer um serviço e preço melhores a não clientes (como provedores de telefonia móvel e revistas fazem) e, em vez disso, favorecer aqueles que o favorecem: seus atuais clientes.

Adotando o *tweet*

Ao fazer a pesquisa para este livro, eu me deparei com muitos exemplos nos quais o Twitter é usado como um canal em tempo real para alertar os clientes a respeito de informações que mudam rapidamente e de ofertas especiais. É claro que há muitas outras formas de atingir as pessoas, mas a popularidade do Twitter está crescendo entre os profissionais de marketing e o público. Os profissionais de marketing gostam porque é tão fácil de fazer; o público gosta porque ele pode escolher o que e quando quer seguir alguém.

Seu desafio ao reproduzir essas ideias é fornecer informações que *seus consumidores* valorizam como sendo importante. Se você tentar usar o Twitter para divulgar sua oferta de uma forma que pareça desonesta ou extremamente egoísta, você correrá o risco de prejudicar sua empresa.

Então estude essas ideias, pense sobre as necessidades de seus clientes e encontre informações valiosas que você pode fornecer em tempo real.

Os biscoitos estão prontos!

O Albion Café, em Shoredicht, Londres, envia um *tweet* (Twitter ID: @albionsoven) quando produtos assados saem fresquinhos e quentes do forno. Por exemplo: *Biscoitos com gotas de chocolate que esfarelam recém-saídos do forno recheado com grandes gotas de chocolate. http://bakertweet.com/m/721* (o URL possui uma foto dos biscoitos). Moradores locais se inscrevem para saber exatamente quando aparecer. O Albion Café usa o BakerTweet, uma ferramenta que faz com que seja fácil para os padeiros tuitarem quando algo acabou de sair do forno.

Promoção da etiqueta vermelha

Quando 2009 chegava próximo de seu fim, profissionais de marketing da fornecedora de equipamentos de telecomunicações Avaya Inc. ajudaram para que seus colegas de vendas terminassem o ano de uma forma brilhante. A "Promoção da Etiqueta Vermelha" oferecia aos clientes que faziam um pedido e concluíam a compra até o final do ano um desconto de 40% sobre a *expertise* dos arquitetos de tecnologia da Avaya. Era uma boa ideia, mas estava somente disponível dentro de um curto período de tempo. O *tweet Recursos Especializados em Comunicações da Avaya – Promoção "Etiqueta Vermelha" para Parceiros/Clientes – até 40% de desconto – DM se estiver interessado*, fornecia ao representante de venda um incentivo bem-vindo no período crítico de final de ano. (Observe que, diferentemente do exemplo do *Boston Globe* mencionado antes, esta oferta estava aberta para os atuais clientes também!).

Logo expirará

A Kenko.com, a drogaria online número um do Japão, oferece uma variedade de produtos que diminui a escolha por seus concorrentes com estabelecimentos comerciais. Mas com tantos produtos a oferecer, o CEO Genri Goto me disse que tinha que ter certeza de que seu pessoal ficaria responsável pelo gerenciamento de estoque. Se os produtos expirassem, o lote inteiro tinha que ser destruído sem ser vendido. Felizmente, a Kenko.com explorou o Twitter para resolver seus problemas de estoque e contentar os clientes ao mesmo tempo.

Assim que o gerente de estoque da Kenko.com decide que o lote de um produto provavelmente não será vendido antes de sua data de validade, ele notifica imediatamente sua contraparte de vendas online. Sem perder tempo, o gerente de vendas tuíta imediatamente aos clientes a oferta de liquidação especial por meio do Twitter ID exclusivo @kenkocom_soko, bem como por e-mail e SMS.

Sim! Há ingressos disponíveis

A organização sem fins lucrativos Theatre Development Fund, de Nova York, opera uma rede de cabines de desconto TKTS, oferecendo ingressos para o mesmo dia de musicais Broadway e off-Broadway e concede até 50% de desconto. Os clientes podem se inscrever no canal de Twitter do TKTS @TDFNYC e receber alertas todos os dias que mostram quais espetáculos estão disponíveis naquela noite. Enquanto eu escrevo, as dicas dos *tweets* de hoje são: *A Behanding in Spokane, Chicago, Fela!, Hair, Memphis, Next Fall, Race, Rock of Ages, South Pacific, Miracle Worker*. Esses *tweets* permitem que frequentadores de teatro saibam o que está disponível em tempo real para que possam planejar sua noite antes de ir à bilheteria.

A balsa está atrasada

Passageiros que viajam nas balsas da Red Funnem entre Southampton e Cowes na Ilha de Wight podem receber atualizações à medida que as embarcações entram e deixam o porto. O sistema utiliza as coordenadas de GPS em tempo real da balsa (informações de domínio público), carregadas em uma tecnologia projetada pelo Dr. Andy Stanford-Clark, residente da Ilha de Wight e inventor mestre da IBM.

Stanford-Clark criou o sistema automatizado porque ele estava frustrado com os atrasos das balsas da Red Funnel que ele pega todo dia para trabalhar. *Tweets* de @red_ferries como *07:30 – Red Eagle está deixando Southampton* mostraram-se tão populares entre os passageiros que o sistema foi assumido pela companhia de balsas, e as atualizações em tempo real são disponibilizadas em uma página da web e por SMS, bem como pelo canal do Twitter.

Divertindo-se na neve

A Delta Vacations, uma unidade de serviço de pacotes turísticos da companhia aérea, frequentemente tuíta promoções especiais para férias em seu Twitter ID @DeltaVacations. Quando o centro de atividade de Minneapolis/St. Paul da Delta foi ameaçado por uma grande tempestade de neve, as pessoas começaram a falar sobre isso no Twitter usando a *hashtag* #Snowmaggedon (veja o Capítulo 6 para saber mais sobre *hashtags*).

Reagindo em tempo real, a Delta Vacations criou uma promoção naquela manhã oferecendo 10 dólares de desconto na próxima viagem de cada cliente para cada polegada de neve que caísse nas Cidades Gêmeas. A *hashtag* #Snowmaggedon emplacou e se tornou um *trending topic* (um dos assuntos mais falados) no Twitter, e os *tweets* da Delta Vacations foram os mais retuitados no assunto #Snowmaggedon naquele dia. Quando a neve parou com 6 polegadas no chão, a Delta Vacations tuitou um código promocional para um desconto de 60 dólares.

Crie algo que valha a pena ser retuitado

Um aspecto importante do Twitter é que, quando você diz algo interessante, muitas pessoas vão retuitá-lo para sua rede em tempo real, estendendo seu alcance para milhares ou até milhões de pessoas. Se você for esperto, você poderá criar algo que valha a pena ser retuitado, criando uma tempestade em tempo real no Twitter.

Por exemplo, profissionais de marketing da Cisco criam vídeos divertidos que promovem os Roteadores de Serviços de Agregação da Série ASR 9000 da Cisco como sendo um presente perfeito para o Dia dos Namorados e o Dia dos Pais. A natureza ridícula dos vídeos com ideias para presente para essas datas – dar a seu pai uma tecnologia projetada para empresas de comunicações que custará pelo menos por volta de 80 mil dólares (em vez de uma gravata) – é hilária. Os vídeos foram tuitados e retuitados, gerando dezenas de milhares de visualizações nos dias que antecediam a data comemorativa.

Deixe que os seguidores sintam o amor no Twitter

Diversas vezes enquanto eu escrevia este livro, eu me hospedei no Roger Smith Hotel, na cidade de Nova York. Esse hotel tinha se tornado conhecido por muitos como "bom para quem usa o Twitter", oferecendo benefícios especiais para as pessoas que se conectam com o hotel pelo Twitter ou por outras mídias sociais, como o Foursquare. Profissionais de marketing do hotel monitoram o Twitter em tempo real e se conectam com as pessoas que mencionam o Roger Smith. (Observação para aqueles que estão planejando uma visita à cidade de Nova York: reserve seu quarto pelo link na página do Twitter @rshotel e obtenha um desconto adicional de 10% nos preços dos quartos mais baixos divulgados.)

Mas tem mais. O hotel combina seu serviço online de suporte ao cliente com uma interação offline. Por exemplo, quando alguém faz uma reserva pelo Twitter, há um cartão escrito à mão aguardando no quarto na hora do *check-in*, assinado com o Twitter ID @rshotel. O hotel frequentemente abriga "Tweetups" (eventos em que as pessoas que se conhecem no mundo virtual do Twitter se encontram na vida real). Esses toques pessoais fazem com que seja provável que, quando pessoas como eu fazem o *check-in* no hotel, nós tuitemos sobre nossa experiência, aumentado, assim, a reputação de Twitter-friendly do Roger Smith Hotel ainda mais. Por exemplo, a última vez que eu fiz uma visita, eu tuitei uma foto do meu quarto: *Meu quarto incrível no @rshotel na cidade de Nova York. Visite a página deles para obter desconto pelo Twitter. http://yfrog.com/2ea4qj*

Esses esforços estão sendo recompensados, de acordo com Adam Wallace, gerente de marketing de novas mídias do hotel. "Nós começamos a perceber retornos substanciais de nossos esforços nas mídias sociais, especialmente do Twitter", diz Wallace. "A mídia social é um de nossos principais geradores de receita para os quartos, superando muitas agências de viagens online e outros canais. A relação que construímos online levou a um grande aumento no ramo de eventos, quase dobrando o rendimento nesse sentido. Nosso restaurante e o bar estão agora normalmente vibrando com um público de contatos de mídias sociais. Com cada uma dessas áreas, há determinada quantidade de negócios que pode ser monitorada. E nós acreditamos que há também muito negócio para vir por meio da exposição geral que nós não conseguimos monitorar. Com a incrível lealdade que vimos das pessoas com as quais estamos conectados online, nós esperamos que os números dos rendimentos em todas as áreas continuem crescendo."

Como conseguir apagar um incêndio após a casa pegar fogo?

Dia 13 de abril de 2009: um usuário do YouTube carrega um vídeo de um empregado da Domino's Pizza preparando refeições enquanto enfiava queijo em seu nariz.

Dia 9 de novembro de 2009: a Comissão de Segurança de Produtos de Consumo dos Estados Unidos diz que os consumidores devem parar de usar os carrinhos de bebê da Maclaren porque os mecanismos de articulação tendem a amputar as pontas dos dedos das crianças quando os usuários desdobram e abrem o carrinho.

Dia 21 de janeiro de 2010: a Toyota emite um *recall* de segurança voluntário para determinados veículos cujo pedal do acelerador "fica prendendo".

Dia 24 de fevereiro de 2010: uma baleia assassina no SeaWorld em Orlando ataca e mata uma treinadora após uma apresentação.

Não há como dizer qual desdobramento bizarro pode de repente ameaçar a reputação de sua empresa. Qual exercício de planejamento de crise poderia prever que algum idiota se deixaria ser filmado enfiando queijo no nariz? Quem pensaria que a Toyota, famosa pela qualidade, seria reduzida a "apenas mais uma empresa de automóveis" em apenas seis meses?

Ninguém está imune. E ninguém pode prever cada cenário desastroso. Mas a empresa precisa estar preparada. Então, o que você deve fazer?

Embora um plano de comunicação de crise completo esteja fora do escopo deste livro, eu quero destacar como, em alguns aspectos importantes, o ambiente em tempo real alterou o desafio do planejamento para crises.

Antes de tudo, você deve esperar que a crise em si ou a reação pública a ela irá irromper totalmente primeiro e de uma forma mais dramática nas mídias sociais – como o cara com o queijo no nariz no

> Ninguém está imune –
> então espere e se prepare para
> uma crise em sua loja. Você precisa
> reagir em tempo real, falando de
> forma aberta e honesta.

YouTube. Você deve prever que isso ocorrerá fora do horário comercial e que aumentará muito, muito rápido. E esteja preparado para responder de forma flexível e na velocidade da luz. Seguem nove medidas de contingência a serem levadas em consideração:

1. Designe uma equipe e um diretor de comunicação de crise para a sua organização. A equipe deve incluir executivos seniores com poderes plenos para tomar decisões no momento, os diretores de RP e RH, mais o diretor de comunicações em tempo real (veja o Capítulo 13 para saber mais sobre essa função em uma empresa). Designe também pessoas de apoio com disponibilidade quando os principais membros da equipe não estiverem por perto.

2. Agora, antes que você precise, reúna informações de contato das principais pessoas de sua organização. Obtenha os telefones residenciais, números de celulares, das casas de férias, endereços de e-mail particulares, Twitter IDs e qualquer outro meio relevante para encontrar rapidamente a pessoa de dia ou de noite, durante a semana ou no final de semana.

3. Assim que uma situação de crise for aparente, reúna os fatos rapidamente e planeje um comentário inicial. Faça algum tipo de declaração bem rápido, mesmo se somente: "Nós estamos investigando a situação neste momento e forneceremos uma atualização assim que pudermos, mas, no máximo, até as 15h de hoje".

4. Designe um porta-voz principal para ser o comunicador líder.

5. Não ignore a situação. Nunca minta. Seja sempre honesto e direto.

6. *Forneça as informações o mais rápido que puder!*

7. Forneça atualizações contínuas durante o curso da situação.

8. Lembre, advogados não são comunicadores. A opinião de sua equipe jurídica deve ser levada em consideração, mas as decisões finais devem ser tomadas por comunicadores competentes em tempo real. Não deixe os advogados ditarem sua estratégia de comunicação!

9. Comunique-se por diversos canais – site, blog, canal de Twitter, consultorias de mídia, teleconferências e assim por diante.

Mais uma vez, esta não é para ser uma lista abrangente, mas contém questões a serem consideradas ao formular um plano de comunicação de crise em tempo real. Se você ainda não fez isso, faça-o agora. Você talvez precise implementar o plano mais cedo do que pensa.

Encontre seus críticos em seus territórios

O manual corporativo de comunicação de crise precisa urgentemente ser atualizado para refletir as novas realidades das mídias sociais. Os manuais escritos por profissionais de RP, cujo conhecimento é anterior às mídias sociais, são agora, em uma palavra, obsoletos. Não é mais o bastante confiar nas ferramentas-padrão das relações com a grande mídia: conferências de notícias ao vivo, *releases* de imprensa e consultorias de mídia.

As mídias sociais são hoje, se não o lugar de semeação da crise, os locais em que o fogo se alastra primeiro e mais rápido. Mas é também o local em que o fogo retardador se encontra. É onde você precisa se envolver – rapidamente e com sabedoria – usando tanto a mídia que você controla (seu site) como os fóruns abertos.

Este é um dos erros mais comuns que vejo: uma organização enfrenta uma crise que se originou de informações que apareceram primeiro nas mídias sociais, mas, em vez disso, os executivos da empresa optam por responder por meio da grande mídia, normalmente emitindo um *release* de imprensa. Não cometa esse erro! Se uma crise se iniciar em um blog, vá até esse blog e deixe um comentário imediatamente. Se uma crise se iniciar por causa de um vídeo no YouTube, faça com que seu

CEO filme um vídeo de um minuto para o YouTube como resposta e poste-o imediatamente. Se pessoas em um fórum de seu setor estão falando sobre defeitos em seus produtos, entre neste fórum imediatamente para responder. Você pode sempre conceder entrevistas a repórteres da grande mídia, além de fazer esse acompanhamento mais importante, mas não subestime a necessidade de entrar em todos os lugares em que as pessoas já estiverem falando.

Uma grande razão para se comunicar no fórum em que a questão tem início é que as mesmas pessoas que estão promovendo a crise inicial passarão a espalhar a notícia de que você comentou sobre a situação. Além disso, as pessoas que espalham notícias a respeito da situação e aglomeram-se ao redor da fonte para dar uma olhada também verão o seu comentário.

Coloque o CEO para trabalhar

Quando uma crise se desenvolve, muitas vezes é melhor colocar seu diretor executivo à frente da situação como o porta-voz principal.

Paul F. Lavy é presidente e CEO do Centro Médico Beth Israel Deaconess, de Boston, um centro médico acadêmico afiliado à Escola de Medicina de Harvard. Levy usa o seu blog, *Running a hospital*, bem como o Twitter e o Facebook, para se comunicar com seus 7 mil funcionários, meio milhão de pacientes, a mídia, a comunidade de Boston e profissionais da área da saúde de todo o mundo.

Levy, que é fortemente sintonizado com a comunicação em tempo real, algumas vezes lida com assuntos difíceis, como taxas de infecção e higiene nos hospitais que ele administra. Esse tipo de transparência não é comum nas comunicações de um hospital, principalmente se vindas diretamente do CEO por meio de um blog.

Em julho de 2008, Levy enfrentou uma crise quando um cirurgião experiente operou o lado errado de um paciente durante uma cirurgia opcional. Os detalhes do caso não foram divulgados (devido à confidencialidade do paciente), mas Levy sabia que ele tinha que reconhecer o problema imediatamente para os funcionários e o público.

"Isso foi um erro muito grande", disse-me Levy sobre a cirurgia feita do lado errado. "Nós fizemos imediatamente uma análise interna bastante rápida, mas intensa, do que tinha dado errado. Nessa reunião, eu sugeri que havia lições suficientes desse caso em particular que deveríamos enviar ao hospital inteiro, porque nós sabíamos que precisávamos consertar um problema sistemático. Eu me lembro de dizer aos diretores naquele momento que, se nós enviássemos um e-mail para 7 mil pessoas, isso se tornaria mundial em cerca de cinco segundos, então nós deveríamos estar confortáveis com aquela decisão. E, para sua informação, os diretores disseram: 'É claro, é isso que devemos fazer'."

Então, para espalhar as informações da forma mais rápida e abrangente possível, Levy enviou o e-mail simultaneamente aos funcionários do hospital e à mídia local de Boston. Ele também colocou um post no blog.

Levy foi inteligente o bastante para saber que a notícia não ficaria escondida, então ele se certificou de que a história fosse informada pelo próprio hospital. E como um CEO blogueiro, Levy já tinha um grande número de seguidores, entre pacientes, funcionários e a mídia de Boston. Quando chegou a hora de se comunicar rapidamente durante uma crise que estava se desenvolvendo, ele já tinha obtido a confiança das pessoas.

"Quando nós divulgamos a história, alguém poderia pensar que era apenas algum tipo de manipulação para imunizar o hospital contra uma publicidade ruim", diz ele. "Mas o fato foi que eu tinha publicado taxas de infecção e taxas de higiene de mãos e coisas desse tipo antes no meu blog. Isso me deu uma maior credibilidade e um senso de honestidade."

Isso pode acontecer com *você*!

Lendo todas essas histórias de terror sobre coisas ruins que acontecem a grandes organizações, se você for um empreendedor solitário (como eu), você poderá ficar tentado a pensar que está imune a tudo isso. Se esse for o caso, eu tenho uma notícia para você – você não está imune. Eu certamente não estava.

Enquanto estava escrevendo este capítulo, eu enviei um *tweet* em resposta a uma tentativa de venda por e-mail que eu recebi do Mktgbuzz. Ele oferecia 50% de desconto de um *release* de imprensa da PRWeb [1] para as primeiras 500 pessoas que preenchessem um formulário, e pensei que a oferta poderia interessar meus leitores.

Logo após enviar o *tweet*, a @PRWeb tuitou que a organização que estava fazendo a oferta não era um parceiro autorizado pela PRWeb. Embora a PRWeb de fato tenha diversos programas de afiliação, a Mktgbuzz não participava de nenhum deles.

Uh oh!

Eu gostaria de ter pesquisado a oferta com mais cuidado antes de tuitá-la. E agora eu percebo que acabei de enviar a 40 mil seguidores do Twitter um link para uma oferta não autorizada. Fico imaginando as pessoas enviando dinheiro para algum lugar que não deveriam porque os direcionei de forma errada. Eu vacilei. E preciso consertar isso. *Agora.*

---

[1] Um dos mais conceituados sites de distribuição de *releases* de imprensa nos Estados Unidos. (N.T.)

Você não pode retirar um *tweet*. Sim, você pode excluí-lo, mas, uma vez que o *tweet* chega a seus muitos seguidores do Twitter, ferramentas de busca, é retuitado e assim por diante, ele nunca desaparece por completo. Além disso, simplesmente excluir o *tweet* ofensivo e esperar que o problema desapareça é contra o espírito de transparência que acredito que devemos manter na web social. Então eu sabia que tinha que comunicar. E rapidamente! Mas como?

Assim que eu vi o *tweet* da PRWeb, eu entrei em contato com a pessoa na Mktgbuzz que tinha me enviado a promoção pedindo explicações.

Então eu tuitei diversas vezes para relatar o que estava ouvindo da PRWeb. Eu também enviei mensagens diretas para pessoas que entraram em contato comigo a respeito da oferta.

A Mktgbuzz retirou rapidamente a oferta e também tuitou que estava reembolsando o dinheiro dos clientes. Ufa!

Então eu escrevi rapidamente um post no blog intitulado *Você não pode remover um* tweet. Ao mesmo tempo, a PRWeb postou informações em seu blog, e nós enviamos uns aos outros um link para os posts.

A coisa toda acabou em apenas algumas horas. E, apesar de alguns momentos de tensão, tudo deu certo no final. O dinheiro dos clientes foi reembolsado, e minha reputação não ficou muito pior por causa desse desgaste.

Eu fiquei entusiasmado com o fato de que tantas pessoas, incluindo o Frank da PRWeb e a Tessa da Mktgbuzz, tiraram um tempo para comentar em tempo real em meu blog. Essa discussão transformou o incidente em um bom estudo de caso sobre como uma situação como essa se desenvolve.

Seguem alguns comentários deixados em meu blog:

- *Um bom exemplo de que uma marca que levou anos para ser construída pode ser prejudicada em um único momento. Felizmente você publicou este post no blog e as pessoas "certas" sabem que você ainda é uma fonte confiável de informações!*

- *É isso que eu chamaria de "ter de assumir o controle da história", que é o seu negócio. Se a PRWeb não estivesse monitorando, eles poderiam ter que responder a uma "bola de neve gigante" de clientes irritados. Uau... o mundo online realmente se move RAPIDAMENTE.*

- *Você pode não conseguir retirar um* tweet *– mas você pode ser honesto sobre o erro e a solução. Você lidou com isso de uma forma maravilhosa.*

- *Parece que você tentou endireitar o que estava errado. Espero que seus seguidores entendam.*

Estou totalmente convencido de que, se não estivesse prestando atenção no Twitter naquele momento, se eu tivesse visto a situação se desenvolver e tentado ignorá-la ou se tivesse deixado a decisão do que fazer para o dia seguinte, o problema poderia ter se transformado em uma crise completa. Isso certamente teria prejudicado minha reputação.

A lição é que todo mundo que está online – pequeno ou grande – deve prever se envolver em uma situação de crise.

Responda rapidamente com sites instantâneos

Às vezes, quando as notícias surgem rapidamente, a melhor forma de aproveitar a onda é criar rapidamente um novo site.

Você deve ter visto um vídeo do YouTube chamado *Baby Cory Dancing to Beyoncé* [bebê Cory dançando Beyoncé]. Esse vídeo divertido mostrando um bebê dançando de fralda se tornou uma sensação no YouTube, com mais de 10 milhões de visualizações até então[2]. Cory, que tem um pouco mais de 1 ano, estava na casa de sua avó em Auckland, Nova Zelândia, quando começou a passar na TV o vídeo da música "Single Ladies" da Beyoncé. Cory engatinhou, ficou de pé e começou a dançar. Felizmente seu pai Chester tinha uma câmera de vídeo por perto e gravou tudo, postando o vídeo depois no YouTube.

Mas não terminou aí.

Quando o pai de Cory percebeu que pessoas do mundo inteiro estavam falando sobre o vídeo, e conforme as matérias começavam a aparecer em veículos da mídia, como CNN e Time, ele rapidamente criou um site chamado "Single Babies", no qual os fãs podiam doar dinheiro para um fundo para pagar a faculdade de Cory. Ele então incluiu um link no site com o vídeo do YouTube para que os fãs pudessem rapidamente achá-lo. O site desde então aceitou propagandas, e você consegue até mesmo comprar camisetas. Todos esses recursos também vão para o Fundo Educacional Cory Elliott. É claro que o vídeo de Cory se espalhou pela web em tempo real à medida que as pessoas o promoviam nas mídias sociais, e a grande mídia empurrou-o ainda mais rápido. Mas foi a ideia rápida do pai de Cory em criar o site "Single Babies" que abocanhou todas aquelas doações e vendas de camisetas enquanto o vídeo era um sucesso.

Então, quando o holofote de repente se volta para as suas atividades, não perca tempo! Espalhe sua mensagem rapidamente.

Por exemplo, se você dirige uma organização humanitária que está ativa em uma área que de repente foi atingida por um desastre natural, deixe o mundo saber que você está em posição de ajudar. Dê às pessoas preocupadas uma oportunidade de doar ou se voluntariar criando um site de um dia para o outro.

---

[2] Em julho de 2011, o vídeo já havia ultrapassado 20 milhões de visualizações. (N.R.)

Como consequência imediata do terremoto ocorrido em 12 de janeiro de 2010 no Haiti, o presidente Obama pediu para que os ex-presidentes George W. Bush e Bill Clinton liderassem um esforço para conscientizar e angariar fundos para auxiliar os sobreviventes do terremoto haitiano. O Fundo Clinton Bush para vítimas do Haiti foi criado na web usando o domínio ClintonBushHaitiFund.org. O novo site ponto-org estava pronto e funcionando dentro de horas, e, antes do final do primeiro dia, centenas de milhares de dólares em doações tinham sido recebidos. Dentro de dias, a iniciativa tinha distribuído mais de 4 milhões de dólares a organizações de ajuda.

Um nome de domínio "ponto-org" é uma excelente escolha nesse caso porque tem inerente a ele uma reputação de confiança, integridade e credibilidade. "Comprar um domínio ponto-org significa que as empresas podem se beneficiar instantaneamente dessas características", diz Lauren Price, gerente de marcas na .ORG, The Public Interest Registry [registro de interesse público]. "Profissionais de marketing e de RP podem usar um nome de domínio ponto-org como um veículo para educar suas comunidades tanto em tempos de calma quanto de conflito. Isso fornece uma plataforma reconhecida para neutralizar crises, comunicar causas e informar as comunidades." Observe que um nome de domínio ponto-org está disponível a qualquer pessoa, não apenas a organizações sem fins lucrativos.

O importante aqui é criar o novo site rapidamente, bem no momento em que as pessoas estão ávidas para localizar informações confiáveis sobre uma questão que está surgindo. Isso requer que um plano de crise esteja em prática para que ele possa ser implementado quando adequado. Parte do plano deve incluir quando e como estabelecer um site autônomo e se um registro ponto-org faz sentido.

Imagine se a Toyota tivesse criado um site dentro de algumas horas depois de saber dos repentinos problemas de aceleração de seus carros. Como um órgão centralizador de informações, este site teria sido visto pelos clientes da Toyota e pela mídia como uma fonte confiável de informações, mas somente se a empresa tivesse se comunicado de forma rápida e transparente.

Múltiplos canais de comunicação

Centenas de diferentes canais online agora oferecem caminhos para que você divulgue informações para seus clientes. Quais são os melhores para você? Veja aonde seus clientes vão e siga-os.

Ao considerar as alternativas, saiba que a popularidade aumenta e diminui. Novos serviços aparecem em cena, crescem em popularidade e depois diminuem – mais uma vez, seguindo a lei da distribuição normal. Conforme discutido no Capítulo 3, o interesse começa devagar, cresce com o tempo e depois diminui. Eu acho fascinante ver como os padrões de adoção da web exibem a mesma curva em forma de sino. As escalas de tempo são *muito* mais longas para curvas de adoção (normalmente medidas em anos) do que para matérias de notícias que estão surgindo (medidas em horas).

Eu falei sobre este assunto com Andrew Davis, diretor estratégico da Tippingpoint Labs, uma agência de criação de conteúdo digital baseada em Boston. Davis analisou a adoção da mídia em muitas plataformas, inclusive em algumas conhecidas, como o Twitter e o Scribd, e em outros serviços relativamente desconhecidos, como Amiando, Get-Satisfaction e Qik. Sua organização representou em um gráfico alguns padrões interessantes.

"Nossa hipótese é fundamentada no princípio simples de que qualquer plataforma (blogs, microblogs, compartilhamento de fotos ou transmissão ao vivo de vídeos) ou canal de distribuição de conteúdo (youtube.com, slideshare.com, flickr.com ou twitter.com), quando adotados, podem ser monitorados abertamente e analisados para determinar onde essa adoção se encontra em nosso ciclo de vida", diz Davis.

Essas informações são úteis porque, de forma recorrente nas redes sociais, aqueles que adotam algo cedo tendem a ter mais popularidade do que aqueles que o adotam mais tarde. Então ser um dos primeiros participantes em uma rede é importante. E participar dos serviços de rápido crescimento que seus clientes usam é fundamental.

De acordo com Davis, a Novo Ciclo de Vida da Mídia apresenta sete fases distintas:

1. *Experimento*: uma nova plataforma ou canal oferece aos usuários uma nova forma de comunicar, compartilhar ou criar conteúdo. Esta fase é caracterizada por um pequeno grupo de usuários que acrescentam conteúdo constantemente (normalmente de baixa qualidade, mas em alta frequência).

2. *Adoção*: um público maior tenta usar a nova mídia, normalmente tentando melhorar a qualidade do conteúdo que está sendo distribuído.

3. *Gestação*: uma pequena melhora ocorre à medida que o grupo central, composto pelos primeiros participantes, trabalha para entender o valor da mídia e fornecer um conteúdo relevante, frequente e de qualidade para um público maior. A fase de gestação é onde as "celebridades da internet" são criadas em algumas plataformas ou canais (como Tom Dickson, que estrela a série de vídeos do YouTube "Will it blend?" [vai misturar?]).

4. *Expansão*: ocorre um rápido crescimento conforme os usuários (normalmente do mundo inteiro) começam a acrescentar conteúdo e contribuir com frequência. Os meios de comunicação em massa tornam-se populares, e diversos usuários aparecem tentando reproduzir o sucesso descoberto na fase de gestação. Esta é normalmente a hora em que pessoas famosas começam a participar (pense em Ashton Kutcher no Twitter). O auge da fase de expansão gera uma

série de canais ou plataformas de imitação, cada um tentando diferenciar sua oferta levemente.

5. *Monetização*: neste ponto, usuários importantes começam a se perguntar como avaliar o ROI (retorno sobre o investimento) de participação do canal. As empresas frequentemente se mantêm céticas, perguntando-se como elas podem se beneficiar do novo fenômeno. O crescimento diminui enquanto os usuários tentam outros serviços e o canal experimenta modelos de monetização.

6. *Consolidação*: quando a fase de monetização acaba, fornecendo taxas de atrito possíveis ou impossíveis entre usuários e criadores de conteúdo, a Análise do Ciclo de Vida da Tippingpoint Labs está no seu ponto mais alto. Aqueles que fornecem o conteúdo mais valioso tentam encontrar outras pessoas como eles para criar comunidades e públicos maiores para o seu conteúdo. Ironicamente, é nesta faze que muitas empresas se juntam a uma plataforma de mídia, porque suas abordagens normalmente lentas e cautelosas impedem que elas se envolvam antes.

7. *Manutenção*: finalmente, o canal entra em uma fase de manutenção após ser comprovado e monetizado. A taxa de atrito aproximadamente equilibra a taxa de adoção.

GRÁFICO 10.1 Análise do ciclo de vida da Tippingpoint Lab

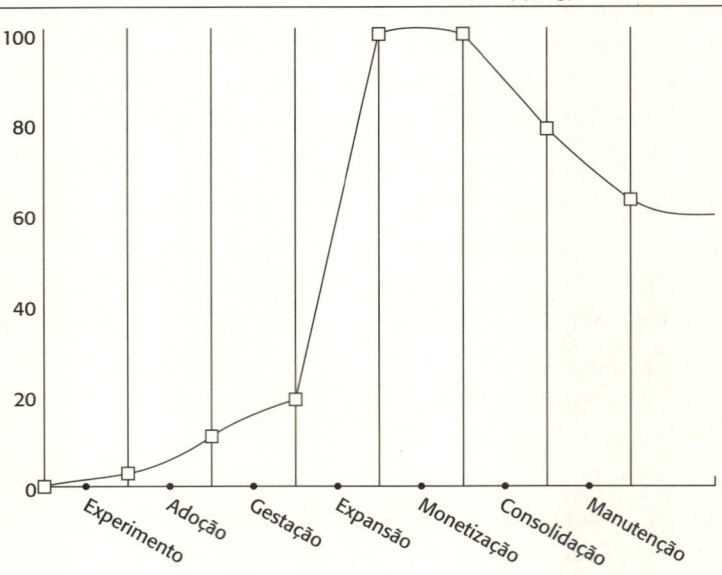

Uma plataforma que passou por todas as fases de Davis é o Second Life, um mundo virtual gratuito em 3D em que os usuários podem se socializar, conectar e

criar usando uma voz livre e um bate-papo de texto. O Second Life gerou um grande interesse em 2006 e 2007 porque era um dos primeiros mundos 3D online mais fáceis de usar. Muitas empresas, incluindo IBM e Reuters, criaram suas presenças virtuais nele. Embora o uso tenha diminuído significativamente, o Second Life ainda é a maior comunidade do mundo virtual 3D criada por usuários.

O que isso quer dizer é que entrar no Second Life agora não será provavelmente a melhor forma de chamar a atenção. Ainda há pessoas ativas no Second Life, mas a maioria dos usuários já saiu. E como o serviço agora está diminuindo em popularidade, a atenção da mídia e dos blogueiros está em baixa.

Você verá gráficos do crescimento relativo do Second Life com base em dados do Google Trends, conforme a análise feita pela Tippingpoint Labs. O Google Trends analisa uma porção das buscas do Google Web para computar quantas delas foram feitas para cada termo, com relação ao total do número de buscas feitas no Google com o tempo. Os dados são colocados em uma escala com base na média do tráfego de busca do termo inserido. É possível ver que o Second Life não está recebendo muita atenção nesses últimos dias.

GRÁFICO 10.2 Second Life

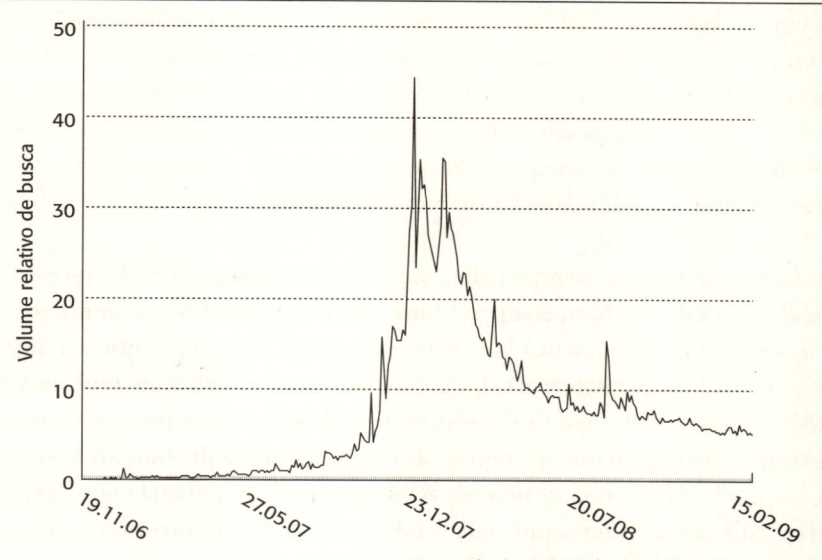

Fonte: Tippingpoint Labs; Google Insights.

Para um exemplo de um serviço de rede social ainda em fase de crescimento enquanto escrevo este livro, vamos pegar o Twitter, um serviço que tem sido um dos canais de mídia com crescimento mais rápido. Lançado no final de 2006, seu primeiro pico de adoção aconteceu vários meses depois, na Conferência Interativa

South-by-Southwest, em março de 2007, quando muitas pessoas começaram a usar e comentar sobre o serviço com os amigos. Esse pico quase não é visível porque o Twitter cresceu muito nesse meio tempo. O serviço teve sua maior popularidade no final de 2008, logo que a grande mídia começou a promovê-lo e que atores, músicos e políticos famosos começaram a ganhar publicidade usando a plataforma. Não é de surpreender que as pessoas (como o estrategista de novas mídias Chris Brogan) e empresas (como a Zappos, JetBlue e Comcast), que entraram no Twitter durante a fase de experimentação e que continuaram ativas durante a fase de adoção, estão entre as pessoas e empresas mais populares do Twitter.

GRÁFICO 10.3 Twitter

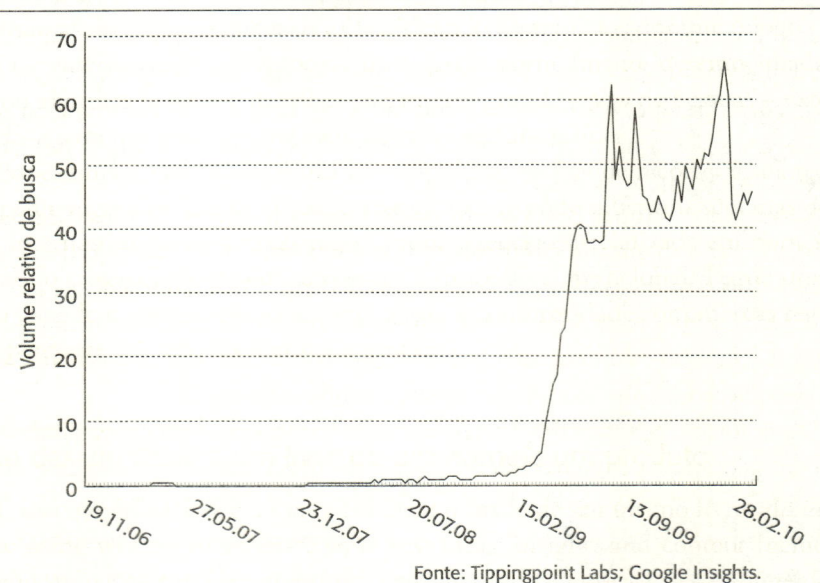

Fonte: Tippingpoint Labs; Google Insights.

Portanto, a lição aqui é que, se você quer se tornar conhecido em um site de mídia social, é melhor escolher um que está crescendo rapidamente, mas ainda está nos estágios iniciais. "Todo mundo está procurando pelo próximo grande sucesso viral, mas tentar fabricar um sucesso em uma plataforma que está na fase de expansão ou depois é muito difícil", diz Andrew Davis. "Na fase de expansão, há um grande número de usuários. Sempre existirá a procura pela última loucura da moda, quando as pessoas estão correndo para causar um impacto. Tentar fazer sua mensagem ser ouvida no meio de tanto barulho é muito difícil."

Inscrever-se logo em um serviço, o que Davis chama de fases de adoção e gestação do ciclo de vida, é a melhor forma para o seu conteúdo se destacar. Imagine se, assim como o mundo inteiro está entrando no Twitter e no Facebook e o Second

Life está lutando para causar um impacto, você já estivesse neles por diversos anos e tivesse adquirido muito mais seguidores do que seu concorrente mais próximo. Enquanto a concorrência estaria tentando alcançá-lo, você já estaria experimentando outras plataformas. Eu realmente destaco a experimentação aqui. Leva tempo para se tornar ativo em uma nova plataforma, então, se ela não crescer rapidamente, não há nada de errado em abandonar o esforço.

Lembre, o objetivo é conectar-se com seus clientes. Então, ao procurar e adotar novas plataformas, deixe que seus clientes o guiem. Descubra quais serviços eles estão usando e por que, para maximizar suas chances de atender às suas necessidades.

Atingindo os fãs

Se você realmente for um comunicador em tempo real, você está constantemente pensando em como divulgar as notícias no momento oportuno.

A banda celta de rock jam de Toronto, Enter the Haggis (ETH), tem gravado músicas originais e feito turnês em todo o mundo por mais de uma década. "Nós tivemos uma sorte incrível como banda porque atraímos fãs logo no começo pelo Twitter que curtiam nossa diversidade e nos impulsionaram para que nos esforçássemos e seguíssemos caminhos diferentes", diz Brian Buchanan, membro da banda.

Eu entrevistei Buchanan usando o CoveritLive!, um serviço que permitiu com que Buchanan e eu participássemos de uma sessão de uma hora de perguntas e respostas ao vivo por meio de texto para que os fãs do ETH e as pessoas que me seguiam pudessem assistir em tempo real. (Nós dois divulgamos a discussão no Twitter antes.) O evento ao vivo foi ideia de Buchanan; ele é muito empenhado em atingir os fãs diretamente e em tempo real.

Como o ETH toca em uma ampla variedade de lugares, eles atraem uma base diversificada de fãs – o que significa que uma única ferramenta não atinge todo mundo. "O Facebook tem um público diferente do que o que atingimos no MySpace ou Twitter ou quaisquer outros sites de mídia social", diz ele. "É claro que há sobreposição, mas, para atingir o maior número de pessoas, nós precisamos estar visíveis no máximo de lugares que pudermos. É por isso que tentamos ficar realmente ativos nas redes sociais, mas nós ainda enviamos nossos boletins por e-mail. Existem muitas pessoas por aí que têm endereços de e-mail, mas não usam as mídias sociais."

Buchanan desenvolveu uma forma inteligente de atualizar seu site e vários sites de mídias sociais em tempo real. Ele configurou ferramentas automatizadas para que, quando ele atualize um site (digamos, a página de fãs da banda no Facebook), isso faça com que a atualização também apareça instantaneamente no site da banda em tempo real. "Eu adotei o uso de alguns programas de agregação, como o Ping.fm, no qual eu posso postar atualizações de status em tempo real em todos esses lugares diferentes de uma só vez", diz ele. "O Facebook nós usamos para concursos instantâneos. Tipo, nós postamos uma pergunta de trivialidades, e a primeira pessoa a responder corretamente ganha uma cópia autografada do álbum. Ou nós gravamos um vídeo enquanto dirigimos a van e carregamos o vídeo [por wireless] diretamente do Facebook para a primeira página do nosso site. Quando nós postamos um vídeo, de repente é este vídeo a primeira coisa que as pessoas veem na página inicial de nosso site."

Outro exemplo fascinante de comunicações em tempo real do ETH: a banda transmite seus shows ao vivo no UStream.tv. Antes de cada show, eles arrumam a câmera e os microfones, conectam o sistema à web e alertam os fãs que o show está para começar.

Em um mundo em que a maioria das bandas (e seus administradores) evita fornecer conteúdo, aqui está o ETH, fornecendo-o enquanto tocam. "Eu sempre fui da mentalidade do 'passe adiante', como mostrar seu cartão de visitas... e faça disso uma coisa que atraia as pessoas e faça com que elas sejam parte de sua comunidade", diz Buchanan. "Nossa banda sempre foi uma comunidade. Nós tocaremos em um festival e 50 pessoas virão de cinco ou seis Estados diferentes, todas elas se encontrarão perto de um banner do Camp Haggis que elas penduraram e acamparão juntas como em uma espécie de reunião pela banda. Trata-se de um compartilhamento de experiências dessas pessoas, e isso é o que realmente parece atrai-las e o que faz com que sejam fãs para toda a vida."

Mesmo assim, simplesmente transmitir seus shows ao vivo de graça e em tempo real? Eu queria que Buchanan me contasse mais. "Eu prefiro oferecer a transmissão ao vivo a um fã que vai fazer 10 cópias de nosso álbum e dá-las a outras pessoas se isso significar que nós teremos 10 fãs a mais em nossos shows a partir de então", diz ele. "O número de cabeças no público é a verdadeira medida do sucesso, não disposições em gráficos ou venda de discos. Se as pessoas querem realmente ajudá-lo, elas virão aos shows, usarão suas camisetas, contarão aos seus amigos. Você pode fazer seu ganha-pão com turnês, sem depender da venda dos discos."

Está na hora de voltar para onde este capítulo começou – e manter em mente o que você acabou de ler sobre o entusiasmo e a perspicácia que Brian Buchanan e o Enter the Haggis dedicam à comunicação em tempo real com seus clientes.

Se você trabalha para uma empresa grande que ainda utiliza um sistema de encaminhamento de chamadas como ferramenta de linha de frente para se conectar com seus clientes, isto é o que eu sugiro que você faça. A próxima vez que você estiver em uma reunião voltada para escolher novas músicas para seu sistema de encaminhamento de chamadas, levante-se e grite "Aperte o 9 se você acha que isso é uma total perda de tempo".

11
TORNANDO-SE MÓVEL,
O TEMPO REAL É A TODO O MOMENTO

Você pode envolver algumas pessoas em tempo real por algum tempo. Você pode se envolver com usuários de computadores do tipo desktop quando esses estão em suas mesas. Algumas vezes você pode se envolver com usuários de notebooks na Starbucks. Mas somente quando os usuários se tornam móveis você pode envolver todas as pessoas em tempo real a todo o momento. É por isso que dispositivos móveis são o campo mais fascinante e com crescimento mais rápido na participação do mercado em tempo real.

À medida que a rápida proliferação de dispositivos equipados com navegadores, como o Blackberry e o iPhone, coloca milhões de americanos online o tempo todo a cada ano, os Estados Unidos estão alcançando mercados centrados em dispositivos móveis, como a Índia e a África. É verdade: As conexões móveis de internet são amplamente utilizadas no resto do mundo simplesmente porque o que as pessoas conseguem pagar são os telefones, e a infraestrutura sem fio é mais confiável do que a de linhas fixas. Até mesmo no Japão, um país com fibra ótica de última geração que põe os Estados Unidos no chinelo, o dispositivo móvel impera porque o horário nobre online acontece nas duas ou mais horas que as pessoas gastam dentro dos trens todos os dias.

A partir daqui, eu vou agrupar tudo, desde simples aparelhos de telefone a iPhones, sob o termo genérico "dispositivos móveis". A distinção realmente importante é entre dispositivos móveis com ou sem GPS (Sistema de Posicionamento Global).

Acrescentar uma capacidade de GPS a um dispositivo móvel transforma uma janela geral para o mundo online em uma lente focada em seus arredores próximos. Com o GPS, um dispositivo móvel determina a proximidade de pessoas, objetos e ofertas que anunciam em voz alta suas localizações online. Portanto, até mesmo em um território não familiar, o usuário é ricamente informado: "Ah, estou vendo, a entrada do metrô é ali, e o correio é na próxima porta".

Na verdade, isso é muito melhor do que a visão, já que o usuário pode ver "através" dos edifícios para identificar o que tem dentro ou descobrir o que há na rua de trás. Dando um passo mais adiante, conforme veremos, ele até abre a porta para ver os edifícios *propostos* a partir de uma perspectiva precisa.

Além disso, sujeito à permissão, agentes próximos podem tratar das preferências do usuário: "Então, eu fiquei sabendo que você gosta de margaritas", é dito em um bar local. "Bem, acontece que a meio quarteirão daqui, pela próxima meia hora, as margaritas estão custando metade do preço."

Em ambientes de venda extremamente cheios e dinamicamente competitivos como Tóquio, isso irá reorganizar radicalmente a hierarquia dos negócios.

Em Roppongi, o bairro do entretenimento em Tóquio, você encontrará *centenas* de bares a pequenas distâncias do metrô – alguns visíveis da rua principal, outros escondidos no 14º andar de edifícios com portas para a rua de trás. Para diferenciar, muitos atendem às preferências altamente refinadas dos clientes. Então, se seu ideal é ouvir jazz dinamarquês da década de 1930, tomar vodca da Mongólia, vestir-se como uma gueixa ou brincar com trens de brinquedo, o bar de seus sonhos provavelmente existe em Tóquio. Pode até mesmo ter um bar em que você possa fazer tudo isso ao mesmo tempo. Não me pergunte como eu sei disso.

No entanto, em Roppongi, são muitas as ofertas que podem estar logo ali e você nunca irá descobri-las lá. Então mais uma vez você vai ao Motown, um clube de fácil localização na rua pela qual eu tinha preferência, quando eu estava vendendo um serviço opcional sobre o Dow Jones Telerate, porque lá havia telas de informações financeiras em tempo real.

Estou certo de que as informações do GPS estão alterando de forma radical a hierarquia em Roppongi – e eu não vejo a hora de confirmar isso com uma pesquisa de campo.

Isso traz implicações gigantescas para todos os tipos de negócios do mundo inteiro. A capacidade de contatar clientes no exato momento em que eles estão perto de você e prontos para comprar exatamente o que você vende é como um novo poder concedido por Deus. Se você está desesperado para fazer negócios, você pode até baixar os preços em tempo real até que eles cedam e entrem.

Recorrendo ao mundo em busca de recomendações

Como alguém que se encontra em uma cidade nova e desconhecida quase todos os meses, eu adoro os novos "superpoderes" que o GPS me dá – principalmente quando estou com fome. E eu sou muito peculiar. Se não estou com muita fome, comida tailandesa será o suficiente. Eu aceitaria comida chinesa ou indonésia, se necessário. Mas quando estou faminto – e minha esposa e filha dizem que eu fico insuportável quando estou com fome – eu tenho que comer burritos dentro de 10 minutos ou eu enlouqueço. Até pouco tempo, eu perguntaria à recepção do hotel onde poderia encontrar comida tailandesa ou mexicana ou faria uma busca no Google.

Agora eu vou direto ao meu iPhone e ao Foursquare ou Layar, ambos aplicativos com GPS altamente informativos com relação à maior parte dos bairros onde fico.

As pessoas usam o Foursquare, um dos aplicativos de rede sociais que crescem mais rápido do mundo, para fazer o *"check-in"* em um local apresentado e compartilhar informações para que os amigos possam encontrá-lo. Eu acho as recomendações que outros usuários me fornecem de cada área particularmente úteis. Por exemplo, quando eu fiz o *check-in* perto de Boston, a mensagem a seguir apareceu: "Já que você está tão perto do Neillio's Gourmet Kitchen, Derek P. diz: Peça o Bacon Turkey Terrific no pão *focaccia*". Obrigado, Derek. Eu fui lá e estava realmente delicioso!

O Foursquare é ainda mais útil em grandes conferências, porque você pode usá-lo para localizar quem você não sabia que estava lá e descobrir por onde eles andam. Por exemplo, na South-by-Southwest, em março de 2010, em Austin, Texas, milhares de pessoas ficavam no Foursquare. Eu fazia o *check-in* em locais como a sala dos blogueiros e via imediatamente quais amigos também estavam por lá. Outros usaram o Foursquare para descobrir onde estavam acontecendo as melhores festas, presumindo-se que, se muitos amigos tivessem feito o *check-in*, aquele deveria ser o lugar.

Não é preciso uma imaginação forte para ver as implicações no marketing disso tudo. Apenas para começar, se você é dono de um estabelecimento de uma rua mais afastada de Nova York, você pode desviar qualquer visitante tecno-cowboy da Quinta Avenida para a sua porta se tiver a oferta certa. Aqui estão algumas formas que você pode seguir sobre usar o Foursquare como uma ferramenta de marketing e RP.

- *Participe*. Para se envolver com seu mercado pelo Foursquare, tudo o que você precisa fazer é participar. O Foursquare premia os visitantes mais frequentes de um local nomeando-os como "prefeitos", um símbolo de status para muitas pessoas que tratam o Foursquare como um grande jogo. Então, se você administra uma pizzaria local, você poderia fazer o *check-in* todos os dias, tornando-se um prefeito. Fácil. Como prefeito de seu próprio estabelecimento, você poderia oferecer, digamos, as "ofertas especiais do prefeito" para as pessoas que estiverem fazendo o *check-in* pela primeira vez.

- *Cultive pregadores*. Deixe alguma outra pessoa se tornar prefeita de sua pizzaria e ofereça promoções especiais de bebidas quando ela trouxer os colegas.

Quando promoções como essas são atraentes, sabemos que as pessoas competirão para expulsar os encarregados. Se muitas pessoas competirem por isso, cada uma paga uma conta considerável no processo. E as pessoas falam e tuítam sobre ser prefeito, o que cria um burburinho para o estabelecimento. (Falando em se gabar, eu sou o prefeito do Kushboo Indian Restaurant localizado perto de Boston. Viu como elas conseguem uma propaganda gratuita?)

- *Ofertas especiais.* Você também pode estabelecer ofertas especiais – "Servimos pão de alho grátis para usuários do Foursquare" – a transeuntes sem irritá-los. Você não está enviando um spam sobre pão de alho porque as pessoas é que estão procurando ativamente.

- *Obtenha a opinião de fãs.* Assim que identificar seus visitantes mais frequentes, envolva-os em discussões. Pergunte a eles como você deveria mudar o cardápio. Faça com que seu "prefeito" atual invente um "especial do prefeito".

Quando eu estava no South-by-Southwest, em Austin, ao fazer o *check-in* no Buffalo Billiards uma noite, eu fui notificado que: "Um prefeito recebe 40% de desconto pela conta inteira durante uma semana ou até que seja destituído do cargo. 5 *check-ins* ganham doses e bebidas de graça". Eu fiquei apenas esperando ver a primeira briga em um salão do tipo faroeste pelo posto de prefeito de Foursquare.

Procurando uma casa para comprar

O Foursquare é bom, mas, no momento em que escrevo este livro (meados de 2010), estou ainda mais obcecado pelo Layar, um aplicativo do iPhone que descobri no começo deste ano em Amsterdã.

Layar é um aplicativo gratuito para dispositivos móveis que usa sua localização no GPS para mostrar uma camada de informações em tempo real sobre locais próximos, apresentada em cima da imagem mostrada na câmera de seu celular. Os fundadores do Layar chamam isso de "realidade aumentada". Eu chamo isso de legal.

Se estou em uma cidade, eu abro o aplicativo Layar em um iPhone e olho pela câmera. Então eu acrescento "layars" no topo da imagem da câmera para sobrepor informações sobre quaisquer restaurantes, clubes, imóveis à venda, locais turísticos e locais de entretenimento que vejo.

Portanto, quando eu estou nos Estados Unidos e preciso comer comida mexicana imediatamente, eu abro o layar "Comer" e aponto a câmera para a rua e vejo vários nomes de restaurantes e locais aparecerem como camadas no topo da imagem da câmera. (Observe que a maioria dos fornecedores de dados que criam layars é específica de cada país.)

Conforme eu fotografo com a minha câmera pelas ruas da cidade, outros restaurantes próximos aparecem com um marcador no edifício. Então eu continuo fotografando até achar uma casa de comida mexicana. Muito legal.

As pessoas que administram o Layar construíram parcerias com fornecedores de dados em tempo real que fornecem o conteúdo disponível dentro do aplicativo. Cadeias de restaurantes, como o In-n-Out Burger, têm um layar. Faculdades criaram layars com mapas que permitem que você navegue por seus *campi*. Da próxima vez que estiver com fome no Japão (o que *acontecerá*), eu mencionarei o layer "Apimentado" mostrando os restaurantes em Tóquio e em outras cidades.

Pense no Layar como sendo um provedor de TV a cabo com o seu celular no lugar da televisão. Os diversos fornecedores de conteúdos (há centenas deles) são como os diferentes canais de TV a cabo. Qual programa que cada canal exibe dependerá de onde você estiver, com base em suas coordenadas no GPS.

A Funda Real Estate, operadora do maior portal imobiliário da Holanda, trabalhou com o Layar (que também é holandês) para lançar o primeiro portal imobiliário em funcionamento. Ele mostra informações sobre quase todas as propriedades à venda na Holanda – normalmente mais de 200 mil catálogos –, atraindo aproximadamente 3 milhões de visitantes exclusivos por mês.

"Nós projetamos casas à venda no layar da Funda", diz Jeroen Wilhelm, diretor de marketing da Funda Real Estate. "Se você olhar em uma rua a olho nu, você poderá ver algumas casas com placas de "Vende-se" do lado de fora da porta. Mas, se você olhar através da câmera, o layar da Funda mostra um ponto em cada casa que está à venda [não apenas aquelas com placas na frente], fornecendo-lhe um layar em tempo real sobre a realidade."

Clique em qualquer ponto que o layar da Funda Real Estate lhe mostra e você obterá informações completas: preço, número de quartos, área construída e informações de contato do agente de listagem. "As pessoas o usam na rua, quando eles olham em volta e dizem: 'Ei, este é um bairro legal, vamos ver se há algo à venda por aqui'", diz Wilhelm. "Mas tem mais: se você estiver procurando uma casa e se interessar em verificar lojas e restaurantes locais, você pode fazer isso usando outros layars. Ele lhe dá uma noção da vizinhança. Trata-se de uma rede de banco de dados, baseada na localização do usuário e que traz uma nova dinâmica."

Wilhelm afirma que, em alguns mercados, de 10 a 20% do tráfego dos sites de imóveis é proveniente de dispositivos móveis. A Funda está agora investindo em marketing para dispositivos móveis, pois Wilhelm vê um crescimento significativo pela frente.

Surpreendentemente, a Funda está trabalhando com a Layar para implementar uma nova fase de realidade aumentada que permitirá às pessoas visualizar os edifícios – com uma perspectiva precisa – que ainda estão na fase de planejamento. Um comprador em potencial buscando um terreno vazio pela câmera veria uma estrutura futura sobreposta em 3D no local. Muito empolgante!

Atingindo consumidores por meio de dispositivos móveis

Muitos dispositivos móveis atuais não possuem recurso de GPS, então o potencial completo, baseado na localização, de marketing ou RP ainda aguarda o futuro. Enquanto isso, há outras formas de se aproveitar o poder da mobilidade.

Em muitos países, as pessoas agora usam câmeras de telefones celulares como scanners de códigos de barras para coletar rapidamente informações localizadas. Por exemplo, muitos anúncios nos vagões do metrô de Tóquio (local em que mais da metade dos usuários parece usar a internet móvel) apresentam códigos de barra. Quando os passageiros tiram foto destes códigos, eles são direcionados a sites móveis que fornecem mais informações – e algumas vezes até cupons de desconto.

Em uma visita recente ao Japão, eu recebi diversos cartões de visita que incluíam um código de barra, fazendo com que fosse simples baixar as informações de contato da pessoa.

O Japão está na frente em muitos aspectos do marketing móvel. Conforme mencionado, isso se dá em parte porque um tempo online de qualidade para muitos japoneses acontece nas muitas horas que eles passam em trens na ida e volta do trabalho. (Casualmente, a mesma necessidade de encaixar um tempo de qualidade em uma viagem em um trem lotado é o que gerou o walkman da Sony).

Falando da Sony... A Sony Pictures Entertainment usou o Mixi, um serviço de rede social japonês com mais de 2 milhões de usuários, para fazer o marketing do filme *Anjos e Demônios* no Japão. Como 70% dos membros do Mixi acessam o serviço pelos celulares, a Sony Pictures desenvolveu um aplicativo interativo para dispositivos móveis para promover o filme e fazer com que as pessoas falassem independentemente de onde estivessem.

Outra forma de atingir os consumidores pelo telefone é por meio do SMS ("Short Message Service", vulgo mensagem de texto). Mas como ninguém quer que seu fluxo de mensagens de texto fique entupido com propagandas, apareceram os intermediários.

Na região de São Francisco, a Mobile Spinach Inc. desenvolveu um serviço que envia ofertas e promoções aos membros por meio de mensagens de texto. A novidade da Mobile Spinach é que os usuários escolhem receber apenas ofertas personalizadas, com base em suas opções de estilo de vida, categorias preferidas e preferências de contato (como a frequência de mensagens). A Mobile Spinach tem como foco promoções de negócios, com base no estilo de vida local, em categorias como compras, vida noturna, eventos, viagens, restaurantes e alimentação, artes e música e academias de ginásticas e spas.

"Com informações locais, as pessoas realmente querem ligar para controlar suas experiências", diz John Vitti, diretor de marketing da Mobile Spinach. "Alguém em São Francisco pode se inscrever e dizer que quer ficar sabendo sobre comida italiana em determinada faixa de preço, em um certo bairro, em determinadas datas e receber as informações em seu celular. Isso pode ficar bem específico. O que estamos descobrindo é que, quando você dá ao usuário o controle, ao disponibilizar as informações relevantes e no momento correto, eles então confiam nas ofertas e as compartilham. Isso beneficia tanto os comerciantes quanto os usuários."

Fazer negócio com usuários de celular em tempo real se torna ainda mais interessante quando os consumidores definem preferências detalhadas e se abrem para as ofertas. Digamos que você quer ofertas especiais de vinho em São Francisco nas tardes de sábado, ofertas de restaurante nas terças e quintas à noite ou descontos em shows ao vivo a qualquer momento. Você revela os seus desejos.

"Existe um fator de urgência com muitas ofertas", afirma Vitti. "Restaurantes populares em São Francisco, como o Midi, um restaurante francês realmente sofisticado, e o Iman, um famoso restaurante peruano, podem enviar uma mensagem dizendo que eles têm algumas mesas disponíveis. Ou o balé de São Francisco pode ter ingressos extras ou descontos da noite da apresentação. Para o usuário, isso cria uma noção de urgência, porque é uma coisa por um tempo limitado, então isso realmente une os consumidores e os vendedores de uma forma boa." Como os consumidores podem personalizar suas ofertas com um alto nível de detalhes, mensagens indesejadas quase não existem. No meu caso, eu posso receber ofertas de restaurantes indianos ou mexicanos durante a semana à tarde, mas eu não vou receber mensagens indesejadas sobre hambúrgueres ou sushi.

O marketing e as RPs móveis em tempo real ainda estão no início. Mas os possíveis benefícios para negócios voltados para o estilo de vida em particular são enormes. À medida que os modelos de negócios em torno de serviços como o Mobile Spinach, o Foursquare e o Layar amadurecem e que novos serviços aparecem, surgem muitas oportunidades para organizações que vendem produtos perecíveis, como comida e ingressos para espetáculos. O setor de linhas aéreas funciona com preços dinâmicos há décadas. Agora a tecnologia móvel permite que os negócios locais comercializem estoques não vendidos em tempo real e maximizem a receita.

O poder de atingir os consumidores no momento e *no local* em que estão procurando pelo que você oferece é a próxima etapa natural do marketing online. Atenção, a onda está vindo.

12
ELES QUEREM ISSO IMEDIATAMENTE

Em 2002, eu fazia parte de uma equipe que criou e lançou uma nova oferta de produto aos mercados financeiros. A categoria do produto, transcrições de teleconferências de lucros corporativos, já existia. Nossa inovação foi oferecer transcrições completas imediatamente após a conclusão da teleconferência sobre lucros.

Como discutiremos neste capítulo, você pode muitas vezes criar um novo nicho de mercado e uma vantagem competitiva fornecendo algo mais rápido que os outros, fazendo algo em tempo real que normalmente leva muito mais tempo para ser feito.

Meu cliente em 2002 era a Fair Disclosure Financial Network Inc. (FDfn), um grupo que transcreve teleconferências sobre lucros corporativos e disponibiliza essas informações em tempo real a assinantes em todo o mundo. A FDfn tinha acesso a teleconferências corporativas trimestralmente (nas quais as empresas informam os analistas e a mídia sobre seus resultados financeiros), porque a lei de valores mobiliários dos Estados Unidos (Regulamento de Divulgação Justa) exige que empresas de capital aberto tornem as teleconferências sobre lucros abertas ao público.

Antes de a FDfn entrar no mercado, havia duas formas, longe de serem ideais,

> **Em todo setor, há a oportunidade de se fazer algo em tempo real para o cliente, o que agora leva um bom tempo para ser feito.**

para acessar essas informações: você podia ouvir a teleconferência ao vivo ou gravada (por meio de uma ligação gratuita ou conexão de vídeo transmitido pela internet) ou você poderia esperar vários dias para obter a transcrição. Ambas as formas tinham falhas. As teleconferências em si eram longas – de uma hora ou mais –, e muitas pessoas que estavam ouvindo esperavam informações específicas, como um comentário sobre o panorama financeiro da empresa para o próximo ano. Como dezenas de grandes empresas fazem suas teleconferências no mesmo dia, é quase impossível para uma pessoa acompanhar todas elas. Mas aguardar dias por uma transcrição significa que os repórteres e analistas perdem a chance de fornecer um comentário em tempo real.

Aí entra a FDfn e o serviço de transcrição de teleconferências sobre lucros corporativos em tempo real. A FDfn (agora parte da Thomson Corporation) transcreve milhares de teleconferências corporativas a cada trimestre usando uma tecnologia exclusiva para produzir a transcrição enquanto a teleconferência ocorre. Pessoas verificam cada transcrição em tempo real, ouvindo a teleconferência com um pouco de atraso e alterando quaisquer erros na transcrição. A transcrição final é normalmente disponibilizada dentro de minutos após o encerramento da teleconferência. Como este produto em tempo real era exatamente o que o mercado precisava no momento, mais de 1.000 clientes se inscreveram rapidamente para obter acesso ilimitado às transcrições. Uma nova empresa surgiu com a força de um produto em tempo real.

Eu quero agora

A satisfação instantânea é um poderoso atributo de produto na cultura sempre ligada em tempo real que vivemos hoje. Seja o que for, faça rápido e você conquistará sua participação no mercado. Eu diria que o extraordinário aumento do Google foi estimulado por seu desenvolvimento de uma capacidade em tempo real de propaganda online. Embora o Google seja conhecido como uma ferramenta de busca, a inovação que o transformou em uma das empresas mais bem-sucedidas do planeta é o aplicativo em tempo real Google AdWords, que permite que os anunciantes façam uma oferta para anunciar por palavra-chave.

O Google certamente não foi o primeiro a oferecer propagandas em seu site. Mas ele revolucionou a propaganda na web criando um modelo simples de autosserviço que permitiu que qualquer um fizesse uma oferta para anunciar com base em texto em tempo real.

> **Há espaço em todos os mercados para que organizações inteligentes aproveitem para lucrar e ganhar participação no mercado, fornecendo um serviço rápido.**

Você já viu esses anúncios que aparecem ao lado dos resultados de sua busca no Google. Por exemplo, um agente imobiliário em San Diego pode querer fazer uma oferta para que anúncios apareçam sempre que alguém busque "imóvel em San Diego". Mas essa é exatamente a frase que outros corretores em San Diego querem, então o preço sobe. A funcionalidade em tempo real do Google AdWords permite que os clientes mudem as ofertas a qualquer momento, ajudando-os a gerenciar seus orçamentos de anúncios para atingir o maior número de pessoas possível. O veículo de propaganda em tempo real é imensamente popular e gera bilhões de dólares por ano para o Google.

Considere seu próprio mercado. Que tarefa você poderia desempenhar em tempo real? Seus consumidores estariam dispostos a pagar algo mais para conseguir isso mais rápido? Ou há um mercado inexplorado esperando que você forneça algo em tempo real?

Tempo real com o Grateful Dead

Eu sou muito fã do Grateful Dead, tendo ouvido sua música desde o primeiro show que fui, em 1979. O Dead existia desde os primeiros dias de psicodelismo de meados da década de 1960 em São Francisco. Mas, enquanto outras bandas ficavam de lado, o Dead continuou a conquistar novos fãs a cada geração que surgia. Por quê? Como um "Deadhead", minha primeira resposta foi: "Porque a música é diferente de tudo". Mas vestindo o meu terno – e eu não tenho um rabo de cavalo –, eu tenho que admitir que é porque o Grateful Dead tem profissionais de marketing inteligentes.

A partir da década de 1970, o Grateful Dead encorajou as pessoas que iam aos seus shows a gravá-los ao vivo, criando as "seções de gravadores", nas quais os equipamentos dos fãs poderiam ser configurados para obter a melhor qualidade de som. Quando quase todas as outras bandas diziam "não", o Grateful Dead dizia "claro que pode", colaborando com uma enorme rede de pessoas que trocavam fitas nos tempos anteriores à internet.

Milhares de shows em 45 anos de história da banda foram gravados. O Dead sempre improvisa e inventa, então cada show é diferente. Isso significa que fãs fervorosos podem ter centenas de gravações de shows. A banda fica feliz de fazer com que os Deadheads (como os fãs são conhecidos) façam download de graça e façam cópias para amigos. Seja o que for que eles tenham perdido com royalties de CDs, é mais do que compensado pela atração contínua de novos fãs para shows da agenda de turnê sem fim da banda.

Com a morte do vocalista e guitarrista Jerry Garcia em 1995, a banda aposentou o nome Grateful Dead nas turnês. No entanto, eles tocam sob várias nomenclaturas, incluindo The Dead (todos os quatro membros restantes mais outros amigos músicos) e, mais recentemente, como Furthur (o baixista Phil Lesh, o guitarrista Bob Weir e amigos). Em turnês recentes, o Furthur concedeu aos fãs diversas ofertas inovadoras em tempo real de produtos.

Quando estiver indo a um show do Furthur, ou durante o intervalo, você pode ir a uma cabine e pedir uma gravação de alta qualidade daquele mesmo show em CD. E você pode pegá-lo imediatamente após o final da apresentação.

O sistema em tempo real funciona assim. Quando você pede um CD, por cerca de 20 dólares, você recebe uma pulseira especial para usar. Enquanto o show acontece, a equipe de gravação grava uma série de três CDs, finalizando o último logo após a última nota ser tocada. A equipe do CD então trabalha na velocidade da luz para duplicar e embalar o conjunto com três CDs enquanto as pessoas que foram ao show caminham para a saída. Os clientes então formam uma fila para trocar as pulseiras pelos CDs. Isso é o máximo que se pode chegar com relação ao tempo real!

O cara que estava ao meu lado em um show recente em Worcester, Massachusetts, disse que ele comprou o conjunto de CDs porque queria ouvir novamente o show durante sua viagem de volta de três horas de carro até Vermont. Eu gosto da gravação e mixagem de alta qualidade, que, para meus ouvidos, são superiores às gravações caseiras encontradas online.

Em cada parada da turnê de 2009 do The Dead, um livro colecionável, contendo fotografias de Jay Blakesberg, fotógrafo de longa data do Grateful Dead, também estava à venda. Cada livro colecionável de capa dura é exclusivo daquele show em particular. Fãs vão ao Blurb.com para fazer o pedido de um livro do show, e ele chega pelo correio alguns dias depois. Para muitos fãs, um livro como este é mais interessante do que um programa geral, porque apresenta fotos do show a que eles realmente foram.

"A ideia para os livros começou com uma conversa com a gerência do The Dead, particularmente com Jill Lesh, a esposa e empresária de Phil", disse-me Blakesberg. "Ela é uma pessoa muito moderna e queria um produto fotográfico de algum tipo que fosse mais do que apenas o livro de uma turnê. É caro fazer livros de turnês, porque ele é o inventário que você tem que carregar. Nós queríamos fazer um livro que tivesse fotos, como um álbum de cada show."

Blakesberg viajou com a banda e teve acesso total para criar fotos para os livros. "Eu tirei fotos de momentos íntimos desses caras no palco e nos bastidores", diz ele. "Eu consegui capturar aqueles momentos de escolha quando ninguém mais além da banda está no local. É único para a banda me deixar documentar isso e depois compartilhar com os fãs, porque a maioria das pessoas não consegue ir aos bastidores. Você tem o CD do show que você foi e o livro com as fotos deste show. É uma ótima recordação."

Para promover a disponibilidade dos CDs e dos livros instantâneos em tempo real, a banda distribuiu cartões-postais aos fãs. "Em todos os shows, nós distribuímos algumas centenas de cartões-postais nos carros do estacionamento. Eles estavam em todas as mesas com produtos e adornando os assentos reservados no local do show", afirma Blakesberg. "Em mais de 20 shows, havia um monte de cartões--postais informando às pessoas a disponibilidade dos livros e dos CDS."

Com equipes produzindo tanto os CDs quanto os livros em tempo real, você pode imaginar a intensidade da operação nos bastidores. Blakesberg diz que é um desafio enorme para ambas as equipes que compartilham instalações no local. "Depois que o show acaba, nós carregamos as fotos no site do The Dead e em outros sites interessados em cobrir a turnê", diz ele. "Então eu faço uma edição para o livro, escolhendo as fotos e uma foto para a capa de cada parada da turnê."

Embora a criação de livros específicos para o show exija uma velocidade considerável, os CDs precisam ser criados de forma ainda mais rápida. "Eles já estão com dois discos prontos quando o show termina e fazem o terceiro o mais rápido possível", diz Blakesberg. "Eles tinham pilhas de CDs virgens, e essas torres de gravação fariam a compactação e eles colocavam todos lá dentro, apertavam o botão gravar e começavam a fazer bum, bum, bum. Então os CDs saíam, e eles rapidamente os encapavam. Depois eles apressavam a saída dessas caixas, 100 pacotes de CDs por vez, para as mesas com produtos. As primeiras cem pessoas da fila os pegariam. Eles correriam de volta, e os próximos cem pacotes de CDs estariam prontos. E eles fariam tudo isso de novo no curso de 30 minutos até que todo mundo recebesse seus CDs."

A banda também lançou um aplicativo para o iPhone chamado "The Dead Tour 2009 – ALL ACCESS", que incluía a transmissão de áudio de todos os shows da turnê, bem como de vídeos, blogs e fotos tiradas por Blakesberg. Curiosamente, conforme cada show acontecia, Blakesberg tuitava a lista de músicas, para que as pessoas que não estivessem lá pudessem verificar em tempo real quais músicas a banda estava tocando (de uma possibilidade de 150 músicas ou mais que a banda ensaiou para esta turnê). "Meus *tweets* iam direto para o aplicativo do iPhone, então em segundos você sabia o que eles estavam tocando naquele momento", diz ele. "Tanto Phill Lesh quanto Bob Weir são caras muito espertos com relação à tecnologia. Os dois usam iPhone e gostaram bastante do aplicativo."

O aplicativo de iPhone "The Dead Tour" foi destaque na mídia, principalmente em blogs sobre tecnologia. Isso mostra mais uma vez a ideia principal deste livro: aplicativos interessantes em tempo real chamam a atenção. "Nós temos tanta cobertura da imprensa a respeito dessa questão, e isso tem um valor", afirma Blakesberg. "Talvez isso tenha vendido mais 5 mil ingressos para a banda durante a turnê." Com um preço em torno de 45 dólares por ingresso, são quase 250 mil dólares em receita adicional, muito mais do que os custos de desenvolvimento de um aplicativo de iPhone.

O Grateful Dead sempre usou a tecnologia de forma inovadora, e sua cultura de marketing sempre enfatizou a franqueza e a disponibilidade. Portanto, não é de se surpreender que a banda esteja experimentando agora produtos em tempo real. "É legal o fato de eles ainda serem, com 45 anos de carreira, completamente de vanguarda", diz Blakesberg. "Coisas como o aplicativo de iPhone mantêm o The Dead na vanguarda da tecnologia. Mas a campanha intensa, o marketing e a consciência a esse respeito fazem as pessoas pensarem 'Oh, eu quero ver um show deles'."

Os membros restantes do Grateful Dead, uma das bandas mais populares em turnê da história, estão interagindo com os fãs por meio de formas interessantes (e em tempo real), dando acesso continuamente às suas músicas aos novos fãs, mantendo os fãs antigos envolvidos e garantindo que as turnês de hoje frequentemente tenham seus ingressos esgotados.

Para saber muito mais sobre o que cada negócio pode aprender com a banda mais icônica da história, veja meu livro *Marketing Lessons from the Grateful Dead* [lições de marketing com o Grateful Dead], que eu coescrevi com Brian Halligan, CEO da HubSpot.

Produtos em tempo real para o seu mercado

Enquanto você considera uma oferta de produto em tempo real em seu mercado, certifique-se de sair de seu escritório confortável e se reúna com seus possíveis clientes. Tire um tempo para discutir o que as pessoas estão dispostas a pagar para obter um serviço em tempo real. Quanto mais você pesquisar, maior a probabilidade de você ter aquela ideia única para um produto em tempo real de sucesso no qual ninguém pensou.

> Pergunte aos clientes que tipo de pacote Premium eles estão dispostos a pagar por um serviço em tempo real.

Ao falar com muitas empresas que desenvolveram ofertas em tempo real, eu observei que uma ideia tem início mais vezes com os clientes do que com a equipe. Aqueles envolvidos em atividades internas são normalmente muito isolados para imaginar novas ofertas que proporcionam mais do que apenas uma mudança adicional.

Digamos, por exemplo, que uma possível compradora de uma casa mencione casualmente que ela gostaria de saber quando as casas seriam vendidas na vizinhança. Um corretor inteligente responderia tuitando as informações de venda em tempo real.

Empregos incríveis em tempo real?

Em todo o mercado, existe a chance de se reduzir o tempo para realizar as tarefas mais rapidamente. Descubra como fazer isso e você aperfeiçoará uma vantagem competitiva que conquistará novos clientes. Mas, para ter sucesso, você precisa divulgar a vantagem de sua oferta.

A FedEx continua sendo o padrão de ouro a esse respeito. Eles foram os primeiros no ramo de entregas expressas no início da década de 1970, superando o Serviço Postal dos Estados Unidos com relação à velocidade garantida. Mesmo com taxas mais caras, eles atraíram milhões de consumidores com o slogan *"Absolutely, Positively Overnight"* [absolutamente, positivamente expresso].

A FedEx estabeleceu um novo nicho ao perceber um problema. Não era apenas o serviço postal que era muito devagar; os clientes simplesmente não podiam depender do padrão de entrega postal. Eles podiam usar uma máquina de fax naquele tempo, mas ela não entregava documentos originais. Então os clientes mudaram para um provedor que prometeu resolver problemas reais.

O recrutamento – *headhunting* – é outro negócio que historicamente funcionava devagar. Quando uma organização tem uma vaga para preencher, o processo de localizar candidatos adequados e tomar uma decisão com relação à contratação leva meses. Os departamentos de RH são normalmente encarregados de buscar o chamado talento ativo: pessoas que estão ativamente buscando um emprego. Profissionais de RH postam cargos em seus sites corporativos, pesquisam currículos em seus bancos de dados e usam locais com anúncios de vagas de emprego como o Monster. Mas nenhum deles faz algo para encontrar "talentos passivos", ou seja, pessoas que têm habilidades, mas que estão felizes em seus empregos e não estão buscando outros. Então os profissionais de RH contratam *headhunters* para ir mais a fundo. E os cargos permanecem abertos durante meses enquanto eles trabalham em suas redes para encontrar as pessoas certas.

A Hollister Inc., uma empresa de recrutamento baseada em Massachusetts, tem como objetivo fornecer o "Recruiting 2.0", uma estratégia de alcance voltada para os chamados candidatos passivos. "Nós estamos atingindo profissionais que estão empregados com salários bons, mas que possuem habilidades que as empresas que estão contratando desejam", afirma Meg Toland, diretora de marketing e comunicações da Hollister. "Nós temos tido sucesso em atingir candidatos que têm uma menor probabilidade de ver locais com anúncios de vagas de emprego e onde outras agências de emprego simplesmente não conseguem chegar."

A Hollister evita as ligações telefônicas incômodas e que exigem tempo, as preferidas de outras firmas, entrando em contato com os candidatos, em vez disso, por meio de várias comunidades da rede no Twitter, LinkedIn e Facebook. Existem comunidades definidas para cada área em que a Hollister fornece serviços de recrutamento, incluindo contabilidade e finanças, administração, criação e marketing, tecnologia, vendas e recursos humanos.

"Nós reconhecemos que ninguém quer ser aliciado", diz Toland. "Mas todo mundo deseja ter uma rede de contatos, então nós lançamos comunidades locais para Boston. Nós queremos que as pessoas encontrem, digamos, comunidades de marketing em Boston no Facebook, LinkedIn e no Twitter."

As comunidades de rede de contatos profissionais da Hollister na região de Boston incluem:

- *Facebook*: Boston Technology Hub, Boston Creative, Boston Accounting & Finance, Boston HR e Boston Marketing.
- *Twitter*: @BostonHiring, @BostonTechHub, @AccountingMA, @Creative-Boston e @BostonMarketing.
- *LinkedIn*: Boston Creative Group, Boston Jobs, Boston Technology Hub, Boston Marketing Group e Boston HR Leaders.
- *Blogs*: Boston Hiring Blog, Boston Jobs Blog e o Boston Networking Blog.

As pessoas escolhem acompanhar o que está acontecendo por meio da mídia de rede social de sua escolha. Cada comunidade inclui notícias, informações, oportunidades de estabelecer uma rede de contatos, eventos do setor e – claro – informações de emprego. Toland e seus colegas da Hollister entendem que você cria essas comunidades ao compreender o que cada grupo quer (por exemplo, profissionais de marketing em Boston) e fornecendo-lhe isso.

Assim que eles criam um ambiente irresistivelmente direcionado, os *headhunters* podem escolher qualquer "espécie" que estão procurando. Os contadores estão nesta área, os técnicos ali. Para ver quais as pessoas que se destacam, eles apenas têm que ouvir a conversa.

Ao desenvolver comunidades de profissionais de sucesso cada uma delas com determinada vaga de emprego para um candidato ideal em potencial, os recrutadores da Hollister conseguem agir rapidamente para preencher vagas nas empresas dos clientes. Por exemplo, quando um cliente quer candidatos imediatamente, a Hollister pode postar algo do tipo "emprego incrível na área de tecnologia em Boston" no Twitter e em outras mídias sociais para chamar a atenção. "As pessoas clicam rapidamente nas listas de 'empregos incríveis'", diz Toland. "É como se eles não quisessem perder nada. Muitos clicarão no link e se inscreverão para a vaga imediatamente, uma experiência muito diferente para aquele que busca emprego. No entanto, em sites como o Monster, há limitação quanto ao número de posts, porque cada listagem de emprego custa dinheiro. Então não existe uma noção grande de urgência." Observe como a escolha da expressão ("empregos incríveis") informa a possíveis candidatos que essa é uma oportunidade em tempo real que deve ser respondida imediatamente.

O novo modelo direciona muito mais candidatos às vagas também. "O tráfego de nosso site teve em média 2.500 acessos por mês no final de 2008", diz Toland. "Com o Recruiting 2.0, nós percebemos um aumento mensal constante do tráfego qualificado mensurável. Hoje nossas principais fontes de tráfego de referência incluem o Twitter, LinkedIn, Facebook e o Boston Hiring Blog. E os números ainda estão aumentando."

A Hollister recebe pagamento de empresas que usam seus serviços para encontrar talentos. Para os clientes da Hollister, conseguir candidatos qualificados rapidamente (algumas vezes em apenas uma ou duas horas) transforma a maneira como as empresas utilizam os serviços de recrutamento. "Nós frequentemente conseguimos pessoas que querem encontrar imediatamente funcionários para contratar", diz Toland. "O cliente precisa de alguém amanhã. Nós trabalhamos com 24 comunidades de redes sociais diferentes, então nós constantemente colocamos os melhores e mais incríveis empregos na frente das pessoas."

Para a Hollister, considerações em tempo real se mostraram ser uma nova forma de se fazer negócios em um mercado normalmente saturado.

Editora de livro age em tempo real com *Truman fires MacArthur*

Quando o presidente Obama escolheu substituir o general Stanley A. McChrystal, em junho de 2010, após o resultado dos comentários controversos do general em um artigo da Rolling Stone, a mídia estava em polvorosa. Como McChrystal era o principal comandante dos Estados Unidos no Afeganistão, mais de 13 mil matérias da grande mídia e posts de blog foram escritos em apenas alguns dias.

Mas e quanto aos livros? É necessário mais de um ano para escrever e publicar um livro, certo? Então como o autor de um livro pode entrar na briga?

Um e-book em tempo real

Dois dias após a notícia da demissão de McChrystal por Obama surgir, a editora de livros Simon & Schuster lançou um livro chamado *Truman fires MacArthur* [Truman demite MacArthur] no Kindle da Amazon e em outros serviços de livro eletrônico.

Uau, isso é um exemplo incrível de desenvolvimento de produto em tempo real.

Quando o mundo inteiro está focado na demissão de McChrystal por Obama, um historiador fornece um contexto quase instantâneo ao fornecer informações sobre como Truman demitiu MacArthur.

O e-book *Truman fires MacArthur* foi desenvolvido em tempo real como um resumo do livro *Truman*, de 1992, escrito por David McCullough.

A editora Simon & Schuster pegou o conteúdo relacionado do livro inteiro, criou o e-book, colocou um ISBN e o estava vendendo eletronicamente dentro de 48 horas após o surgimento da notícia.

Curso de treinamento para negócio de futuros em tempo real

Hoje é um grande negócio oferecer cursos de treinamento online. Nos mercados financeiros, grande parte da ação está voltada em aprender como ganhar dinheiro fazendo especulação imobiliária: ações, títulos, *commodities*, futuros – no que você pensar, há um curso para você.

Richard Regan, sócio-gerente da Pro Trading Course, desenvolveu um programa de treinamento que é totalmente diferente de todos os seus concorrentes. Regan trabalha no pregão do Grupo CME em Chicago, um dos últimos mercados de leilões aberto. Ali, os corretores ainda trabalham na sala da bolsa, comprando e vendendo com gestos. No entanto, ao mesmo tempo, qualquer um pode comprar e vender eletronicamente; o Grupo CME também é a maior bolsa eletrônica da América. "Nós negociamos de forma eletrônica, mas também temos todas as salas na bolsa bem aqui na nossa frente, todos os gráficos para que saibamos exatamente o que está acontecendo no mercado e o que estamos comprando e vendendo", disse-me Regan quando eu o visitei no pregão.

Regan desenvolveu o Curso Profissional de Negociação, um serviço de pregão virtual online em tempo real para uma instrução moderna sobre negociação no mercado de futuros. Os operadores acompanham as telas reais que Regan está usando e o escutam explicar por meio de uma transmissão de áudio enquanto ele faz negociações ao vivo do pregão do Grupo CME. O serviço é vendido como uma assinatura por 499 dólares por mês e viu um crescimento constante de quase 25 novos clientes por mês.

"Nós somos os únicos realmente aprovados pelo Grupo CME no pregão para fornecer esse serviço de notícias em tempo real, dicas de negociação em tempo real e treinamento", diz Regan.

Os assinantes veem em tempo real as mesmas telas de negociação que Regan usa para negociar futuros. "Eu uso um fone de ouvido com um microfone acoplado para que eles possam ouvir exatamente o que estou fazendo. Eu falo durante todas as minhas negociações, o que estou comprando, o que estou vendendo, e você pode ouvir tudo que estou realmente fazendo em tempo real. Eu verei quaisquer matérias de notícias aqui no Twitter ou em meus serviços de notícias ao vivo e depois as espalharei aos assinantes e descobrirei como tomaremos uma decisão de negociação com base nisso." Regan diz que é como um reality show da TV. Ele faz seu trabalho de negociação, e as pessoas que assinaram para ter o serviço Curso Profissional de Negociação veem tudo o que ele está fazendo e ouvem tudo o que ele está dizendo, tudo em tempo real.

Regan também usa técnicas em tempo real para comercializar seu Curso Profissional de Negociação online. Ele usa seu canal de Twitter para compartilhar dicas gratuitas do mercado que também servem para promover o seu serviço. Na verdade, ele é uma das poucas pessoas que tuítam ao vivo do pregão do Grupo CME. "Durante o dia, o máximo que eu posso e quando o tempo permite, eu coloco posts no Twitter sobre o que estou comprando ou vendendo ou o que está acontecendo no mercado", diz ele. "Conforme as pessoas examinam o extintor de incêndios de informações no Twitter, eles descobrem essas coisas que postei. Se gostarem, eles podem acabar visitando nosso site."

Ele também usa o Twitter como uma forma de se conectar individualmente com possíveis assinantes. "O Twitter proporcionou a oportunidade para as pessoas se conectarem com outras pessoas que antes eram inacessíveis. Alguém de Nebraska vai me mandar uma mensagem perguntando sobre o mercado hoje, e eu vou responder. Nós provavelmente levamos cerca de 1.000 acessos por mês ao nosso site apenas pelo Twitter, e algumas dessas pessoas estão virando assinantes pagos."

Em um mercado cheio que oferece literalmente milhares de formas de aprender sobre negociação de futuros, Regan foi o primeiro a utilizar uma abordagem em tempo real. E os clientes adoram isso. Eu o assisti em ação uma manhã e vi muitas mensagens de "obrigado" chegando enquanto ele explicava uma negociação que fazia com que as pessoas ganhassem dinheiro em tempo real. Em virtude disso, o negócio de Regan está crescendo rapidamente.

Eu não vou dizer qual oportunidade é para você. Deixarei a cargo da sua imaginação. Mas olhe ao redor. Em quase todos os campos do empreendedorismo há uma chance de aproveitar a velocidade em seu benefício e criar um produto ou até mesmo uma empresa inteira a partir disso.

III
FAÇA SEU NEGÓCIO CRESCER AGORA

Na Parte III, nós iremos além das abordagens táticas para vermos como você pode transformar sua organização para que ela funcione em tempo real.

O processo começa com o seu pessoal. Incentive todos da equipe a se comunicar de forma ativa. Dê-lhes confiança, fornecendo a cada pessoa uma liberdade de movimento dentro de claras diretrizes.

Quando o seu pessoal estiver a bordo, transforme sua interface online – site, blogs e outras ferramentas – em uma máquina em tempo real.

Acima de tudo, trata-se de uma mentalidade que tem que começar do topo. Se seus líderes entendem a necessidade da velocidade em tempo real, eles devem dar uma permissão explícita e defender proativamente uma mudança cultural em todos os níveis.

13
DEIXE QUE ELES SE COMUNIQUEM... AGORA

Todas essas novas ferramentas de comunicação são *tão* contestadoras e inquietantes. Elas fazem com que esses bisbilhoteiros, que existem em todos os locais de trabalho e que são responsáveis por olhar sobre os ombros dos outros, pareçam – *gasp!* – que estão perdendo o controle. É por isso que há um debate em curso em empresas do mundo inteiro. Quais os tipos de comunicações as pessoas devem permitir ou talvez encorajar que sejam feitas no trabalho?

Um lado do debate – normalmente liderado pelo RH e o departamento jurídico – insiste que novas formas de comunicação são, no melhor cenário, supérfluas e, no pior, perigosas. Temendo que possam perder o controle, essas pessoas preferem reprimir o uso das mídias sociais no trabalho.

Para ser justo, eu entendo parte do argumento aqui – tudo que os funcionários dizem nas mídias sociais pode ser visto instantaneamente pelo mundo inteiro –, e essa pode ser uma possibilidade assustadora. Lembre-se do cara da pizza que enfiou o queijo no nariz.

Tudo pode dar errado em uma era em que um de seus vendedores – após três martínis – pode tuitar insultos a um repórter do New York Times da cadeira do bar e quando seu potencial parceiro de negócios pode ver, no Foursquare, em quantos bares você foi nesta semana. Dado o que pode acontecer, não é nenhuma surpresa que as pessoas se preocupem com o fato de estarmos um pouco soltos demais na frente de comunicações em tempo real.

Então, novamente, nós já passamos por isso tudo antes. Onde eu trabalhei no final da década de 1980, os executivos da empresa debatiam a inteligência de fornecer

PCs e endereços de e-mail a funcionários No final, os chefes decidiram que somente aqueles com cargos de diretoria poderiam ter um endereço de e-mail porque os peões poderiam "entregar segredos da empresa". E, além disso, eles pensaram: por que funcionários inferiores da empresa precisariam de um e-mail? Não é para isso que serve o telefone e o fax?

É claro que essa bobeira acabou quando o e-mail se tornou onipresente. Hoje, mesmo funcionários de escritórios de uma China que teme informações têm acesso a computadores e e-mails.

Então por que hoje nós estamos ouvindo *exatamente os mesmos argumentos* utilizados para justificar o fato de impedirmos os funcionários de se comunicarem em tempo real?

Com base em pesquisas informais (pessoas que levantaram as mãos em minhas palestras corporativas), eu estimei que 25% das grandes organizações bloqueiam o acesso pelos funcionários das mídias sociais online. E uma porcentagem até maior proíbe seus funcionários de comentar em blogs, fóruns e salas de bate-papo, mesmo como parte de suas funções.

> Para participar de seu mercado neste momento, deixe seus funcionários livres para que se comuniquem em tempo real.

Ao fazer isso, essas organizações colocam ativamente obstáculos para impedir que os funcionários interajam em tempo real. Em uma escala evolucionária que leva ao tipo de cultura corporativa em tempo real esclarecida que este livro defende, isso deve ser classificado como do período do Neandertal.

Aqui estão alguns motivos comuns do porquê de as empresas proibirem comunicações em tempo real:

- As pessoas podem dizer algo inapropriado e prejudicar a reputação da empresa: "E se um estagiário entregar um segredo comercial?"

- O Twitter está simplesmente cheio de conversas fiadas inúteis – nenhum negócio sério acontece ali: "Quem se importa com o que você comeu no almoço?"

- Se as pessoas estão online, isso tomará muito de seu tempo: "Quando eles conseguirão trabalhar de verdade?"

Resultado: é claro que novos campos enormes com potencial para desastre se abriram nos últimos anos – e eles não vão embora *nunca mais*. Então você nunca terá sucesso em eliminar isso com uma proibição. É mais provável que você tenha sucesso nessa nova era com um regime de comunicações que adota a realidade, estimula a participação e leva a um crescimento sustentável. Por meio deste livro, nós vimos pessoas terem sucesso com isso.

Para grandes grupos, a chave para superar esse desafio começa com um conjunto de diretrizes de comunicações em tempo real realista, fácil de entender e de aplicar.

Política de comunicações em tempo real

Desenvolva um código eficaz de comunicações em tempo real e aplique-o de forma ativa em toda a sua organização. Treine, demonstre, discuta e analise esse código até que ele se torne algo natural para todos. Faça com que as pessoas o internalizem de uma forma tão profunda quanto os instintos que lhes dizem quando é seguro virar à esquerda em um semáforo (ou à direita, se forem britânicos). Isso é totalmente possível.

A IBM, a Tesltra e a Força Aérea dos Estados Unidos estão entre as maiores organizações do mundo e dão grandes passos ao criar diretrizes formais para empregados. Para torná-las acessíveis, os três empregadores publicam suas diretrizes online para que todos possam vê-las.

O código da IBM é chamado de *Diretrizes para a Computação Social*. A Força Aérea dos Estados Unidos (USAF) tem a *Nova Mídia e a Força Aérea*. A finalidade de ambas é a mesma: fornecer normas para ajudar os funcionários a interagir com o mercado e os clientes em tempo real – de forma eficaz e responsável.

As diretrizes da IBM incluem todas as formas de instruções úteis. Seja quem você for, tenha cuidado com relação ao modo como você se apresenta nas redes sociais online; respeite as leis de direitos autorais e de uso justo; proteja informações confidenciais e exclusivas; agregue valor; não arranje brigas; e não se esqueça do seu trabalho do dia. Mas a diretriz mais importante do documento da IBM é esta: fale na primeira pessoa do singular. Na verdade, eu acho que falar na primeira pessoa do singular é essencial para entender sobre o que realmente estamos falando aqui.

Quando alguém de sua empresa diz algo em uma rede social usando "nós" (como em "Nós vamos criar um produto e lançá-lo em dezembro!"), os leitores podem achar que isso é um tipo de anúncio corporativo formal, mesmo se a pessoa não está autorizada a falar a respeito do lançamento de produtos. No entanto, quando o mesmo empregado usa a primeira pessoa do singular (por exemplo: "Eu estou trabalhando em um novo produto que está previsto para ser lançado em dezembro!"), isso se torna uma declaração pessoal. Simples e claro.

Incluído na seção, a seguir está o documento com as diretrizes completas da IBM. Por favor, tire um tempo para ler isso; há muitas lições essenciais para se aprender aqui, e o espaço me proíbe de falar sobre cada um delas explicitamente.

DIRETRIZES DE COMPUTAÇÃO SOCIAL DA IBM

Blogs, wikis, redes sociais, mundos virtuais e mídias sociais

Na primavera de 2005, os IBMistas usaram um wiki para criar um conjunto de diretrizes para todos os IBMistas que queriam blogar. Essas diretrizes têm como objetivo fornecer conselhos úteis e práticos – e também proteger tanto os blogueiros da IBM quanto a própria IBM, já que a empresa buscou adotar a blogosfera. Desde então, surgiram muitas novas formas de mídias sociais. Por isso, nós pedimos novamente que os IBMistas reexaminassem nossas diretrizes e determinassem se elas precisavam ser modificadas. O esforço ampliou o escopo das diretrizes existentes, de modo a incluir todas as formas de computação social.

Seguem abaixo as "Diretrizes de Computação Social da IBM" atuais e oficiais, que continuam a se desenvolver à medida que novas tecnologias e ferramentas de redes sociais se tornam disponíveis.

Você já viu algum comportamento ou conteúdo de computação social que não está de acordo com estas diretrizes? Informe conteúdos inapropriados por e-mail.

Introdução
Participação responsável na inovação e no diálogo

Se um IBMista escolher ou não criar ou participar de um blog, wiki, rede social online ou qualquer outra forma de publicação ou discussão online, trata-se de sua própria decisão. No entanto, as plataformas de cooperação online que estão surgindo estão mudando de forma fundamental o jeito que os IBMistas trabalham e interagem uns com os outros, com clientes e parceiros.

A IBM está cada vez mais explorando como o discurso online por meio da computação social pode dar poderes aos IBMistas na qualidade de profissionais globais, inovadores e cidadãos. Essas interações individuais representam um novo modelo: não o de comunicação em massa, mas o de massas de comunicadores.

Portanto, é de grande interesse por parte da IBM – e, nós acreditamos, do interesse de cada IBMista – estar ciente e participar dessa esfera de informações, interação e troca de ideias:

Para aprender: como uma empresa baseada em inovação, nós acreditamos na importância da troca e do aprendizado aberto – entre a IBM e seus clientes e entre os vários constituintes de nossos negócios emergentes e ecossistema social. O fenômeno de rápido crescimento do conteúdo da web criado pelo usuário – blogs, aplicativos da web social e da rede – está trazendo arenas importantes para esse tipo de participação e aprendizado.

Para contribuir: a IBM – como um negócio, como inventora e como uma cidadã corporativa – faz contribuições importantes para o mundo, para o futuro dos negócios e da tecnologia e para o diálogo público em uma ampla variedade de questões sociais. Como nossas atividades de negócios estão cada vez mais voltadas para o fornecimento de uma visão transformadora e uma inovação de alto valor – seja para clientes do negócio ou para aqueles que estão nos setores público, educacional ou de saúde –, passa a ser cada vez mais importante para a IBM e os

(continua)

(continuação)

IBMistas compartilhar com o mundo as coisas entusiasmantes que estamos aprendendo e fazendo e aprender com os outros.

Em 1997, a IBM recomendou que seus funcionários participassem da internet – em um momento em que muitas empresas procuravam restringir o acesso à internet para seus usuários. Em 2005, a empresa tomou uma decisão estratégica de adotar a blogosfera e encorajar os IBMistas a participar. Nós continuamos defendendo o envolvimento responsável dos IBMistas, hoje, nesse espaço de relacionamento, aprendizagem e cooperação de rápido crescimento.

Diretrizes de computação social da IBM: resumo executivo

1. Conheça e siga as Diretrizes de Conduta de Negócios da IBM.

2. Os IBMistas são pessoalmente responsáveis pelo conteúdo que publicam em blogs, wikis ou outras formas de mídia gerada por usuários. Tenha em mente que o que você publica será público por muito tempo – proteja sua privacidade.

3. Identifique-se – nome e, quando pertinente, função na IBM – quando você discutir sobre a IBM ou questões relacionadas à IBM. E escreva em primeira pessoa. Você precisa deixar claro que está falando por você, e não em nome da IBM.

4. Se você publicar conteúdo em qualquer site fora da IBM e que tenha algo a ver com o trabalho que faz ou assuntos relacionados com a IBM, use um termo de responsabilidade como este: "Os posts deste site são de minha autoria e não representam necessariamente as posições, estratégias ou opiniões da IBM".

5. Respeite as leis de direitos autorais, de uso justo e de divulgação financeira.

6. Não forneça informações confidenciais ou outras informações exclusivas da IBM ou de outros. Peça permissão para publicar ou relatar conversas que devem ser particulares ou internas da IBM.

7. Não cite ou mencione clientes, parceiros ou fornecedores sem suas aprovações. Quando você faz uma menção, se possível, vincule-a à fonte.

8. Respeite seu público. Não profira ofensas étnicas, insultos pessoais, obscenidades ou participe de qualquer conduta que não seja aceitável em um ambiente de trabalho da IBM. Você também deve mostrar uma preocupação adequada com relação à privacidade dos outros e a assuntos que podem ser considerados censuráveis ou provocativos – como política e religião.

9. Descubra quem mais está blogando ou fazendo publicações sobre o assunto e cite-os.

10. Esteja ciente de sua associação com a IBM em redes sociais online. Se você se identifica como um IBMista, certifique-se de que seu perfil e o conteúdo relacionado são consistentes com o modo com que você deseja se apresentar a seus colegas e clientes.

11. Não comece brigas, seja o primeiro a corrigir os próprios erros e não altere posts anteriores sem indicar o que você fez.

(continua)

12. Tente agregar valor. Forneça informações e perspectivas importantes. A marca da IBM é representada da melhor forma por seus funcionários, e o que você publica pode ser refletido na marca da IBM.

Diretrizes de computação social da IBM: discussão detalhada

As Diretrizes de Conduta de Negócios da IBM e as leis fornecem a base para as políticas e diretrizes da IBM para blogs e computação social. Os mesmos princípios e diretrizes que se aplicam às atividades dos IBMistas em geral, conforme encontrado nas Diretrizes de Negócios da IBM, são aplicáveis às atividades online dos IBMistas. Isso inclui formas de publicação e discussão online, como blogs, wikis, compartilhamento de arquivos, vídeos e áudios gerados por usuários, mundos virtuais e redes sociais.

Conforme descrito nas Diretrizes de Conduta de Negócios, a IBM respeita totalmente os direitos legais de nossos empregados em todos os países em que atuamos. Em geral, o que você faz em seu tempo livre só diz respeito a você. No entanto, atividades dentro ou fora do trabalho que afetam o desempenho de seu trabalho na IBM, o desempenho dos outros ou os interesses comerciais da IBM correspondem a um foco adequado para a política da empresa.

A IBM apoia o diálogo aberto e a troca de ideias. A IBM considera os blogs e outras formas de discurso online principalmente como uma forma de comunicação de relacionamento entre pessoas. Quando a empresa deseja se comunicar publicamente como uma empresa – seja ao mercado ou ao público geral –, ela possui formas bem estabelecidas para fazê-lo. Apenas aqueles oficialmente designados pela IBM têm autorização para falar em nome da empresa.

No entanto, a IBM acredita em um diálogo entre os IBMistas e nossos parceiros, clientes, membros das muitas comunidades das quais participamos e o público em geral. Esse diálogo é inerente ao nosso modelo comercial de inovação e ao nosso compromisso com o desenvolvimento de padrões abertos. Nós acreditamos que os IBMistas podem tanto extrair quanto fornecer benefícios importantes com trocas de perspectivas.

Um dos principais valores dos IBMistas é a "confiança e responsabilidade pessoal em todos os relacionamentos". Como uma empresa, a IBM confia – e espera – que os IBMistas exerçam a responsabilidade pessoal sempre que participarem das mídias sociais. Isso inclui não violar a confiança daqueles com os quais estão interagindo. Os IBMistas não devem usar essas mídias para marketing ou relações públicas secretas. Se e quando os membros de Comunicações, Marketing, Vendas ou de outras funções da IBM que falam em defesa da sociedade tiverem a autorização de participar das mídias sociais, eles devem se identificar como tais.

O que significa a responsabilidade pessoal de um IBMista em atividades da mídia social online? A mídia social online permite que pessoas compartilhem suas visões, expressem suas opiniões e compartilhem informações dentro do contexto de uma conversa distribuída globalmente. Cada ferramenta e mídia apresenta usos próprios e impróprios. Embora a IBM encoraje todos os seus funcionários a participar de uma conversa global, é importante que os IBMistas que escolherem

(continua)

fazê-lo entendam o que é recomendado, esperado e exigido quando eles discutem tópicos relacionados à IBM, seja no trabalho ou em seu tempo livre.

Conheça as Diretrizes de Conduta de Negócios da IBM. Se estiver confuso sobre se deve ou não publicar algo online, existe uma grande chance de que as Diretrizes de Conduta de Negócios resolvam isso. Preste atenção especialmente no que as Diretrizes de Conduta de Negócios têm a dizer sobre informações exclusivas, sobre evitar declarações falsas e sobre concorrência na área. Se após checar as Diretrizes de Conduta de Negócios você ainda não estiver certo sobre a propriedade de um post, é melhor se abster e buscar a ajuda da gerência.

Seja quem você é. Alguns blogueiros trabalham de forma anônima, usando pseudônimos ou nomes falsos. A IBM não apoia isso em blogs, wikis ou outras formas de participação online que estejam relacionadas à IBM, nossos negócios ou questões das quais a empresa participa. Nós acreditamos em transparência e honestidade. Se você está blogando sobre o seu trabalho para a IBM, nós o encorajamos a usar seu nome verdadeiro, a ser claro sobre quem você é e a identificar que você trabalha para a IBM. Nada chama mais atenção para você no ambiente de mídias sociais online do que a honestidade – ou a desonestidade. Se você tem um interesse especial em algo que está discutindo, seja o primeiro a destacar isso. Também seja inteligente quanto a se proteger e a proteger sua privacidade. O que você publica ficará disponível por muito tempo, então pense no conteúdo com cuidado e também seja prudente quanto a divulgar detalhes pessoais.

Seja cuidadoso sobre como você se apresenta nas redes sociais online. Os limites entre o público e o privado, pessoa e profissional, se misturam nas redes sociais online. Por se identificar como um IBMista dentro de uma rede social, você agora está conectado a seus colegas, gerentes e até clientes da IBM. Você deve garantir que o conteúdo associado a você seja consistente com seu trabalho na IBM. Se você ingressou na IBM recentemente, certifique-se de atualizar seus perfis sociais para que eles reflitam as diretrizes da IBM.

Comunique-se em primeira pessoa. Use sua própria voz; traga sua própria personalidade para o primeiro plano; diga o que vem à sua mente.

Use um termo de isenção de responsabilidade. Caso publique em um blog ou em alguma outra forma de mídia social, deixe claro que o que você diz representa suas visões e opiniões, e não necessariamente da IBM. Você deve incluir em seu próprio blog, o mínimo de vezes possível, o seguinte termo de isenção de responsabilidade padrão: "Os posts deste site são de minha autoria e não representam necessariamente as posições, estratégias ou opiniões da IBM".

Atenção, gerentes e executivos: esse termo de isenção de responsabilidade padrão não isenta por si só gerentes e executivos da IBM de uma responsabilidade pessoal ao blogar. Em virtude de seus cargos, eles devem considerar se os pensamentos pessoais que publicam podem ser mal-interpretados como expressando as opiniões da IBM. E o gerente deve assumir que sua equipe leia o que está escrito. Um blog público não é local de comunicar as políticas da IBM aos seus funcionários.

Respeite as leis de direitos autorais e do uso justo. Para a proteção da IBM, bem como sua própria proteção, é fundamental que você demonstre um respeito adequado às leis que regem os direitos autorais e o uso justo de materiais prote-

(continua)

gidos por direitos autorais de propriedade de outros, incluindo os próprios direitos autorais e as marcas da IBM. Você nunca deve citar mais do que pequenos trechos do trabalho de outra pessoa. E é uma boa prática geral do ato de blogar colocar links para o trabalho de outros. Mantenha em mente que as leis serão diferentes dependendo de onde você mora e trabalha.

Protegendo informações confidenciais e exclusivas. A computação social mistura muitos dos limites tradicionais entre as comunicações internas e externas. Seja cuidadoso com o que você publica – principalmente em plataformas externas. Você deve ter certeza de que não está divulgando ou usando informações confidenciais ou exclusivas da IBM ou de qualquer outra pessoa ou empresa em nenhuma plataforma de computação social online. Por exemplo, peça permissão antes de postar a foto de alguém em uma rede social ou publicar em um blog uma conversa que deveria ser particular.

Desempenho comercial da IBM. Você não deve comentar a respeito de informações financeiras confidenciais da IBM, como futuros desempenhos comerciais, planos de negócios ou clientes em potencial da IBM em todo o mundo. Isso inclui declarações sobre um próximo período trimestral ou períodos futuros ou informações sobre alianças e se aplica a qualquer pessoa, incluindo conversas com analistas de Wall Street, a imprensa ou terceiros (inclusive amigos). A política da IBM é não comentar sobre rumores de forma alguma. Você deve simplesmente dizer "sem comentários" aos rumores. Não negue nem afirme – ou sugira qualquer tipo de negação ou afirmação de formas sutis.

Proteja os clientes, parceiros de negócios e fornecedores da IBM. Clientes, parceiros ou fornecedores não devem ser citados ou mencionados sem aprovação prévia deles. Externamente, nunca identifique um cliente, parceiro ou fornecedor pelo nome sem permissão e nunca discuta detalhes confidenciais do envolvimento com um cliente. Plataformas internas de computação social permitem que os fornecedores e parceiros de negócios participem, então seja sensato com quem verá o seu conteúdo. Se um cliente não tiver fornecido uma permissão explícita para o uso de seu nome, pense cuidadosamente sobre o conteúdo que você irá publicar em qualquer mídia social interna e obtenha a permissão adequada, se necessário.

É aceitável discutir detalhes gerais sobre tipos de projetos e usar pseudônimos que não identificam clientes (por exemplo, Cliente 123), desde que as informações fornecidas não façam com que seja fácil para alguém identificar o cliente ou violar quaisquer acordos de não divulgação ou de propriedade intelectual que possam estar em vigor com o cliente. Além disso, o seu blog ou a rede social online não é o lugar para realizar negócios confidenciais com um cliente.

Respeite seu público e seus colegas de trabalho. Lembre-se de que a IBM é uma organização global com funcionários e clientes que refletem um conjunto diverso de costumes, valores e pontos de vista. Não tenha medo de ser você mesmo, mas faça isso de forma respeitosa. Isso inclui não apenas o óbvio (sem ofensas étnicas, insultos pessoais, obscenidade etc.) mas também uma preocupação adequada com a privacidade e os tópicos que podem ser considerados censuráveis ou provocantes – como política e religião. Por exemplo, se o seu blog está hospedado em uma propriedade detida pela IBM, evite esses tópicos e foque em assuntos relacionados aos negócios. Se seu blog tiver hospedagem própria, use seus melhores critérios e não se esqueça de deixar claro que as visões e opiniões expressadas são somente suas e não representam as opiniões oficiais da IBM. Além disso, blogs, wikis, mundos virtuais, redes sociais e outras ferramentas hospedadas fora de um ambiente de intranet protegido da IBM não devem ser usados para comunicações internas entre colegas funcionários. Não tem problema se os IBMistas não concordarem com algo, mas, por favor, não usem seus blogs externos ou outras mídias sociais online para expressar suas diferenças de uma forma inapropriada.

Agregue valor. A marca da IBM é mais bem representada por suas pessoas, e tudo que você publica reflete nela. Blogs e redes sociais hospedados em domínios detidos pela IBM devem ser usados de uma forma que agregue valor ao negócio da IBM. Se isso ajuda você, seus colegas de trabalho, nossos clientes ou nossos parceiros a fazer seus trabalhos e a resolver problemas; se isso ajuda a aumentar o conhecimento e as habilidades; se isso contribui direta ou indiretamente com a melhora dos produtos, processos e políticas da IBM; se isso cria um senso de comunidade; ou se isso ajuda a promover os Valores da IBM, então isso está agregando valor. Embora não estando diretamente relacionadas ao negócio, as informações básicas que você escolhe compartilhar sobre você, como informações sobre a sua família ou interesses pessoais, podem ser úteis para ajudar a estabelecer um relacionamento entre você e seus leitores, mas depende totalmente de você compartilhar ou não estas informações.

Não arranje brigas. Quando você vir declarações falsas feitas sobre a IBM pela mídia, analistas ou outros blogueiros, você pode certamente usar seu blog – ou participar do blog de outra pessoa para indicar isso. Sempre faça isso com respeito, atenha-se aos fatos e identifique sua afiliação adequada com a IBM. Além disso, se você falar sobre um concorrente, você deve ter certeza de que o que está dizendo é verdade e que isso não desmerece o concorrente. Evite argumentos desnecessários ou improdutivos. Brigas podem gerar tráfego, mas ninguém ganha no final. Não tente se vingar ou incitar concorrentes ou outras pessoas a participar de debates exaltados. Aqui e em outras áreas de discussão pública, certifique-se de que o que você está dizendo está realmente correto.

Seja o primeiro a responder com relação aos seus próprios erros. Se cometer um erro, seja honesto sobre ele e corrija-o rapidamente. Em um blog, se você optar por modificar um post antigo, deixe claro que você fez isso.

Use seu melhor julgamento. Lembre-se de que sempre há consequências para o que você publica. Se você está prestes a publicar algo que o faça sentir um pouco incomodado, reveja as sugestões anteriores e pense o porquê disso estar acontecendo. Se você ainda estiver inseguro, e isso estiver relacionado ao negócio da IBM, fique à vontade para conversar sobre isso com o seu gerente. No final, entretanto, você é que tem a responsabilidade exclusiva pelo que posta em seu blog ou publica em qualquer forma de mídia social online.

Não se esqueça de seu trabalho diário. Você deve se certificar de que suas atividades online não interfiram em seu trabalho ou seus compromissos com clientes.

As diretrizes da IBM me interessam mais quando falam sobre como as ferramentas em tempo real atuais mudaram a comunicação; isso, mais a forma como esse documento encoraja os funcionários da IBM para que adotem as mudanças. Esta parte realmente chamou a minha atenção:

> As plataformas de cooperação online que estão surgindo estão mudando de forma fundamental o jeito que os IBMistas trabalham e interagem uns com os outros, com clientes e parceiros. A IBM está cada vez mais explorando como o discurso online por meio da computação social pode dar poderes aos IBMistas na qualidade de profissionais globais, inovadores e cidadãos. Essas interações individuais representam um novo modelo: não o de comunicação em massa, mas o de massas de comunicadores. Portanto, é de grande interesse por parte da IBM – e, nós acreditamos, do interesse de cada IBMista – ficar ciente e participar dessa esfera de informações, interação e troca de ideias.

Em uma escala evolucionária que classifica aqueles que proíbem a participação em tempo real como Neandertal, a IBM está no topo. Isso é o mais evoluído e esclarecido que se pode ser. Bravo, IBM! Vamos esperar que outros sigam seu exemplo.

De onde a IBM tirou isso? Como eles juntaram isso? Assim que eu li as diretrizes, eu tive que descobrir.

"As diretrizes foram criadas por colaboradores importantes de redes sociais, como blogueiros, pessoas que fazem vídeos e participam de redes sociais", afirma Tim Washer, diretor de produções de mídias sociais para a IBM em todo o mundo. Washer fez parte da equipe que desenvolveu o documento. "Assim que nós criamos as diretrizes, nós as mostramos ao pessoal do departamento jurídico e de RH. Nós conseguimos que as diretrizes iniciais para blogueiros fossem aprovadas pelo RH e pelo departamento jurídico em 48 horas. Isso é incrível e diz muito sobre o quão importante é deixar que os IBMistas se exponham e se comuniquem com o mundo."

Antes das *Diretrizes de Computação Social*, a IBM já tinha as *Diretrizes de Conduta de Negócios*, um código de conduta que todos os 400 mil funcionários da IBM usam para lidar com incertezas éticas e outras questões de comportamento profissional. Por exemplo, muitos funcionários da IBM criam tecnologia patenteada e informações exclusivas, então as regras para a divulgação de informações privilegiadas já foram tratadas nas *Diretrizes de Conduta de Negócios* da IBM. Isso fez com que o desenvolvimento das diretrizes para comunicação em tempo real fosse mais fácil, porque era um documento de continuação.

"A IBM quer que os IBMistas se comuniquem", diz Washer. "Uma grande parte de participar da comunidade é se sentir confortável com o que você pode dizer ou não, então nós quisemos estabelecer os limites. Se você se identifica como um IBMista, então você precisa seguir as diretrizes. A orientação que oferecemos é que, se você fornecer uma perspectiva sobre um assunto que tenha algo a ver com a IBM, nós queremos que você fale como um IBMista."

Como desenvolver diretrizes de comunicações em tempo real

Você não precisa trabalhar em uma empresa com 400 mil funcionários como a IBM para se beneficiar das diretrizes de comunicações em tempo real. Eu acho que qualquer organização (até mesmo uma com apenas uma dúzia de pessoas) deve ter um conjunto de diretrizes em vigor. As diretrizes significam que os funcionários sabem que eles têm a liberdade para se comunicar em tempo real quando a oportunidade surge. Então aqui vai um conjunto de oito etapas para criar e implementar diretrizes para a sua organização:

1. Faça com que os envolvidos (executivos seniores, RH, RP, departamento jurídico etc.) concordem inicialmente que essas diretrizes são necessárias. Explique a importância de se comunicar em tempo real e a necessidade para regras abrangentes que rejam o que pode ser feito no trabalho. Chegar a esse entendimento inicial deve fazer com que você obtenha a autoridade para realmente elaborar as diretrizes.

2. Selecione uma equipe com cerca de seis pessoas para elaborar as diretrizes. Encontre pessoas que são comunicadores ativos de diferentes áreas da empresa.

3. Estude quaisquer diretrizes corporativas relevantes que já estejam em vigor (por exemplo, o manual do funcionário), como a IBM fez com as *Diretrizes de Conduta de Negócios*. Muitas das questões a serem tratadas podem já estar cobertas pelas diretrizes. Em outros casos, pode haver políticas que contradizem o que você quer fazer (como as proibições de algumas empresas de comunicação online sem uma verificação prévia do departamento jurídico, o que acaba com o elemento da velocidade). Algumas políticas existentes podem precisar ser alteradas.

4. Ao criar suas diretrizes, estude com atenção as *Diretrizes de Computação Social* da IBM, as *Novas Mídias e a Força Aérea* e outras como estas. Adapte-as para seu ambiente regulatório, sua cultura corporativa e seu mercado.

5. Compartilhe suas diretrizes elaboradas com os envolvidos (listados anteriormente) e obtenha suas aprovações. Se você começou com uma aceitação prévia suficiente (veja a Etapa 1), isso deve ser tranquilo.

6. Incorpore o *feedback* sem ser obstruído pelo processo. Você não quer que este projeto morra por causa de uma edição sem fim.

7. Publique as diretrizes em sites internos e, se puder, externamente, da forma como a IBM e a Força Aérea dos Estados Unidos fazem.

8. Comunique as diretrizes a todo mundo em sua organização até que ela se torne natural.

Publicando suas diretrizes

A Telstra, a maior empresa de telecomunicações da Austrália, é outra organização que criou diretrizes para comunicações em tempo real e as publicou para que todos vissem. Os *3Rs da Participação nas Mídias Sociais da Telstra* falam sobre a comunicação em tempo real nos termos de três princípios básicos: representação, responsabilidade e respeito. O documento dos *3Rs* é apresentado no formato de uma revista em quadrinhos – certamente uma abordagem envolvente para fornecer informações aos funcionários. Disponibilizar essas diretrizes publicamente mostra que a empresa acredita na participação em tempo real e quer que seus membros saibam disso.

Eu fiquei intrigado pela forma com que a Telstra escolheu divulgar as diretrizes para mais de 40 mil funcionários em todo o mundo. Não só o documento em si foi publicado sob o formato de uma revista em quadrinhos como um módulo sobre os *3Rs* também foi incluído no vídeo que a empresa usa para o treinamento de seus funcionários. Um pequeno clipe de introdução do vídeo de treinamento está até no YouTube para que qualquer um o veja[1].

A experiência da Telstra mostra que não é o bastante apenas publicar as diretrizes como algo que vai ficar nas prateleiras. Os empregados têm que internalizar as regras até o ponto em que eles, mesmo quando estiverem extremamente cansados e irritados, vão se impedir de ultrapassar os limites. Criar formas interessantes para levar a mensagem para casa vale o esforço.

Encorajando as comunicações

O governo britânico também publicou diretrizes encorajando o uso da comunicação em tempo real entre os funcionários públicos. Eu tive a oportunidade de discutir as diretrizes com John Suffolk, diretor de informações do governo de Sua Majestade, a Rainha.

"Elas dizem, vá e blogue", ele resume. As diretrizes dizem para tratar as pessoas com respeito e reconhecer que suas palavras podem ser interpretadas de uma forma bem diferente da que você pretendia. Elas também previnem os burocratas contra

---

[1] http://youtu.be/XoWTZgq7q-l e http://youtu.be/FIUSEkuYJso.

comentário sobre políticas que estão sendo redigidas. "Você somente deve blogar a respeito de coisas que já são de domínio público ou estão autorizadas pelo governo, tendo passado pelos canais parlamentares adequados."

Suffolk citou Membros do Parlamento e oficiais do governo que estão ativos no Twitter e usando outras ferramentas de redes sociais. "Nós não estamos dizendo que você deve usar todas as ferramentas que existem; o que estamos dizendo é para usar as ferramentas que são adequadas para você, as que o ajudarão a interagir com cidadãos e entender quais são as suas necessidades, porque isso ajuda a criar uma política melhor."

Um uso fascinante da participação em tempo real do governo é que muitos documentos estratégicos e políticos estão abertos para comentário do público, usando as ferramentas sociais, à medida que estão sendo redigidos. "Por exemplo, eu publiquei a Estratégia de ICT [tecnologia da informação e comunicação] do governo há três semanas. Não há problemas em responder por parágrafo", diz Suffolk. "Você pode ir e comentar cada parágrafo dessa estratégia. Nós ficamos realmente felizes de obter opiniões de pessoas de todo o mundo sobre o que elas pensam a respeito de tudo isso."

Solicitar comentários de cidadãos em tempo real sobre as políticas que afetam suas vidas é, na minha opinião, o começo de uma tendência positiva. Eu espero ver outros governos pelo mundo seguindo a orientação da Grã-Bretanha quanto à democracia em tempo real.

Quando alguém do grupo se desgarra

A H&R Block está se comunicando ativamente nas redes sociais desde 2007. A especialista em preparação do imposto de renda tem uma "política de mídias sociais" em vigor e lançou uma equipe de envolvimento em mídias sociais na temporada fiscal de 2009.

"Nossa organização de Serviços de Atendimento ao Cliente, com a orientação de nossa Equipe de Mídias Sociais, está respondendo de forma ativa a questões, problemas e comentários relacionados ao serviço de atendimento ao cliente pelo Twitter, Facebook e outros sites de redes sociais", disse-me Zena Weist, diretora de mídias sociais na H&R Block.

"Nosso momento 'ah-ha!' veio na manhã seguinte do dia da entrega da declaração de imposto de renda [15 de abril de 2010]", diz Weist. "Um associado da H&R Black para serviços de atendimento ao cliente, que eu chamarei de Joe, desobedeceu às ordens no Twitter. Ele estava 'se divertindo' tentando provocar seus colegas de trabalho pedindo a seus seguidores que o contatassem diretamente pelo número do *call center*. O que Joe não sabia era o impacto que tiveram seus *tweets*. Pessoas que estavam buscando pela H&R Block online se depararam com *tweets* 'apenas para se divertir' em seus resultados de busca."

Como Weist e sua equipe de mídias sociais monitoram ativamente comentários relacionados a impostos online, eles ficaram sabendo assim que Joe começou a postar. "O que Joe não sabia é que nós tínhamos uma equipe monitorando e respondendo a dúvidas dos serviços de atendimento ao cliente nas redes sociais", afirma ela. "Dentro de 10 minutos, nossa equipe de envolvimento em mídias sociais tinha identificado e contatado Joe e o seu gerente. Cerca de uma hora depois, Joe apagou seus *tweets*."

Então, qual foi o momento surpresa da equipe de Weist? "Nós estávamos focando na comunicação com nossos clientes e nos esquecemos de atualizar todos os nossos associados. É claro que nós tínhamos considerado todas as possibilidades quando lançamos nossa política de mídias sociais – nós tínhamos fornecido a todos os nossos associados acesso a ela, e era fácil consultá-la pela nossa intranet. Nós tínhamos discutido o lançamento de nossa equipe de envolvimento de mídias sociais para serviços de atendimento ao cliente com as principais equipes. O que nós não focamos foi 'What's In It For Me' (WIIFM) [o que isso tem a ver comigo] para todos os associados."

Naquela tarde, Weist rapidamente enviou um e-mail a todos os associados da H&R Block. Ele explicava que a equipe de mídias sociais estava acompanhando ativamente online como a equipe de envolvimento para serviços de atendimento ao cliente estava lidando com dúvidas online e como tudo isso afetava os associados.

Um aspecto importante de ter diretrizes de comunicações em tempo real em vigor é se certificar de que os funcionários sabem sobre elas, compreendem-nas e seguem-nas. Quando alguém se desgarra, como o "Joe" da H&R Block, é fundamental acompanhar imediatamente. No caso do Joe, foi um erro sem qualquer malícia envolvida. Ele se desculpou, e lições importantes foram aprendidas por todos os envolvidos. No entanto, em casos mais graves, seus funcionários do RH podem precisar se envolver, e medidas disciplinares podem ser tomadas conforme a necessidade.

Diretor de comunicações em tempo real

Eu acredito tanto na importância das comunicações em tempo real que eu tenho uma proposta importante para recomendar aqui: Crie um novo cargo sênior chamado "diretor de comunicações em tempo real".

Eu vejo uma necessidade legítima de uma pessoa de alto nível para um grande número de empresas. Em grandes negócios, esta pessoa seria ajudada por uma equipe de "administradores de comunicações em tempo real". O desafio é equivalente a pontos de inflexão similares que levaram à criação de diretores executivos no fim da década de 1980 e dos *webmasters* na década de 1990.

O papel das comunicações em tempo real viria com a responsabilidade de se fornecer liderança e coordenação para uma variedade de atividades em tempo real, começando com a criação das diretrizes da empresa. Isso incluiria um mandato para garantir a conformidade e a consistência com essas diretrizes, quando estas forem estabelecidas.

Em minhas viagens, eu conheci muitos executivos que lutam para descobrir como implementar as comunicações em tempo real em suas organizações. A consistência e a liderança fornecidas pela pessoa que ocupa essa nova função poderiam ajudar a reduzir muito da ansiedade ao redor dessas práticas. Em organizações maiores, isso pode ser muito trabalho para uma pessoa só, então o mais apropriado pode ser uma equipe de pessoas.

Deixe-me comentar por um momento a respeito do verdadeiro nome do cargo. Algumas organizações contrataram "administradores de mídias sociais" ou "estrategistas de mídias sociais". Embora essas descrições de emprego descrevam funções similares às que proponho, eu acho importante a escolha do nome. Nomear um diretor de comunicações em tempo real reconhece que, enquanto as mídias sociais são ferramentas, a "comunicação em tempo real" é uma mentalidade. E essa mentalidade é a peça fundamental.

A reação a esta proposta tem sido animadora até agora. Quando eu comecei a explorar essas ideias no meu blog em setembro de 2009, as pessoas de lugares tão distantes como Austrália e África do Sul participaram da conversa.

Juntos, nós fizemos o *crowdsourcing* do que essa função deveria ser. Isto é o que meus leitores e eu concluímos:

Descrição do emprego de comunicação em tempo real

- Sirva como um ponto de coordenação central entre departamentos para estratégia e táticas de comunicação em tempo real.
- Esteja ciente de questões legais, regulatórias e de conformidade dentro da estrutura organizacional – questões com relação aos direitos autorais e propriedade intelectual, por exemplo.
- Dissemine conhecimento sobre as ferramentas, técnicas e filosofias da comunicação em tempo real.
- Atue como o principal ponto de contato e órgão centralizador para questões que estão surgindo e que afetem a organização na grande mídia e nas mídias sociais.
- Garanta uma presença consistente da empresa nas mídias sociais – com relação à impressão da marca, à frequência de atualização e às permissões.

- Fique atento a sites enganosos aparecendo com o uso da marca da empresa. Inicie a ação de excluir conforme a necessidade.

- Forneça conselhos sobre análise das mídias sociais e monitoramento e sobre ferramentas de avaliação. Garanta a escolha e a implementação adequadas das ferramentas apropriadas.

- Certifique-se de que a empresa monitore e responda em fóruns adequados em tempo real.

- Preencha papéis-chave no planejamento e na execução da comunicação de crise.

- Aconselhe, treine, instrua e oriente outros funcionários a respeito da comunicação em tempo real.

- Trabalhe de perto com a equipe que opera sites corporativos para garantir que os componentes em tempo real sejam implementados.

- Lidere esforços para publicar e distribuir diretrizes de comunicação em tempo real.

- Mantenha uma lista dos blogs pessoais relacionados ao trabalho dos funcionários e disponibilize-a ao público no site da empresa.

- Esteja pronto para trabalhar em um ambiente interfuncional e intercultural.

Então onde a equipe de comunicação em tempo real presta as contas? Na IBM e na Força Aérea dos Estados Unidos, as diretrizes foram criadas e são mantidas nos departamentos de comunicação (assuntos públicos). Alguns dizem que a equipe de comunicações em tempo real deve ser uma função de TI, mas eu acho que ela se encaixa melhor nas RPs ou no marketing. Não importa onde fique, as pessoas contratadas para desempenhar essas funções devem ter um conhecimento profundo sobre o funcionamento da comunicação moderna.

Deixe os funcionários se comunicarem agora

Assim que você tiver as diretrizes e a equipe de comunicação em tempo real a postos, dê-lhe uma autoridade independente o bastante para realizar seus trabalhos! Se você fez o trabalho direito, sua equipe em tempo real não precisa correr para o departamento jurídico sempre que alguém planejar fazer um post para um blog. Se uma empresa confia em seus funcionários e entende que a comunicação em tempo real é um aspecto importante dos negócios de hoje, então é função dos advogados criar um ambiente em que isso possa acontecer.

É bem provável que muitos de seus funcionários já sejam ativos nas mídias sociais, nunca mencionando onde trabalham. Assim que você der permissão para que as pessoas se comuniquem de forma ativa, livre e em tempo real, elas ficarão empolgadas em interagir com o mercado! Você pode se surpreender com o que eles podem conquistar.

14
COMO O SEU SITE SE TORNA
UMA MÁQUINA EM TEMPO REAL

Os sites se tornaram tão onipresentes que é difícil acreditar que eles estão conosco por menos de 20 anos. Foi o surgimento, em 1994, do navegador World Wide Web que deu origem ao site. Desde então, eles passaram por quatro estágios de evolução:

1. No começo, os sites eram apenas "ferramentas de panfletos", versões online de catálogos de venda, perfis corporativos, relatórios anuais e outras garantias impressas.

2. Assim que as pessoas perceberam que podiam acrescentar mais conteúdo sem obter uma enorme conta com impressão, a partir de 1997, a publicação online proliferou na era de "Conteúdo é Rei".

3. Por volta da virada do milênio, conforme as ferramentas de busca se tornavam a principal forma de acessar informações online, os negócios focavam em "estratégias de otimização de ferramentas de busca" para dirigir o tráfego para seus sites.

4. Conforme os consumidores aprenderam a usar ferramentas de busca como poderosas ferramentas de pesquisa, eles naturalmente começaram a recompensar as empresas que pensavam como publicadores de informações, e não como anunciantes de produtos. Eu escrevi sobre essa nova forma de fazer negócios em meu livro, de 2007, *The new rules of marketing & PR*.

Agora, nós estamos entrando na quinta era da evolução: a transformação do site em uma máquina de marketing (e vendas) em tempo real. Trata-se do resultado evolucionário natural de um processo que teve início com uma nova forma de passar panfletos por baixo das portas das pessoas.

Nós estamos chegando a um lugar em que a presença online está tangivelmente *viva*. Como ao andar em uma loja física, você imediatamente encontra pessoas reais. Elas dão boas-vindas e o cumprimentam pelo nome ou se apresentam. Se você faz uma pergunta, elas respondem imediatamente e de forma contextualizada – não com uma lista de Perguntas Frequentes. De lá, você pode pesquisar calmamente as estantes e fazer sua compra – sem ter que enfrentar fila ou falar com os funcionários. Mas, no momento em que você parece em dúvida, um assistente de venda perspicaz corre para oferecer ajuda.

Todos nós sabemos o que esperar em uma experiência de vendas em tempo real – nós vivemos isso todos os dias em pontos de venda físicos. Eu fico impaciente se tenho que esperar mais do que alguns minutos pela ajuda de um assistente de vendas (quando eu quero um). E eu fico irritado quando estou apenas olhando e um vendedor insiste em me incomodar. Mas, se eu tiver uma dúvida e o vendedor responder a minha pergunta com uma lista de Perguntas Frequentes, eu sairia da loja e nunca mais voltaria.

> **As expectativas online dos consumidores estão aumentando. Assim como ninguém tolera esperar por uma hora ou respostas automáticas em uma loja física, eles não vão tolerar isso na web.**

Até agora, os consumidores ficaram tão impressionados com o poder de pesquisa da experiência online que eles toleraram respostas automáticas e mais demoradas. No entanto, inevitavelmente as expectativas aumentarão, e não diminuirão. E isso faz do tempo real um padrão inevitável que seu site deve atingir mais cedo ou mais tarde.

Olhando ao redor, eu não encontro muita prova de que o negócio, grande ou pequeno, está vendo o que está acontecendo. Muitas organizações ainda estão presas na era de ferramentas de panfletos, quando a resposta no dia seguinte ou na semana seguinte era aceitável.

Então, neste capítulo, nós veremos como envolver as pessoas no *exato momento* em que elas estão interessadas no que você tem a oferecer.

Responda agora, enquanto os clientes estão entusiasmados

É fácil para um negócio de uma pessoa só responder a dúvidas em tempo real – principalmente durante uma recessão. Quando as coisas estão lentas, você fica olhando para o telefone e verifica seu e-mail várias vezes por hora. Você agarra qualquer oportunidade quando ela chega. Mas o que acontece quando você está ocupado? E como você lida com as coisas se você dirige uma empresa global com milhares de funcionários?

A resposta é a automação.

Por automação, eu não quero dizer esses respondedores automáticos estúpidos, impessoais ou frustrantes que "acompanham" mensagens de e-mail fabricadas. A máquina de resposta da web em tempo real da qual estou falando usa a automação de forma inteligente para ajudar pessoas a responderem perguntas à medida que elas chegam.

Se o resultado satisfatório a cada pergunta de um cliente de seu negócio envolve uma grande etiqueta de preço ou uma receita significativa a longo prazo, você provavelmente necessita dessa capacidade imediatamente. Se você vende ofertas business-to-business, você precisa disso. Se você vende carros ou imóveis, você precisa disso. Se você busca pais que estão dispostos a gastar 100 mil dólares ou mais para mandar seus filhos para a sua faculdade, você precisa disso. Se você busca doações generosas para o seu esforço de caridade ou campanha política, você precisa disso.

Você precisa disso porque, quanto mais cedo você obtém o interesse de seu cliente, maior a probabilidade de você ganhar no final. E hoje este interesse normalmente começa com uma busca na web quase espontânea.

Alguém menciona a faculdade Kenyon em uma festa, então você a procura no Google só para ver se poderia ser adequada para a sua filha. Ou você acaba vendo uma foto da Madonna saindo de um Maybach[2] e se pergunta: "Quanto será que custa um carro como esse?". Se você obtém a primeira fagulha do interesse de uma pessoa, você tem a oportunidade de inflamar sua curiosidade e aumentar seu desejo.

Para saber mais sobre automação de resposta em sites, eu falei com Mikel Chertudi, vice-presidente de marketing de demanda na Omniture, uma unidade de negócios de análise de marketing online e web da Adobe.

"Quando você contata as pessoas rapidamente, a propensão de fechar esse negócio cresce de forma astronômica", disse-me Chertudi. "Digamos que você está interessado em um novo celular. Talvez você queira um BlackBerry Curve ou um iPhone, e você está procurando um revendedor local. Quando você entra em um site, você preenche um formulário que diz 'Estou interessado, entre em contato comigo'. Mas se a empresa demora dois ou três dias para responder, existe uma chance de que ela não conseguirá falar com você, porque você não está em seu escritório, não está em casa ou já fez a compra em outro lugar. Mas, se eles pudessem lhe responder dentro de cinco minutos, quando você ainda está pensando nisso, isso aumentará bastante a probabilidade de uma venda."

Chertudi diz que o processo de automação deve reunir duas informações importantes. Saber o verdadeiro lugar em seu site em que a pessoa expressou seu interesse permite que você responda dentro do contexto. Da mesma forma, é importante saber a natureza da oferta que interessa o consumidor em potencial. Se ele ou ela fez o download de um guia ou de um e-book, seus vendedores precisam saber disso.

---

2   Uma das marcas de carro mais luxuosas do mundo. (N.T.)

Munido dessas informações, a automação toma conta. "Uma pergunta pode enviar um alerta em tempo real ao vendedor de uma empresa, e ele pode apenas pegar o telefone", afirma Chertudi. "Você pode ter a oportunidade de venda injetada automaticamente no teclado de um telefone. Pode-se até contatar o celular do vendedor, e então conectar o visitante do site e o vendedor em tempo real. Ou o sistema pode mostrar um alerta de e-mail avisando ao vendedor o que o visitante deseja, então você terá imediatamente uma base contextual para uma conversa. Tudo isso pode ser automatizado."

A chave para esse tipo de automação é que a informação que chega ao site está ligada, por meio de um processo automatizado, a sistemas internos para a interação com consumidores. Os links ocorrem por trás da cena, alertando os vendedores para um acompanhamento em tempo real. Em outras palavras, a expressão de interesse pelo possível consumidor aciona uma ação da empresa no sistema de gerenciamento de relacionamento com o cliente (CRM) e no sistema de automação da força de vendas (SFA). O aspecto mais importante é o ponto de acionamento – o ponto em que alguém realmente levanta sua mão ao preencher um formulário de contato ou ao responder uma oferta. Por exemplo, sempre que alguém se inscreve para um *webinar*[3], responde a uma pesquisa ou faz o download de um relatório de pesquisa, essa ação deve acionar uma resposta.

Chertudi diz que as melhores ofertas do site são aquelas que facilitam a ação. "Quando as pessoas que têm agendas muito cheias querem saber, agora, neste momento, a resposta para uma pergunta, isso é o melhor", diz ele. "Quando você sabe pelo contexto no que está baseada a intenção dessa pessoa, o que ela está procurando em seu site, você consegue responder em tempo real, envolvê-los ainda mais, criar uma demanda e acelerar o ciclo de venda."

Dados dos clientes da Omniture sugerem que empresas fecham mais negócios não quando elas atendem às necessidades dos consumidores em vários dias (o que é normal), mas quando atendem dentro de cinco minutos.

Saiba quando ela está pronta para você

Um ótimo exemplo de um acompanhamento em tempo real é a Bella Pictures, uma empresa que fornece fotógrafos de casamento em 36 mercados nos Estados Unidos, incluindo Los Angeles, São Francisco e Chicago. Eu perguntei à Teresa Almaraz, gerente de marketing de canal na Bella, como eles conseguem pegar o buquê da noiva.

A Bella trabalha em conjunto com grandes sites de informações sobre casamento, como o The Knot e o David's Bridal, e usa o marketing de ferramentas de

---

[3]   Seminário realizado pela internet. (N.T.)

busca para atrair consumidores. O próprio site da Bella apresenta ofertas, como um concurso para ganhar um pacote de fotos de casamento de 4.800 dólares e uma sessão de fotos gratuita de noivado. Uma oferta legal é a ferramenta de estilo que permite que as noivas (sim, são quase sempre noivas; os meninos não crescem sonhando com casamentos) classifiquem 20 fotos com certas características, como ambiente interno ou externo e com pose ou casual.

"As noivas adoram classificar fotos", afirma Almaraz. "Então a ferramenta revela quais tipos de fotos são melhores [para elas] com uma linguagem do tipo 'Oh, você está mais para uma noiva romântica'."

Sempre que uma futura noiva usa uma das ferramentas ou responde a uma oferta, é feita a ela uma série de perguntas de cadastro. As respostas são armazenadas nos sistemas automatizados da Bella Pictures. Almaraz diz que a empresa criou um sistema de pontuação de clientes potenciais em tempo real com base em dados obtidos a partir do Salesforce.com (sistema de CRM da Bella Pictures) e do Eloqua (o sistema de automação de marketing da empresa).

"O modelador de negócios usou estatísticas para nos informar qual a probabilidade de alguém marcar uma hora com base em diferentes variáveis", afirma ela. "Nós então colocamos os dados obtidos de cada pesquisa no Eloqua, que prioriza as melhores oportunidades para a nossa equipe de vendas."

De um ponto de vista de resposta em tempo real, duas perguntas são as mais importantes indicadores de urgência: (1) Você está com a data do casamento agendada? (2) Você já escolheu um local para a recepção? Quando a resposta para ambas as perguntas é "sim", o sistema marca essa pesquisa para uma resposta rápida, porque respostas positivas indicam que alguém está pronto para contratar um fotógrafo *imediatamente*. Casamento tem a ver com um ritual – e os rituais são muito previsíveis.

"Nossas oportunidades de venda são perecíveis", afirma Almaraz. "Quando as pessoas estão realmente adquirindo serviços de fotografia, elas às vezes se encontram com cinco ou seis fotógrafos diferentes. Então contatá-las pelo telefone imediatamente é muito importante para nós."

O sistema Eloqua usado pela Bella Pictures canaliza cada pesquisa, com a pontuação de clientes potenciais, para o representante de vendas adequado para acompanhamento. Cada representante vê as informações no painel do Eloqua. Se a futura noiva preencheu a ferramenta de classificação, essa informação também é exibida no painel. "Nós fornecemos informações de uma forma digerível para que os representantes de venda tenham os dados em mãos quando precisarem deles para fazer a ligação. Ele tem a data de casamento e o local. Ele tem a pontuação de cliente potencial. E nós sabemos que tipo de fotos elas gostam, então o representante consegue contatar a pessoa imediatamente e dizer, por exemplo: 'Nós percebemos que você é uma noiva romântica e, na verdade, nós temos um ótimo fotógrafo com o qual trabalhamos perto de você que tira fotos muito românticas e que adoraria encontrá-la.' Quanto mais o representante sabe sobre o que as noivas estão procurando e quanto mais rápido eles responderem, maior a probabilidade de desenvolverem uma conexão pessoal."

Faça o teste!

Para que o processo de automação gere o volume máximo de pesquisas para o acompanhamento em tempo real, você precisa criar e publicar ofertas de informações ou formulários de solicitação de contato eficazes.

O desenvolvimento dessas ofertas e formulários pode ser, em si, um exercício de marketing e RP em tempo real, porque qualquer oferta que você crie pode ser testada em tempo real. Siga esse procedimento, que permitirá que você escolha as ofertas mais bem-sucedidas. Então eu recomendo que você crie um número de ofertas, teste-as em seu site e depois escolha aquelas que geram as melhores respostas.

Chertudi diz que a Omniture frequentemente testa mensagens e ofertas, avaliando o quanto cada uma tem êxito para impulsionar a demanda. "A cada mês nós produzimos três ou quatro *webinars* com especialistas, pessoas influentes do setor", diz ele. "Mas antes que coloquemos o título final no *webinar*, nós testamos de três a cinco títulos diferentes de forma preliminar em nossa página principal do site. E, então, com base em qual recebeu a maior taxa de resposta de cliques (isto é, as pessoas preenchem o formulário, fazem o download dele e nos passam suas informações de contato), nós usamos esse como título. Nós descobrimos que o título de um *webinar* tem a influência mais importante em fornecer os melhores resultados."

O que o outro cara está fazendo?

Em um novo campo como este, é útil ver os pioneiros e avaliar e comparar seus esforços com os dos concorrentes.

A Compete, uma empresa de análise da web e inteligência competitiva online, aborda uma amostra diversificada do comportamento online de mais de 2 milhões de usuários da internet em busca de informações para empresas que estão procurando melhorar seu marketing na rede. Esses 2 milhões de consumidores deram permissão para que seu fluxo de cliques online fosse analisado como parte de uma população total. Em outras palavras, os hábitos de visualização de cada pessoa não são disponibilizados, mas os dados totais do grupo inteiro de consumidores são analisados. "Nós vemos o que 2 milhões de pessoas estão fazendo, com informações específicas", diz Stephen DiMarco, diretor de marketing da Compete. "Pense nisso como uma visualização intersecional de consumidores, em vez de ver apenas o que está acontecendo em seu próprio site, o que permite uma análise de *benchmarketing* competitiva com a qual você pode agir imediatamente."

A análise de *benchmarking* da Compete pode ser fornecida em plataformas (como a Omniture e o Eloqua, mencionados anteriormente) usadas por profissionais de marketing sofisticados da web em tempo real, permitindo que eles comparem seu desempenho com sites semelhantes. Ao entender o que está acontecendo nos sites de outras pessoas, você normalmente pode ver como melhorar o seu próprio site. O exemplo a seguir mostra como.

Imagine que você dirige um restaurante chinês de entrega de comida com um aplicativo de pedidos baseado na web. Você pode otimizar seu próprio site testando suas ofertas (por exemplo, se nós colocarmos os pratos principais primeiro na lista, nós aumentamos o valor geral em dólares do pedido médio?). Mas, imagine, em cima desses dados, as informações coletivas de como todos os restaurantes chineses de entrega de comida dos Estados Unidos arrumam suas ofertas. Talvez esse dado o levasse a uma informação de como apresentar uma "opção saudável", algo que você nunca nem considerou.

"Muitos profissionais de marketing agora estão usando o teste A/B de múltiplas versões de conteúdo e testes para diferentes ofertas, textos, imagens ou outros", afirma DiMarco. "Eles usam isso para implementar atualizações de marketing em tempo real e a otimização da página de chegada". Acrescentar o componente de análise de *benchmarking* competitiva faz com que o teste A/B seja mais valioso. "Uma grande operadora sem fio achou que eles tiveram uma boa otimização usando o teste A/B", afirma ele. "Mas nós fizemos uma comparação com relação a outras operadoras sem fios, setores similares e o melhor da web e descobrimos algo significativo que eles não estavam otimizando. Nós recomendamos uma troca, e essa campanha ganhou facilmente. Quando você tem um site grande com muitas transações – digamos, um fornecedor de telefones celulares –, se um pequeno ajuste do site gera um aumento de 1 ou 2%, isso pode valer dezenas de milhares de dólares."

A beleza dos dados externos apresentados pela Compete é que eles fornecem um parâmetro em tempo real do que está acontecendo neste momento em sites parecidos com o seu. Então, enquanto seus competidores estão fazendo grupos de discussão extremamente longos ou pesquisas pessoalmente que levam meses para serem compiladas, você pode analisar *hoje* mesmo os dados de agora.

"Costumava levar um ano para planejar uma iniciativa de marketing", diz DiMarco. "Agora o marketing estratégico pode ser feito semanalmente, e o marketing tático pode ser de minuto em minuto. O marketing tem uma oportunidade de se mover mais rápido; ele é o último a segurar a eficiência em muitas organizações."

Quanto mais eu descubro sobre ferramentas sofisticadas como essas, mais eu olho para trás para algumas ferramentas cruas que nós fingíamos que se tratava de uma medida precisa e rio.

15
FAÇA A VENDA

Tendo lido até aqui, se você acha todas as mudanças das quais tratamos um pouco assustadoras, não posso dizer que o culpo por isso. Justo quando você acha que já entendeu tudo, aqui estou eu lhe dizendo que as expectativas do mercado estão aumentando exponencialmente. Agora você deve fornecer a cada um dos milhões de clientes um serviço personalizado dentro de segundos. "Deus do céu", você está pensando, "lá se vai o horário do almoço, para sempre!".

Pare e respire fundo – porque aí vai a boa notícia.

Ferramentas altamente sofisticadas estão surgindo para ajudá-lo a ficar à frente do grupo, se você tem a mentalidade do "em tempo real" necessária para aproveitá-las efetivamente.

Seu site, conforme discutimos no Capítulo 14, é o ponto de partida. Você precisa, online, equiparar-se às melhores empresas com presenças físicas em todos os aspectos, com serviços que sejam rápidos, com respostas ágeis, personalizadas, amigáveis, com foco no cliente e com uma marca consistente.

Neste capítulo, nós diminuímos o foco para considerar outros aspectos de seu fluxo de trabalho corporativo. Eu quero lhe mostrar como focalizar dados em tempo real pode transformar o seu negócio de forma a impulsionar o desempenho em vendas.

Marketing e vendas em tempo real e direcionadas para dados

Você já ouviu um profissional de marketing tentar explicar o que é marketing? "Eu faço marketing", algum cara diz para a sua futura sogra. "Eu já ouvi falar nisso", ela responde, "mas eu nunca tive muita certeza do que é isso exatamente. É como propaganda?". Cinco minutos depois, ele ainda está gaguejando, e ela está com uma expressão de confusa.

Talvez seja por isso que os profissionais de marketing e as agências que os apoiam empregam muitos esforços e orçamentos em uma criatividade inteligente. Pessoas normais às vezes entendem e até apreciam este aspecto de seu trabalho. Mas todos os olhos com certeza virarão para outro lado quando eles começarem a falar sobre análise de dados.

Desculpe, vovó, a partir de agora o marketing será cada vez mais voltado para dados. À medida que o mundo conectado aumenta a velocidade dos negócios, o marketing vai focando na coleta, análise e resposta a dados em tempo real, de minuto a minuto. O sucesso virá de um fluxo de dados internos eficientes entre departamento de marketing, vendas e a gerência sênior.

> Líderes de negócios que adotam a mentalidade do marketing e das RPs em tempo real precisam estender o modelo criando uma infraestrutura para permitir vendas em tempo real.

O futuro vice-presidente de marketing vai falar sem parar – e de forma inteligente – sobre CRM, SFA, análise e otimização de plataformas. As coisas mais importantes e criativas não desaparecerão; ele ainda terá que opinar de forma persuasiva sobre o rótulo da marca etc. Mas, assim como um corretor de ações falando com seus clientes, executivos de marketing de todos os campos vão olhar para números em tempo real em suas telas antes de fazer qualquer ligação para o CEO. Discussões estratégicas com o CEO terão como pauta as tendências que esses números revelam.

A pergunta principal: qual infraestrutura vai colocar quais dados na tela que ambos consultam?

Agora imagine o futuro de representantes de vendas business-to-business vendendo ofertas com preços altos. No novo mercado em tempo real voltado para dados, o que o seu dia envolverá?

Eram essas as pessoas que passavam seu tempo fazendo chamadas frias de listas de vendas ou respondendo a oportunidades de venda da feira especializada mais recente. Já há uma probabilidade maior de que clientes potenciais entrem no site corporativo em resposta a uma oferta do que apareçam no estande da feira especializada.

Presumindo-se que cada vez mais negócios migram para o universo online, as perguntas principais aqui passam a ser: o que o representante de vendas saberá sobre seu cliente potencial? Quais ferramentas o ajudarão a responder em tempo real, com base em um conhecimento preciso das necessidades do cliente e da disponibilidade para comprar?

Eu não farei suspense. É assim que um portal de vendas moderno em tempo real deve parecer:

> Conforme um cliente visita seu site e faz a inscrição para um *webinar*, um alerta é acionado no painel em tempo real do vendedor fornecendo detalhes sobre o consumidor, com base na página que a pessoa está visitando. O alerta percebe que a pessoa fez o download de um informe técnico há alguns dias. Na verdade, o alerta está marcado como uma prioridade alta porque essa combinação de ações (download do informe técnico mais a inscrição para o *webinar*) é uma indicativa alta de uma propensão para a compra. O alerta obtém automaticamente informações sobre a empresa do consumidor. Eles já são clientes? Outras pessoas desta empresa já visitaram este site antes? O que provedores de informações de terceiros dizem sobre a empresa? Matérias de notícias da Dow Jones ou da Bloomberg aparecem ao lado de uma foto da empresa de fornecedores de informações, como a Hoovers. Até os perfis do LinkedIn e do Twitter do consumidor aparecem. E tudo isso acontece em tempo real.

Agora essa chamada de venda é tudo menos fria. O representante de vendas inicia o contato munido de informações recentes. E esse consumidor está sendo contatado no momento exato em que está mais receptivo.

Tecnologia em tempo real

Para auxiliar o negócio em tempo real, você precisa de uma infraestrutura de tecnologia tão sofisticada quanto à de um pregão financeiro. Vamos ver cada um dos seus elementos básicos.

- *Backbone de tecnologia*: Uma superautoestrada conectando todos os computadores de sua empresa. Os dados fluem por ela na velocidade da luz.
- *Notícias e comentários em tempo real*: Canais de dados de fontes externas, incluindo a grande mídia, analistas e bancos de dados de informações.
- *Web social em tempo real*: Posts de blogs, *tweets*, vídeos online e outros conteúdos de redes sociais em tempo real.
- *Tráfego do site em tempo real*: Informações sobre os sites de sua empresa atualizados em tempo real conforme as pessoas interagem (veja o Capítulo 14).
- *Banco de dados de clientes*: Inclui todos os clientes existentes e seus históricos de compras, mais os registros de quem os contatou, quando e a respeito do quê.
- *Banco de dados de jornalistas*: Um banco de dados de jornalistas e analistas conhecidos, incluindo blogueiros e outros jornalistas cidadãos (veja o Capítulo 6).

FIGURA 15.1 Negócio em tempo real

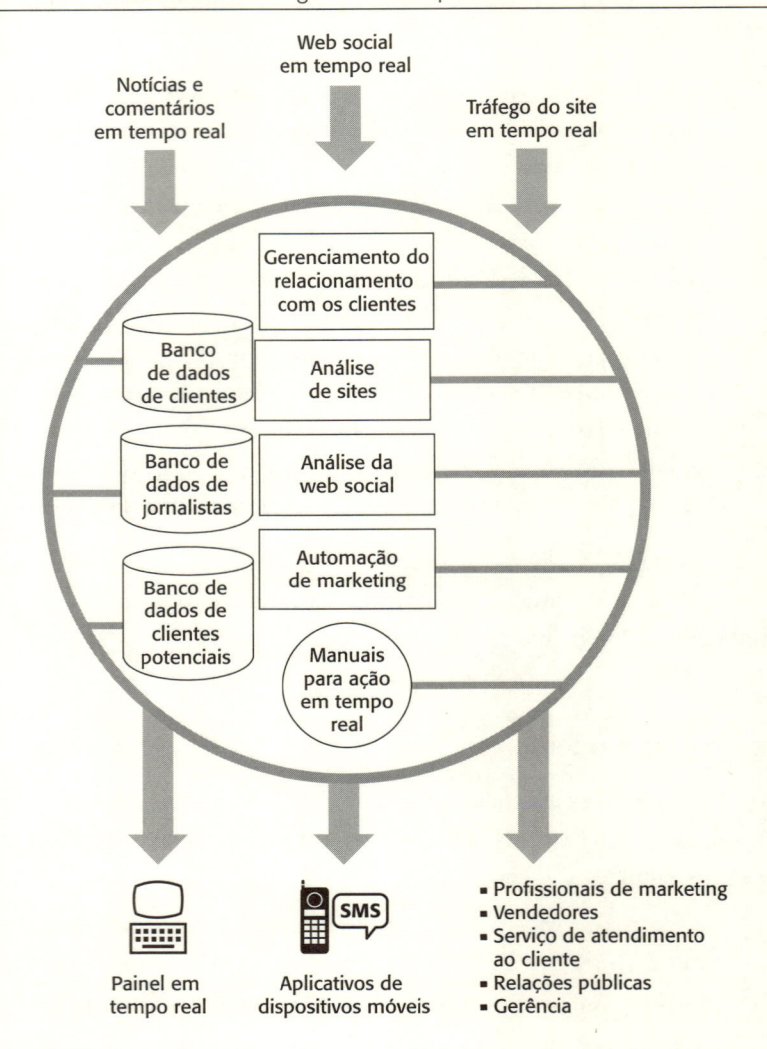

- *Banco de dados de clientes potenciais*: clientes potenciais com informações sobre como eles descobriram sua empresa, qual vendedor é o responsável pelo relacionamento e qual o status das discussões.

- *Gerenciamento do relacionamento com os clientes*: seu sistema CRM é a ferramenta que seus representantes de venda e de serviços de atendimento ao cliente usam para gerenciar as interações com clientes e os consumidores existentes.

- *Análise de sites*: as ferramentas que você usa para entender as interações no site de sua empresa (veja o Capítulo 14).

- *Análise da web social*: as ferramentas de análise que você usa para monitorar o que as pessoas estão dizendo em blogs e outros sites de redes sociais (veja o Capítulo 8).
- *Automação de marketing*: as ferramentas que você usa para se comunicar com os consumidores, incluindo marketing de e-mail e gerenciamento de oportunidades de venda.
- *Manuais para ação em tempo real*: melhores práticas que você desenvolve em sua organização para mobilizar consumidores para um crescimento máximo (veja a seção a seguir).
- *Painel em tempo real*: o aplicativo baseado na web que seus profissionais de marketing, de RP, vendedores e executivos usam todos os dias.
- *Aplicativos de dispositivos móveis*: mecanismos de alerta que fornecem dados do portal por meio de dispositivos móveis para empregados que estão longe de suas mesas.

Quando bem integrado em um *backbone* de tecnologia adequada, esses módulos trabalham juntos para alimentar o painel que seus profissionais de marketing, RP, vendedores e executivos usam todos os dias. Vamos ver vários exemplos de como esse esquema geral funciona no mundo real.

Eu ouvi que você acabou de ficar rico!

Essa abordagem de painel em tempo real para vendas não está limitada a empresas business-to-business. As vendas em tempo real voltadas para dados podem ser aplicadas em qualquer empresa. Pense em organizações sem fins lucrativos e sua necessidade de gerar doações.

Eu sou formado pela Faculdade Kenyon, uma pequena escola de artes liberais de Gambier, Ohio. E eu sou um doador leal, contribuindo todos os anos para campanhas de angariação de fundos de ex-alunos. Mas eu fico triste em notar que os responsáveis pelo angariamento de fundos da minha universidade estão presos, como no caso da maioria das faculdades, em algum lugar da década de 1950. Eu recebo uma mala direta (ou devo dizer "lixo direto"?) para a angariação de fundos da Kenyon várias vezes ao ano pedindo dinheiro. Mais ou menos uma vez por ano, meu jantar é interrompido por um estudante voluntário bem-intencionado no telefone que me amola para que eu lhe dê algum dinheiro. A única divergência com relação a esse padrão foi perto da minha 25ª reunião, que aconteceu recentemente, quando eles redobraram seus esforços.

Em vez disso, imagine se a Kenyon tivesse em prática uma infraestrutura de tecnologia voltada para dados em tempo real. Se tivessem, eles saberiam:

- A partir de seus próprios bancos de dados que minha filha (com a qual eu compartilho um endereço de correspondência) agora está no colegial, visitou a faculdade, participou da entrevista de admissão e agora está na lista de correspondência da secretaria de admissões.

- Por meio dos dados de seu site que, quando eu o visitei recentemente, verifiquei as páginas de admissão (o que não é normal para mim) e a seção da equipe de natação. Eles sabem quem eu sou porque me registrei no site durante a visita anterior.

- A partir de dados externos que eu publiquei diversos livros nos últimos anos e que eu dou palestras em todo o mundo sobre estratégia de marketing. Isso apareceria porque minha biografia menciona a Kenyon.

Agora, imagine como a solicitação de doação com ex-alunos da faculdade de Kenyon *poderia* ser feita. A faculdade poderia perguntar sobre a minha filha: "Ela ainda está interessada em se inscrever para o processo de admissão? Oh, e, a propósito, você gostaria de fazer uma doação hoje?". Ou se a faculdade entrasse em contato comigo e dissesse: "Parabéns pela publicação de seu novo livro. Nós vimos que você estará em Chicago participando de uma palestra em outubro. Você não gostaria de aparecer para dar uma pale   para os estudantes e autografar os livros? E, a propósito, você não gostaria de aumentar sua doação este ano para o nível elite, agora que está mais bem-sucedido?".

Tudo isso pode parecer um pouco forçado para algumas pessoas, mas, na verdade, todas as ferramentas necessárias para esse nível de participação em tempo real encontram-se disponíveis hoje.

Uma vez que eu comecei a considerar como uma organização sem fins lucrativos poderia fazer isso, eu procurei por fornecedores de soluções. E esse caminho levou a Shaun Sullivan, CTO da Blackbaud, um provedor de software e de serviços para organizações sem fins lucrativos, incluindo a Fundação da Universidade do Arizona, a Cruz Vermelha Americana, o Lincoln Center e a Fundação Educacional WGBH. A Blackbaud fornece tecnologia para suportar a angariação de fundos, o gerenciamento do relacionamento com clientes e o gerenciamento de sites.

Um aplicativo da Blackbaud, o ResearchPoint, fornece dados em tempo real de bancos de dados públicos em um painel para angariadores de fundos em organizações sem fins lucrativos.

"Digamos que você seja o diretor de doações e que você tenha uma reunião importante com o herdeiro da fortuna de um hotel", mostra Sullivan. "Ele já é um grande doador, e você está prestes lhe a pedir 25 milhões de dólares. Mas você é informado, em seu telefone celular, um pouco antes da reunião, que ele acabou de receber mais ações da empresa ou que ele executou algumas opções de compra de ações a determinado valor. Agora você saberia que era para ajustar sua proposta e pedir 40 milhões, em vez de 25 milhões de dólares. Isso não é o tipo de coisa que você saberia se fizesse o básico: imprimir suas notas de relatório de viagem, entrar no avião e fazer a reunião."

A Blackbaud também usa informações de sites de organizações sem fins lucrativos para criar cenários para maximizar as doações com base no que as pessoas fazem no site. As informações sobre alguém que visita o site são acrescentadas no cadastro do doador em tempo real, e isso pode acionar um tipo específico de doação.

"Quando o doador visita o site e faz uma doação com o cartão de crédito acima de determinado valor, isso automaticamente aciona algum tipo de avaliação de riqueza", diz Sullivan. O sistema usa dados disponíveis publicamente (como protocolações de valores mobiliários e titularidade de bens) para identificar o doador na web e classificá-lo como uma pessoa com um alto patrimônio líquido. "Se isso ultrapassa determinado nível, o contato é transmitido a um pesquisador de clientes potenciais." Então, vários cenários sobre como abordar o doador são sugeridos aos diretores de desenvolvimento. Talvez uma reunião presencial faça sentido. "Você sabe como é o caminho para comunicação ideal para um doador. Nós seguimos isso para obter a melhor arrecadação. Isso é poderoso." E também foi acionado por uma modesta doação pelo cartão de crédito.

Faça com que sua equipe de vendas o adore

É difícil encontrar uma prova de amor entre o departamento de marketing e o de vendas. Em muitas empresas, o relacionamento é claramente de discordâncias. Normalmente a tensão se estende até a gerência sênior. Como um casamento que não funciona, o diálogo é um disco riscado que se repete incessantemente. O departamento de venda diz: "Tragam boas oportunidades de venda! Esses clientes potenciais são horríveis! Meu pessoal não consegue vender". E o marketing responde: "Você recebeu boas oportunidades de venda! Seu pessoal que é horrível para fechar a venda!" Eu ouvi isso diversas vezes em várias empresas ao ficar no meio dessas "discussões"...

> Gerentes seniores têm uma oportunidade incrível de levar uma organização inteira para frente como uma máquina de vendas e marketing em rempo real.

Agora chegou a hora de o leão deitar com o cordeiro. Novas ferramentas criam o ímpeto para as vendas e para o marketing seguirem na mesma direção — se a gerência sênior mostrar o caminho!

Manuais de vendas em tempo real

Empresas como a IBM Software usaram "manuais de vendas" durante anos para padronizar com segurança os processos de vendas que levam a um fechamento bem-sucedido de negócios. Essas ferramentas incluem todas as informações que um representante de vendas precisa para levar um cliente do contato inicial até a descoberta e negociação para o fechamento. A maioria inclui roteiros de telefone para contatar o cliente em cada etapa, apresentações de PowerPoint pré-fabricadas, mais planilhas de produtos e outras garantias a serem fornecidos em cada ponto de contato do processo.

Os manuais de venda são normalmente criados pelo marketing, com informações dos vendedores de maior sucesso sobre como eles fecham um negócio. O objetivo é definir uma situação de venda reconhecível e que possa se repetir. Isso é como a lista de verificação que o piloto usa antes do voo, com cada etapa identificada em um processo de fácil implementação.

Por exemplo, se uma companhia de seguros introduziu um novo produto para assegurar casas de veraneio, o manual pode mostrar as etapas envolvendo clientes com alto patrimônio líquido. Ele faria com que o processo da venda do novo produto fosse facilmente repetido por centenas de vendedores com milhares de clientes.

As máquinas de marketing e vendas voltadas para dados de hoje levam isso para um nível muito mais alto, fornecendo às equipes de venda *manuais em tempo real* que são ferramentas poderosas. Isso é particularmente útil em grupos nos quais o marketing e as vendas estão em conflito, simplesmente porque a implementação de manuais em tempo real tem como foco um objetivo em comum: fechar mais negócios ao otimizar a agilidade do marketing e das vendas em tempo real.

"O que reconhecemos é que os vendedores foram soterrados, muito rapidamente, por muitas informações relevantes", afirma Brian Zanghi, CEO da Kadient, uma provedora de aplicativos de manuais automatizados em tempo real usados por grandes equipes de vendas. "Informações demais [fornecidas pelos vendedores aos consumidores] na verdade diminuem o ritmo do negócio ao forçar que os clientes examinem com detalhes o que é importante e o que não é. Nós automatizamos o manual e embutimos um aplicativo de manual dentro dos sistemas já utilizados pelas empresas. Em cada etapa do ciclo de vendas, o manual identifica os recursos que os vendedores precisam para falar com consumidores específicos em diversas situações de venda."

Os recursos podem incluir um informe técnico, um vídeo online ou um *webinar*. O manual estimula o vendedor a se envolver em tempo real com o consumidor em cada etapa e sugere o que precisa ser comunicado e quais informações devem ser fornecidas. "Com manuais, também é muito fácil para os gerentes de venda certificarem-se de que a empresa tenha feito o possível para que os vendedores otimizem sua chance de fechar cada negócio."

Quando os manuais estão integrados ao *backbone* de tecnologia em tempo real, os representantes de venda veem as informações do material dentro do aplicativo de painel que eles já usam. O manual inclui dados completos sobre o produto, as informações de contato do consumidor, o registro de contatos anteriores e outros detalhes sobre o relacionamento no painel que o vendedor usa todos os dias.

O manual descreve a oportunidade de venda como um processo bem definido até o fechamento. Ele descreve cinco ou dez etapas de venda básica em ordem, como a verificação de que o consumidor pode pagar pelo produto e tem um orçamento disponível para isso, etapas para ofertas para superar a concorrência no meio do ciclo de vendas e, finalmente, sobre a negociação e fechamento do negócio.

Como nenhuma venda é igual à outra, você precisa estar pronto para improvisar quando eventos externos criarem uma oportunidade repentina – digamos, quando uma tempestade de neve que ocorre uma vez a cada cem anos no Texas cria uma demanda por removedores de neve.

Se sua máquina de vendas e marketing está pronta e funcionando em uma velocidade em tempo real, você deve conseguir criar um novo manual quando necessário.

"Imagine que uma equipe de vendas está vendendo para determinado mercado e competindo por um novo negócio contra um concorrente bem conhecido", Zanghi formula a hipótese. "Se esse concorrente emitir um *release* de imprensa para anunciar notícias ruins – por exemplo, o *recall* de um produto –, antigamente seria impossível para uma equipe de vendas global identificar os clientes potenciais específicos afetados por essa informação ou de saber como contatá-los. Hoje, se um concorrente faz um anúncio que diz respeito ao ciclo de venda, é muito, muito fácil modificar esse manual. É extremamente fácil acrescentar uma etapa ou uma atividade e, para a gerência de vendas, determinar muito rapidamente quais oportunidades, com base na concorrência, devem falar agora e dentro das próximas 24 horas."

Com manuais de vendas em tempo real, você pode modificar o roteiro e passá-lo instantaneamente a cada vendedor para que ele possa ter uma discussão significativa com o contato. É incrivelmente poderoso para um representante contatar um cliente que está no meio de uma decisão de venda para lhe dizer algo como: "Ei, você sabia que a outra empresa que você está considerando anunciou um *recall* há 10 minutos?".

Os exemplos até agora são de organizações maiores. Mas os mesmos conceitos se aplicam igualmente bem em menor escala. Você precisa monitorar o tráfego de seu site e atingir os consumidores em tempo real. Usando as ferramentas gratuitas descritas no Capítulo 8, você deve monitorar tanto a grande mídia quanto as mídias sociais. E você deve ter clientes potenciais e reais em seu banco de dados para que possa contatá-los rapidamente. Embora a infraestrutura de uma organização menor seja menos sofisticada, o que você pode obter não é menos poderoso.

As vendas e o marketing passaram para além da adivinhação. Agora chegou a hora de implementar uma máquina de vendas e marketing em tempo real em sua empresa. É provável que seus concorrentes não estejam nem pensando nessas possibilidades. Quando *você* junta o marketing e as vendas usando o fornecimento de dados em tempo real como catalisador, sua organização inteira será mais eficiente, seus funcionários trabalharão melhor juntos e você levará mais negócios à sua empresa e os afastará de seus concorrentes.

Eles sabem o que eu estou fazendo!

Quando eu falo sobre marketing e vendas em tempo real voltados para dados, as pessoas algumas vezes não se sentem confortáveis. Tudo isso soa muito como "o Big Brother está vendo". As pessoas acham que há, de alguma forma, uma qualidade sinistra de perseguição nessas ideias.

É claro que, quando eu sugiro que você monitore as notícias para ver quem recebe opções de compra de ações para que você possa pedir a eles uma doação para caridade, eu entendo porque isso parece ser um pouco predatório. É exatamente por isso que é essencial usar essas ferramentas com sensibilidade.

Para saber mais como o comportamento das pessoas é usado pelas empresas em tempo real e como tornar públicas algumas questões de privacidade, eu conversei como Brian Kardon, diretor de marketing da Eloqua, uma empresa de tecnologia de automação de marketing.

"Não faz muito tempo, uma pessoa podia realmente entrar em uma concessionária e fazer perguntas ao vendedor sobre o carro que estava pensando em comprar", diz Kardon. "Hoje, antes de entrar na concessionária, um consumidor provavelmente já leu várias análises de modelos de carros online, postou atualizações de status no Facebook e no Twitter ['Estou vendo o novo Audi A4... O que vocês acham?'], fez o download de algumas especificações do produto no site da Audi e muito mais. Essa é sua linguagem corporal digital."

Há centenas de tecnologias de suporte de consumidores que registram a linguagem corporal digital e que estão incorporadas nos dispositivos e serviços que usamos todos os dias, incluindo celulares, computadores, cartões de crédito, o aparelho do "sem parar" para cobrança pedágios, sites, caixas eletrônicos, Facebook, LinkedIn, Google e muitos outros. Então, na verdade, a única forma de se obter uma verdadeira privacidade é viver fora da sociedade: sem cartões de crédito, celular, internet, carro ou conta bancária.

"Todos os dias os consumidores estão deixando dicas digitais sobre seus interesses, intenções, do que gostam e do que não gostam", afirma Kardon. "Goste ou não, qualquer coisa que você faz no mundo digital está sendo registrada. Aquele livro que você comprou sobre férias na Itália? Sim. Aquela música que você baixou? Sim. Aquela vaga de emprego na Filadélfia que você viu? Sim. Tudo está sendo registrado."

Empresas como a Eloqua extraem dados em tempo real e os tornam úteis para profissionais de marketing e vendedores. "Há *muitos* dados", diz Kardon. "A Eloqua processa mais de 2 bilhões de transações por dia. Meros humanos não têm condição de processar isso. E esqueça o Excel. Você precisa de servidores enormes para armazenar dados, algoritmos para analisá-los, programas para segmentá-los. No fundo, a automação do marketing significa a extração de padrões de uma enorme quantidade de dados. Nas organizações mais bem-sucedidas, esses três sistemas estão integrados e fornecem uma visão do mundo, processando sua linguagem corporal digital e milhões de outras, normalmente em tempo real".

Como em qualquer interação humana, a discrição é essencial em qualquer contato com clientes. Então você precisará usar o que essas novas ferramentas revelam sobre seus clientes com cuidado e sensibilidade. Sem dúvida, nós vamos ver algumas gafes que nos farão recuar. Mas estou absolutamente convencido de que os profissionais de marketing mais bem-sucedidos de amanhã serão aqueles que entendem a nova infraestrutura de tecnologia em tempo real. Os vencedores no mundo sempre ligado serão aqueles que agem de forma mais precisa e mais rapidamente de acordo com os dados.

16
NEGÓCIOS NA VELOCIDADE DO AGORA

Parabéns, você chegou ao ultimo capítulo deste livro! Nesse momento, espero que você esteja tão convencido quanto eu da necessidade do tempo real nos negócios de hoje. Se você ainda não está convencido, espero que, pelo menos, tenha encontrado algo sobre o que pensar e algumas histórias divertidas.

No entanto, se está convencido, você pode enfrentar o dilema ao qual eu acho que muitas pessoas chegam quando absorvem essas ideias. Por onde começo?

Eu direi novamente: negócios na velocidade do agora começam com uma mudança de mentalidade. Aceite o desafio. Coloque a velocidade em tempo real na sua lista de prioridades. Repense suas presunções.

Eu acho que essa mudança de mentalidade é muito parecida com a mudança de estilo de vida quando você se compromete com uma rotina de exercícios regulares. Quando eu discuto a mentalidade de fazer as coisas em tempo real, algumas pessoas dizem: "Eu já estou tão ocupado do jeito que as coisas estão, como eu posso acrescentar tudo isso no meu dia?". Mas é isso que as pessoas dizem sobre exercícios também: elas estão muito ocupadas para se exercitarem uma hora por dia. Mas assim que você coloca o exercício em sua rotina, você não sabe o que você estava fazendo de tão importante antes. Com o tempo real acontece o mesmo.

Quando você está focado em um desafio, implementar as mudanças que você precisa cumprir se torna óbvio.

Neste capítulo, eu ofereço a você três exemplos diferentes de negócios em tempo real que estão em prática. Eu conto como executivos da General Motors adotaram uma participação em tempo real conforme a gigante fabricante de automóveis emergia das cinzas da falência. Brian Halligan discute como ele criou um produtor de software baseado na agilidade em tempo real. Finalmente, você aprenderá como a musicista Amanda Palmer transforma um desastre e um atraso em uma oportunidade de negócios.

A aberração dos meios de comunicação em massa

No século XX, a comunicação de negócios se tornou uma conversa unilateral: vendedores falando aos consumidores pelos meios de comunicação em massa. Mas isso não foi sempre assim.

No mercado pré-moderno, os vendedores e os consumidores se relacionavam pessoalmente no bazar. Os vendedores faziam reivindicações extravagantes. Os consumidores zombavam e caçoavam em resposta. Após um pouco de barganha, ambos os lados concordavam com um preço. Se fosse o caso de uma alguma fraude, o vendedor poderia esperar enfrentar clientes nervosos no próximo dia de mercado – e o boca a boca se espalharia rapidamente.

No entanto, a partir da metade do século XIX, os jornais e revistas começaram a assumir um papel intermediário entre o comprador e o vendedor. Conforme novas mídias, como o rádio e a televisão, apareciam no século XX, esse papel de intermediário teve uma importância maior ainda. Agências de propaganda e RPs gigantescas surgiram para moldar a conversa a fim de atender ao consumidor, definindo a pauta, o ritmo e o tom.

Em algum lugar no meio do caminho, os consumidores perderam suas vozes. Eles se tornaram um público de ouvintes não falantes. Então, até mesmo quando enganados de forma ultrajante, foram necessários grandes esforços para que os consumidores expressassem seu descontentamento. É por isso que a United Airlines pôde presumir que eles poderiam ignorar a reclamação de Dave Carroll sobre sua guitarra quebrada.

Em nenhum lugar o poder do vendedor/mídia foi maior do que no Japão pós-guerra, onde um número pequeno de conglomerados de mídia e algumas agências de propaganda gigantescas ditavam todas as palavras que atingiam 120 milhões de consumidores incrivelmente obedientes.

Quando eu me mudei para Tóquio no final da década de 1980, os estacionamentos estavam cheios de Corollas da Toyota igualmente brancos. Os preços permaneciam altos porque as pessoas acreditavam que tudo ficava melhor em uma sacola de uma loja de departamento de prestígio. As importações eram raras porque os consumidores eram condicionados a acreditar que estrangeiro significava inferior. E jovens mulheres se contentavam de uma forma bizarra em deixar que homens velhos reclamões ditassem suas escolhas de moda.

O sistema inteiro começou a se desfazer assim que eu cheguei ao Japão. Na medida em que o yen dobrou de valor quase da noite para o dia e as restrições de viagens para o exterior foram retiradas, um grande número de jovens mulheres viajou para o exterior. Quando elas experimentaram as compras em Los Angeles, Londres e Paris, não havia mais como impedi-las de fazer isso. A Japan Inc. rapidamente perdeu o controle da agenda de moda.

A explosão da comunicação online levou a uma perda similar de controle pelo vendedor no mundo inteiro nos últimos anos. Com o e-mail, mídias sociais e mídias online alternativas, os consumidores de repente recuperaram sua voz coletiva no mercado. Ao se depararem com uma oferta de um vendedor, os consumidores podem novamente zombar, enfurecer-se, criticar ou comparar – e ser ouvidos em todos os lugares.

Todas aquelas risadas e aplausos fabricados que você ouve na televisão se mostraram superficiais, porque agora, quando alguém transmite uma propaganda ruim no Superbowl, você consegue ouvir vaias e zombarias nos Estados Unidos inteiros em tempo real.

Enquanto isso, no Japão, jovens mulheres que enviam mensagens no metrô agora definem a agenda da moda, a qual muda de direção tão rapidamente por todos os lugares que lojas de departamento deselegantes não conseguem acompanhar.

Finalmente, nós temos uma forma de nos comunicar novamente como humanos. Assim como no mercado pré-moderno da cidade, a comunicação é mais uma vez real, pessoal e autêntica. As opiniões das pessoas importam.

Longe de tornar tudo "novo", como muitos estudiosos insistem, a web, na verdade, trouxe novamente as comunicações para onde nós estávamos há um século. O que as pessoas respondem e a forma como elas tomam decisões de compra realmente não mudaram em nada. A diferença hoje é que o boca a boca recuperou seu poder histórico.

A web é apenas como uma enorme praça da cidade, com blogs, fóruns e sites de redes sociais, como o Twitter e o Facebook, servindo como pubs, clubes particulares e outros locais em que a comunidade se reúne. As pessoas se comunicam online, conhecem pessoas novas, compartilham ideias e trocam informações. E, sim, elas também vendem produtos.

A era dos meios de comunicação em massa do século XX foi uma grande aberração na história das comunicações. A partir da década de 1950, nós passamos seis décadas em um regime bizarro, unilateral, centrado na televisão que não dava voz aos consumidores. Mas, com o surgimento da web, essa era acabou. Nós estamos destruindo a economia centrada nos meios de comunicação em massa ainda mais rápido do que a construímos.

De certa forma, nós estamos voltando à forma como as coisas eram antes de a cultura dos meios de comunicação em massa nos fazer parar de nos comunicarmos de uma forma autêntica.

Conforme isso acontece, os meios de comunicação em massa não vão desaparecer. A propaganda na mídia continuará sendo um elemento importante nos planos de marketing de qualquer negócio grande. O mesmo serve para as tradicionais RPs e as relações com a mídia.

> **Nós precisamos desaprender o que aprendemos nos últimos 50 anos sobre comunicação.**

Esses tradicionais serviços ainda podem incitar algumas discussões úteis em seu espaço. Se você tiver sorte, quando um deles finalmente aparecer (dados os longos tempos de leitura necessários para uma campanha de comunicação tradicional), sua mensagem ainda pode ser relevante para a discussão em tempo real. No entanto, é cada vez mais provável que você chegue atrasado à festa, com uma mensagem que parece "assim como algo da semana passada".

Em sintonia ou não, relevante ou não, não será mais o bastante sair de um palco caro, transmitir sua mensagem e voltar para os bastidores. Você deve se portar bem na discussão que ocorrerá a seguir.

Lutz e eu

Sua mensagem deve ser completamente sincera. Você pode estar, na verdade, andando enquanto fala. Mas por vários motivos, justos ou não, as pessoas vão questionar seus motivos e chamar sua atenção se perceberem contradições. Então você deve estar preparado para dar um passo à frente e dizer: "Espere um momento, aqui está a prova de que é verdade o que estamos dizendo." Faça isso da forma correta e você se surpreenderá com os resultados.

Isso descreve o encontro que tive com a General Motors.

Se você quer um exemplo de comunicação "à moda antiga", é difícil pensar em um melhor do que o da General Motors. Durante décadas, a GM investiu massivamente em propagandas de TV e em outras propagandas tradicionais, como ter Tiger Woods representando sua marca Buick. Além disso, após o documentário de 1989 de Michael Moore, *Roger e eu* – que apresentou o desafortunado CEO Roger Smith fugindo de entrevistas –, a GM se tornou a representante de não participação na mídia.

Tendo ridicularizado durante anos "A General" como uma gigante lenta e desajeitada, os comentaristas fizeram fila para chutar o cadáver quando a GM declarou falência em junho de 2009. E eu era um deles.

Quando a falência foi anunciada, a GM lançou o que chamou de "re: iniciativa de invenção" para garantir ao público (principalmente os contribuintes dos Estados Unidos e Canadá que pagavam as contas) que ela emergiria menor e mais bem preparada para o sucesso. Essa iniciativa incluiu um site, comerciais de TV e propagandas de página inteira nos jornais apresentando uma carta do presidente e CEO, Fritz Henderson. A carta terminava com esta promessa:

> Durante os próximos dias, meses e anos, nós mostraremos nossa coragem sendo mais transparentes, responsáveis e, acima de tudo, mais focados em você, nosso cliente. Eu o convido a monitorar nosso progresso no site GMreinvention.com. E em nome de todos os homens e mulheres que trabalham duro para mudar nossa empresa para melhor, nós estamos ansiosos para mostrar a Nova GM para você.

Quando eu li isso, eu fui extremamente cético. O que eu vi foi mais do mesmo marketing de sempre que a GM nos forneceu durante décadas de declínio: uma abordagem fria, unilateral e corporativa que simplesmente não parecia autêntica. Sentindo-me um pouco triste e deprimido quanto a isso, eu escrevi um post no blog com o título: "Atenção, GM: seguem as 5 maiores ideias de marketing para você se reinventar".

Com esse discurso agressivo, eu questionei se a GM estava sendo realmente séria quanto à reinvenção do marketing e das comunicações da empresa. Eu disse à GM: "Demita suas agências de propaganda da Madison Avenue". Todas as propagandas caras de TV podem fazer com que a GM se sinta bem consigo mesma; todos os patrocínios de golfe podem obter cadeiras na primeira fila para executivos em Augusta... mas nada disso realmente significa se envolver com os clientes, conforme a GM prometeu.

Ok, algumas das minhas sugestões foram um pouco vagas: "Crie produtos que as pessoas queiram comprar". Mas uma sugestão, "Humanize sua empresa", chamou a atenção dos leitores do blog:

> Desculpe-me por ter de dizer isso a vocês: vocês são uma corporação sem nome e sem rosto. Seu anúncio no jornal de hoje foi assinado pelo CEO, mas por que não colocaram nenhuma foto dele? Ele chegou a ler a carta que algum profissional de marketing escreveu em seu nome? O novo comercial de TV que vocês lançaram hoje é uma coleção sem sentido de bancos de imagens ao lado de alguns carros. É genérica. Com alguns carros diferentes, o anúncio poderia ter sido feito pela Chrysler. E quanto às pessoas que estão por trás da reinvenção? Eu quero conhecer os designers de carros. Eu quero saber quem na sua empresa foi que escolheu aquela cor roxa esquisita do último carro da GM que aluguei. As pessoas querem fazer negócios com pessoas. Ei, GM! *Toc toc!* Tem alguém em casa? Quem diabos são vocês???

Muito rapidamente, várias pessoas comentaram em meu blog, e centenas tuitaram sobre a necessidade de humanizar a GM. Emilio Bello escreveu: "A GM realmente precisa ler este post!". Cal escreveu: "Boas ideias. Será que eles ouvirão?

Provavelmente não." Andrew Rodgers escreveu: "Realmente parece que a única forma com que a GM vai conseguir ter sucesso agora é humanizando a empresa; desçam da torre de prata e ouçam seus clientes." E Robert Parrish escreveu: "É quase impossível para dinossauros do século XX entender o marketing do século XXI." Muitos outros comentários expressaram opiniões semelhantes.

Para ser honesto, eu presumi que a GM era tão "da escola antiga" que ninguém da empresa notaria o meu post – quanto menos o responderia.

Sim, nós estamos ouvindo!

Então imagine minha surpresa quando eu recebi uma resposta da GM logo depois que coloquei meu post no blog. Christopher Barger, diretor de mídias sociais da GM, tirou um tempo para respondê-lo durante a semana mais cheia da história da empresa. Ele escreveu: "Com muito respeito, eu lhe digo que, pelo menos no mundo social, nós já estamos fazendo muito do que você está sugerindo." Barger forneceu detalhes e entrou novamente para comentar no meu blog no dia seguinte.

Você quer saber? Barger está certo.

Quando eu olhei mais a fundo no rápido "re: processo de invenção", eu descobri que a GM está começando a se humanizar. Ela realmente participa de comunicações em tempo real. Uau!

Um aspecto incrível, embora característico, da boa vontade de Barger de participar da discussão no meu blog foi como o tom dos comentários mudou imediatamente quando meus leitores viram que um funcionário da GM tinha feito um comentário. Rick Friesen escreveu: "Muito obrigado ao Sr. Barger pelo seu comentário – acho que essa foi uma ótima resposta. Eu desejo a todos da GM muita sorte!". Elliot Ross escreveu: "@Christopher: parabéns e boa sorte." John Cass até escreveu: "David, este é um post muito nervoso sobre a GM. O que eles fizeram para você?".

Nem todos os comentários postados após o de Barger foram positivos. Mas não há dúvidas de que, por simplesmente aparecer, a GM mudou o sentimento universalmente negativo para um misturado, com muitos defensores. E só foram necessários alguns minutos para escrever várias frases que dezenas de milhares de pessoas leram.

Várias semanas depois, no dia 10 de julho, o dia que a "Nova GM" emergiu da falência, além da típica coletiva de imprensa para a grande mídia, a GM também interagiu com o público em tempo real nas mídias sociais. O simples ato serviu para humanizar a empresa, conforme eu tinha sugerido.

Não muito tempo depois, Barger me convidou para visitar a sede mundial da GM em Detroit para conhecer os principais executivos e perguntar o que eles estavam fazendo para humanizar a empresa e interagir com os consumidores em tempo real.

Quando eu recebi o convite, fiquei impressionado com o fato de que tudo isso teve origem com meu post de blog aborrecido que chutava a GM enquanto ela estava caída. Eu vou admitir francamente: a reação em tempo real, a sinceridade e a interação humana que eu recebi de Barger e de seus colegas me transformaram de um crítico ruidoso a um defensor educado. Então eu aceitei o convite e voei para "Motown".

TweetDeck em Motown

Quando eu me sentei com Barger em Detroit, a primeira coisa que eu quis saber era como ele tinha visto o post do meu blog em uma torrente de conversas online ocasionadas pela falência.

Barger me disse que meu post se destacou porque o TweetDeck (a ferramenta popular de monitoramento do Twitter que ele usa) percebeu que muitos *retweets* que mencionavam a GM se ligavam ao post do meu blog.

"Durante a semana, nós anunciamos a solicitação da proteção do *Chapter 11*[1], todo mundo da equipe estava com o TweetDeck funcionando", diz Barger. "Algumas pessoas buscaram menções de 'Chevrolet' e outras da 'General Motors' ou do *'Chapter 11'*."

Quando mais de 100 pessoas tinham tuitado sobre o post da GM do meu blog, mencionando tanto o Twitter ID da GM (@gmblogs) e o meu (@dmscott), as buscas do TweetDeck que Barger estava monitorando fizeram com que fosse fácil me achar. "Isso se transformou mais ou menos em uma tempestade no Twitter, então é assim que nós o descobrimos", diz ele.

Barger diz que ele também usa uma agência parceira para ajudar a monitorar a blogosfera. A agência fornece dados sobre tendências, determina assuntos em alta e depois fornece à equipe de tempo real da GM uma coleção de posts de blogs representativos e especialmente importantes.

Embora a equipe de tempo real de Barger inclua somente algumas pessoas, seu trabalho está se espalhando por toda a empresa. "O que nós estamos tentando fazer, e o que eu gosto de ver acontecer, é que o resto da organização agora está começando a realmente entender a necessidade de participar, a necessidade de saber o que está acontecendo", afirma ele. "É ótimo que as pessoas estão começando a reconhecer que essas ferramentas são valiosas, que esses são lugares em que podemos falar diretamente com os consumidores. Isso é muito importante."

---

[1]   Capítulo 11 da Lei de Falências presente no Código Comercial norte-americano. (N.R.)

A GM aprende a mostrar a sua face humana

Como o momento que me levou a Detroit foi gerado pelo meu desafio ofensivo à General Motors para que ela se humanizasse, essa foi a proposta que coloquei a Mary Heinige, que é responsável tanto pela mídia social quanto pela comunicação de transmissão da GM.

Heinige me respondeu contando como a GM sempre fez parte de sua vida. Tanto seu pai quanto seu marido trabalharam na empresa. Ela mesma trabalha na GM há 23 anos.

"É fácil odiar a General Motors", disse-me Heinige. "Mas as pessoas não odeiam seus Chevrolets. Elas adoram seus Chevrolets. Elas adoram seus Cadillacs. E as pessoas que trabalham nos Chevrolets e Cadillacs adoram esta empresa e as suas marcas."

Heinige diz que a GM agora está focada em deixar os funcionários, clientes, fornecedores e outros acionistas contarem suas histórias e a da empresa na web. "Você torna a coisa pessoal quando consegue contar uma história", afirma ela. "Agora, com o poder do YouTube e dos blogs, você está contando uma história que parece ser bastante íntima. E você sabe quando mudou a opinião de um cliente, o que é um pouco emocionante. Nós ainda falamos com os repórteres, os quais ainda são muito importantes para nós. Mas você nunca sabe direito o que vai acontecer com as histórias [escritas por repórteres]. Quando você está contando sua própria história e você recebe a reação diretamente dos consumidores, isso é realmente importante."

Lutz sempre dá a palavra final

Se eu precisasse de mais evidências de que as coisas estavam realmente mudando na GM, conseguir apenas uma hora com o vice-presidente da empresa Bob Lutz, era prova o bastante. Na década de 1980, até mesmo perseguir Roger Smith não fez com que Michael Moore conseguisse mais do que um vídeo de 30 segundos. Vinte anos depois, tudo o que eu precisei fazer foi escrever um post mal-humorado no meu blog e – *puf!* – a próxima coisa que me lembro era de estar no andar executivo, olhando o horizonte de Detroit do topo do Renaissance Center.

Bob Lutz é um sujeito com um tamanho fora do comum e sincero que será para sempre lembrado na indústria automobilística muito depois de sua aposentadoria – aos 78 anos de idade! – em maio de 2007. Como alguém que nunca mediu as palavras, o ex-soldado da Marinha dos Estados Unidos, nascido na Suíça, chamou, em 2008, o aquecimento global de "uma grande baboseira".

Sempre com suas opiniões e nunca tímido com relação a compartilhá-las, Lutz começou a blogar lá trás, em 2004. Seu blog, Fastlane, abriu caminho para a entrada da GM nas mídias sociais.

"Para o CEO ou os principais líderes de sua empresa, não há nada mais importante do que se comunicar", disse-me Lutz. "Nós somos os símbolos das marcas e dos produtos que representamos."

Assim que eu levantei a questão das mídias sociais, Lutz não precisava de mais estímulos. Tudo o que eu precisava era me sentar direito e prestar atenção.

"Uma das coisas sobre a General Motors e um dos motivos pelo qual eu gosto da antipatia de grande parte do público americano", diz Lutz, "é que eles pensam que somos um bando de engomadinhos vivendo em uma torre de marfim... que nós não nos importamos com o que as pessoas acreditam. Nós só fazemos o que a General Motors quer. Quanto mais você consegue dispersar isso ao interagir com as pessoas, quanto mais nós conseguimos responder e-mails e criar blogs e entrar no Twitter e postar coisas no YouTube, mais nós conseguimos fazer com que sejamos reais, confiáveis e acessíveis e mais parecemos como seres humanos que estão tentando fazer um trabalho bom, em vez de um bando de tipos corporativos amórficos."

Eu simplesmente adoraria ver Bob Lutz em um debate com Michael Moore.

Como as comunicações em tempo real vendem carros

Para a GM, é bom ter pessoas como eu pensando coisas melhores de sua empresa, mas é pondo a mão na massa que realmente se colhe o resultado final. Então como a GM planeja usar o mundo online para dar resultados finais?

Os executivos da GM me disseram que a influência mais importante na disposição de um cliente em considerar uma marca ou um modelo específico é a opinião dos amigos e da família. Criar essa influência é o principal objetivo deles nas mídias sociais.

Por meio das opiniões positivas de funcionários e clientes satisfeitos, a GM tem o objetivo de "democratizar" sua mensagem, aproveitando o poder de opiniões imparciais advindas de fontes confiáveis.

Então, no novo modelo de marketing da GM, o boca a boca em tempo real – o que sua família e os amigos dizem sobre um carro, até mesmo na internet – é muito importante, como sempre foi. A ideia do "de volta para o futuro", discutida no início deste capítulo, de que nós sempre nos comunicamos em um nível pessoal, é claramente compreendida na GM. Mas a ideia de que as pessoas também podem se comunicar na internet de uma forma pessoal acrescenta uma entusiasmante nova dimensão à venda de carros e caminhões.

Agora, um grande investimento em propaganda não é mais algo à parte. Para a GM, ela é parte de uma abordagem abrangente que leva à conscientização, gera interesse e leva as pessoas às concessionárias, nas quais elas realmente podem fazer uma compra.

Eu vi a GM colocar essas ideias em prática no festival South by Southwest (SXSM) realizado em março de 2010 em Austin, no Texas. Como patrocinadora do festival, a GM proporcionou aos visitantes uma oportunidade de ver o novo carro elétrico Chevrolet Volt – e até mesmo fazer um test drive. Isso gerou uma enorme curiosidade devido à agitação com relação ao surgimento de veículos elétricos – e o fato de que o Chevrolet Volt ainda não está no mercado. As pessoas estavam indo e voltando de uma pista de teste, na qual muitos tiveram a chance de se sentar atrás do volante. Como o Volt ainda não foi muito promovido no mercado, a sua presença na SXSW foi um tipo de festa de lançamento para esse veículo revolucionário.

Essa oportunidade de ver e dirigir o Volt deu origem a:

- 13.440 *tweets*.
- 1.216 posts de blog.
- 1.268 outros posts (incluindo comentários, fotos e vídeos).
- 33.500 visualizações de página pelo Facebook e pelo ChevySXSW.com.
- Mais de 300 conteúdos positivos criados por usuários postados no ChevySXSW.com (incluindo 250 vídeos a mais).
- Um aumento de 68% no número de seguidores no Twitter do @Chevrolet no mês da SXSW.
- 8.764 novos fãs na página da Chevrolet no Facebook.
- Mais de 250 matérias na grande mídia, incluindo *USA Today*, *AdAge*, *AdWeek*, *BrandWeek*, *Charlotte Observer*, *Detroit Free Press*, WXYZ-TV e *Austin American-Statesman*.

"Essas são apenas avaliações do sucesso feitas em curto prazo", diz Barger da GM. O objetivo final de estimular uma conversa em tempo real é fazer com que as pessoas vão às concessionárias da GM assim que o Volt estiver disponível. "Os números são ótimos. Estou muito entusiasmado com os resultados iniciais e uma maior visibilidade e conexão para a Chevrolet. Mas para a SXSW ser realmente considerada um sucesso, ainda há meses pela frente."

Começando em tempo real

É necessário um grande esforço para redefinir o relógio de uma imensa organização existente como a GM em tempo real. É um desafio diferente como um todo fazer com que a iniciação aconteça em uma velocidade em tempo real desde o primeiro dia.

"A internet muda fundamentalmente a escala de tempo dos negócios", diz Brian Halligan, cofundador e CEO da HubSpot, uma empresa de software de marketing de internet. (Halligan foi o coautor do nosso livro *Lições de Marketing com o Grateful Dead*). "Como nós começamos em uma era pós-internet com pessoas que vivem e respiram a internet, nós conduzimos o negócio de uma forma única. Em vez de comandar e controlar, nós damos poderes às pessoas até os limites, e isso muda a forma como você contrata, promove, hierarquiza e assim por diante. Nós temos uma noção de confiança e autonomia muito diferente da maioria das empresas. E isso é muito importante para a liderança."

Muitas empresas elogiam suas "políticas de portas abertas", mas a HubSpot tem uma "política sem portas". Não há salas fechadas, nem mesmo para o CEO. "Parece que há um número menor de camadas na organização quando alguém pode simplesmente se aproximar de você com ideias. Você pode reagir ao que está acontecendo imediatamente se você não estiver preso atrás de uma parede com uma secretária vigiando a sua porta", diz Halligan.

Desde que Halligan dirige a HubSpot como uma empresa sempre ligada, em tempo real, as linhas entre "trabalho" e "tempo particular" se fundem a ponto de eliminar a política de férias – as pessoas simplesmente tiram um tempo quando precisam. "Na era do meu pai, as pessoas trabalham das 9h às 18h todos os dias em um escritório", diz ele. "Era bem estruturado, e ele tinha que estar no escritório para fazer o trabalho. Mas nossos funcionários têm iPhones, e eles estão sempre online até mesmo nos finais de semana. Parecia muito idiota para nós que as pessoas, que algumas vezes trabalhavam por algumas horas em casa em um domingo, precisassem solicitar formalmente um descanso em um dia da semana. Parecia simplesmente absurdo ter toda essa política de férias, então nós dissemos: 'Tirem as férias que vocês quiserem; nós confiamos em vocês.' Não é comandar e controlar. Em vez disso, é muito mais com relação à confiança e autonomia e levar as decisões para baixo, para que as pessoas possam agir em tempo real."

A organização inteira da HubSpot é dirigida com a metodologia de desenvolvimento de software Agile Scrum. "A forma tradicional de desenvolver o software é chamada Waterfall", afirma Halligan. "É onde você desenvolve especificações de produtos bem detalhadas e depois sai por um ano para criar essa especificação. Mas o que acontece nos negócios de hoje é que, no ano em que você o está construindo, as exigências mudam bastante para que você forneça algo que seja apenas simples no mercado. Agile Scrum é totalmente o contrário. Nós nunca escrevemos planos ou especificações detalhadas de produto. Em vez disso, nós realizamos 'corridas' mensais, nas quais temos quatro ou cinco equipes organizadas em volta de alguns desenvolvedores, um gerente de produtos e um designer, e elas tiram o atraso da exigência de produto. Quando nós tomamos nossas decisões sobre o que construir, nós mudamos nossas opiniões umas 10 vezes até o dia da corrida. Isso funciona extremamente bem porque o cenário competitivo muda em tempo real. Ainda que nós recebamos novas informações de clientes, nós somos capazes de reagir muito, muito rapidamente."

Quando Halligan me contou sobre o desenvolvimento do software Agile Scrum, eu fiquei entusiasmado. Aqui estavam os mesmos princípios que explorei nas comunicações aplicados no desenvolvimento de produtos! Assim como o método tradicional de desenvolvimento de programas de marketing leva muito tempo, o método convencional de desenvolvimento de software também leva. Em ambas as disciplinas, o tempo agregado significa oportunidades perdidas.

Halligan diz que trabalhar rapidamente é tão essencial para o negócio da HubSpot que a metodologia do Agile Scrum se espalhou a outros departamentos da empresa. "Agora o marketing funciona da mesma forma", diz ele. "Então, em vez de um plano de marketing de um ano com todas essas campanhas grandes, tudo é colocado em um ciclo de corrida mensal. Nós aprendemos, experimentamos o quanto podemos e o ajustamos. Nós mudamos nossa opinião sobre o que estamos fazendo várias vezes antes das corridas e normalmente tomamos a decisão na noite anterior. A ideia de trabalhar rapidamente é muito fundamental para a forma como conduzimos nosso negócio."

O gerenciamento em tempo real que Halligan implementou na HubSpot está certamente dando bons resultados. "As pessoas querem trabalhar em organizações como esta, em que eles têm autoridade, em que há uma tomada de decisão em tempo real e as coisas não são muito planejadas em um ambiente de comando e controle. Então nós conseguimos atrair pessoas muito boas. Nós começamos há três anos com apenas dois de nós e agora temos quase 200 funcionários. Nós não tínhamos nenhum cliente na época e agora nós temos quase 3 mil clientes. Nós crescemos [a um fator de três] ano passado e estamos prevendo um crescimento semelhante neste ano."

Conforme eu estava terminando de escrever este livro, em junho de 2010, a HubSpot foi indicada pelo *Boston Business Journal* como a melhor empresa para se trabalhar em Boston (na categoria de empresas médias). Na cerimônia de premiação, os organizadores disseram que: "A cultura única [da HubSpot] incentiva ideias inovadoras em um ambiente de trabalho com ritmo acelerado, apesar de casual... [que] cria uma cooperação e integração entre diferentes membros da equipe. Você teria dificuldades de encontrar um funcionário infeliz."

Pense nisso! Como *você* pode se mover rapidamente ao dar autoridade para as pessoas responderem instantaneamente às mudanças do mercado? Você terá funcionários mais felizes também!

Falando em resposta instantânea, pense em nosso próximo e último exemplo. Sua grande oportunidade de receita para que a temporada vire fumaça – mais uma cinza, neste caso –, deixando você encalhado em circunstâncias bizarras. Você conseguiria tirar um coelho da cartola mais rápido do que a estrela do rock que você está prestes a conhecer?

Improvisando sob o vulcão

Amanda Palmer, vocalista da banda Dresden Dolls e artista solo de cabaré punk, é ativa no Twitter (@amandapalmer tem mais de 500 mil seguidores), em seu blog, no Facebook e no MySpace. Ela usa o Twitter como uma ferramenta para se comunicar instantaneamente com seus fãs, frequentemente respondendo às perguntas e comentários tuitados por eles. "Tem algo de tão diferente no Twitter, porque você está tão acessível e, ainda assim, parece tipo um clube", disse-me Palmer. "Você não está apenas enviando uma transmissão anônima para todos os seus fãs que se inscreveram para a sua lista de e-mail. Em vez disso, é quase como ficar em uma sala com eles e dizer: 'Ei, vamos para aquele canto'."

Quando está em turnê, Palmer usa o Twitter e o seu blog para reunir grupos de fãs em tempo real. "Eu direi 'Show de última hora neste bar. É para todo mundo aparecer. É gratuito.' Ou 'Aqui estão os ingressos; compre-os agora.'" Ela chama esses shows de última hora de "Shows Ninjas". Como em uma manhã que ela tuitou sobre um show secreto em Los Angeles: 350 pessoas apareceram cinco horas depois em um armazém onde ela tocou piano.

Palmer sempre fez transmissões gratuitas de vídeo nas quais ela leiloa tudo o que ela tem em mãos: acessórios dos vídeos que ela acabou de filmar, letras de música escritas à mão, até coisas aleatórias de seu apartamento, como uma garrafa vazia de vinho. "As pessoas ofereceram centenas de dólares por essas coisas!", ela ri. "Mas muito disso nem é apenas com relação às coisas em si, mas sobre a disposição deles em se conectar comigo e me apoiar", diz ela.

Palmer diz que desde o início de sua carreira musical ela adorava se conectar diretamente com os fãs. "Eu aumentei a base de fãs literalmente pessoa por pessoa", diz ela. "Eu estive guardando dinheiro e estabelecendo grandes conexões com fãs ao fazer um 'twitchiking', ou seja, pedindo caronas de ida e volta para aeroportos etc., no Twitter. Funciona! Mas você tem de ser destemida e ter uma base de fãs na qual confia. Eu também pego emprestado teclados para ensaiar nos locais, em vez de alugá-los para os meus quartos de hotéis, fazendo com que eu economize 500 dólares por cada cidade que visito. Eu também estou economizando dinheiro com hotéis, por exemplo, uma suíte de hotel de 600 dólares por noite por uma semana em

São Francisco por 150 dólares ao tuitar pedindo sugestões e recebendo um tweet de um fã que é gerente de um hotel. Os fãs *adoram* ajudar."

Todas essas ideias ocorreram em tempo real para Palmer quando ela se encontrava em Reykjavík, na Islândia, para o que deveria ser uma pausa de 45 minutos, em abril de 2010, de uma viagem de Boston a Glasgow, onde ela deveria fazer um show.

Esse foi o dia em que o vulcão Eyjafjallajökul, da Islândia, entrou em erupção, jogando milhões de toneladas de cinzas no ar e fechando o tráfego aéreo sobre o Atlântico e a Europa. O voo de Palmer foi cancelado, e seus planos europeus foram instantaneamente apagados.

Enfrentando notícias semelhantes, com um *voucher* de um hotel da companhia aérea em mãos, eu pensei que a maioria das pessoas fosse simplesmente entrar no ônibus e ficar de cara feia no hotel. Mas não Amanda Palmer.

Em vez disso, presa em Reykjavík, Palmer entrou do Twitter – e recebeu instantaneamente conselhos de pessoas do mundo inteiro. "Hera Hjartardottir (@herasings), a cantora islandesa que acabou de abrir meu show na Nova Zelândia, marcou um encontro para mim com seu amigo de infância. E, como mágica, eu consegui uma carona de um estranho e eu não tive que me espremer no ônibus cheio para o hotel", diz ela. "Nós ficamos amigos em minutos." Palmer viu alguns lugares, deu um mergulho refrescante na Lagoa Azul (um spa geotérmico natural) e chegou no hotel no início da noite.

Então ela decidiu fazer um Show Ninja naquela noite em Reykjavík. "Um camarada da Islândia chamado Ben que tinha lido meu canal no Twitter se voluntariou para achar uma casa noturna e equipamentos", diz ela. O show foi rapidamente confirmado, e Palmer tuitou o endereço do bar e disse às pessoas para chegarem lá às 21h.

"Nós saímos e andamos pelas ruas de Reykjavík. Eu tentei me familiarizar com a cidade e encorajar todos os islandeses solitários que estavam no Twitter dizendo 'Estou pensando em ir ao show da @amandapalmer, mas provavelmente vai estar muito lotado' que eles seriam provavelmente as únicas seis pessoas que estariam lá", diz ela. "Eu toquei por umas duas horas e meia e quase tudo que pediram. Cerca de 100 pessoas apareceram, por fim. Eu bebi seis vodcas e não paguei por elas. Depois, atrás do bar, eu fiz uma entrevista improvisada com o principal jornal da Islândia em língua inglesa enquanto fumava um cigarro roubado, o meu primeiro em meses."

Você pode acreditar nessa mulher?! Pela manhã ela é deixada no aeroporto de uma cidade desconhecida – Reykjavík, na Islândia, entre todos os lugares – por causa de um desastre natural bizarro. O quão casual e inesperado é isso? Sem perder o ritmo, à noite ela conseguiu fazer um show que levaria semanas para ser planejado, até para os moradores locais.

É tudo uma questão de concentrar a mentalidade nas ferramentas

Durante o livro – várias vezes – eu falei a você *sobre a mentalidade*. E lhe mostrei – repetidamente – as diferentes formas com que as pessoas estão aplicando a *mentalidade* às ferramentas que agora temos à nossa disposição. Elas usam a mentalidade e as ferramentas para interagir com sucesso com as pessoas em tempo real.

Amanda Palmer mostra exatamente como essa mentalidade funciona quando todos os pedaços de seu plano cuidadosamente concebido são atirados aleatoriamente ao vento. Até o anoitecer, aquele que pensa em tempo real tem todos os pedaços reajustados em um padrão completamente diferente. Ela fez isso ao utilizar as novas ferramentas que dominou. Em tempo real, ela interagiu com os fãs, desenvolveu uma rede local rapidamente e fez um *crowdsourcing* de uma forma criativa. E acabou conseguindo seis doses de vodca de graça, na barganha.

Agora é a sua vez. Que você tenha o vento a seu favor.

POSFÁCIO À EDIÇÃO BRASILEIRA

Ler este livro foi um tapa na cara.

A minha primeira reação foi uma vontade enorme de jogar no lixo o meu exemplar da terceira edição do livro *Administração de Marketing*, de Philip Kotler, impresso em 1994, cheinho de marcações pessoais, que eu ainda guardo na minha estante empoeirada. Depois pensei em escondê-lo para não correr o risco de um estudante qualquer reaproveitá-lo. Enfim, é claro que estou brincando, mas David Meerman Scott questiona seriamente dogmas instituídos pelos profetas do marketing, alguns julgados incontestáveis e apresentados como pilares inabaláveis em qualquer curso de marketing e comunicação. A bem da verdade, o tal dos 4 Ps de marketing já vêm sendo questionados há muito tempo. Já apareceram outros Ps, como *People*, *Process*, *Perception*, Personalização, Pesquisa e todos os outros Ps que os estudiosos de marketing conseguiram encontrar no dicionário.

Porém, ninguém havia falado até então de forma tão contundente sobre a relevância do tempo na atividade de marketing e comunicação, a ponto de escrever um livro sobre o tema. E isso muda muita coisa. O tempo faz o velho ditado, "O excelente é inimigo do bom", funcionar como uma base do marketing moderno. Ser ágil pode ser muito mais importante do que ser preciso. Chegar primeiro pode fazer toda a diferença, mesmo que você chegue de bermuda e camiseta numa festa de gala. Por trás disso está a internet. Como citado no livro, "a internet mudou fundamentalmente a escala de tempo dos negócios". Essa mudança no ritmo da sociedade, não só dos negócios, tem por detrás "a diminuição drástica do fator tempo, amplificando radicalmente a importância da velocidade". O problema é que as empresas ainda são comandadas por pessoas da era pré-internet, enquanto que a nova geração de consumidores e funcionários nasceram, vivem e respiram a internet a cada minuto. Por conta disto, as expectativas dessa nova sociedade estão aumentando. A geração Y é o principal exemplo, já que tempo de espera é algo não assimilado por essa geração. Esse choque de perspectivas vem causando transformações interessantes no mundo dos negócios e do trabalho.

Segundo David, o planejamento de marketing continua sendo importante, mas a flexibilidade e a capacidade de reação passam a ser uma vantagem competitiva indispensável. Isso sempre foi coberto pelos livros dos gurus de marketing, mas quase sempre no rodapé das páginas e de forma marginal. Qualquer planejamento é feito em cima de um cenário estático e de um conjunto de premissas, mas o mercado é dinâmico, o mundo online em tempo real da web faz tudo mudar o tempo todo. Reconhecer "uma situação com potencial para se tornar um bola de neve, avaliar os possíveis desdobramentos" e estar preparado para reagir passa a ser um diferencial importante para as empresas, independentemente se essa situação for uma ameaça ou uma oportunidade para a organização. Saber aproveitar cada momento é a nova dinâmica do mercado extremamente competitivo que vivemos hoje.

David afirma que "a mentalidade em tempo real não está na agenda corporativa ou no currículo das escolas de negócios". E isso parece ser verdade mesmo. Os executivos, de forma geral, não gostam de tomar decisões rápidas. Eles procrastinam, pois supervalorizam os riscos e minimizam os possíveis benefícios; querem ter todos os detalhes avaliados, escritos no papel, antes de qualquer tomada de ação. Mas não é só isso. As empresas cada vez têm organizações mais complexas, cujas decisões normalmente não ficam nas mãos de uma única pessoa. Decisões corporativas exigem reuniões, avaliação dos especialistas, aprovação de várias linhas organizacionais, e, enquanto a empresa fica no "vai e fica", aquela oportunidade especial de mercado escorre pelo ralo. Isso ocorre todos os dias nas empresas.

Mesmo com todas as ferramentas tecnológicas modernas de comunicação, as empresas ainda patinam em suas estruturas funcionais e no tradicional excesso de cautela. Na nova equação de competitividade, a empresa moderna terá de combinar melhor planejamento e análise com velocidade e agilidade. Mas essa equação não funciona em qualquer organização. Para uma empresa ganhar velocidade e agilidade, ela precisa trabalhar de forma descentralizada, dar mais autonomia e poderes para seus funcionários, fazer a organização funcionar de forma mais fluida, e cultivar a cultura da corresponsabilidade e do foco total no cliente; uma cultura de transparência e colaboração.

Como esperar que uma empresa fechada, com cultura hierárquica, tenha velocidade? Como uma empresa pode ter agilidade se tudo passa pela aprovação do chefe? Ou seja, a cultura corporativa pode ser uma barreira e tanto. As empresas devem estimular os funcionários a tomar decisões com rapidez, mesmo que sejam decisões individuais, certificando-se que sua empresa apoia e admira esse tipo de atitude. Criar um ambiente colaborativo onde os funcionários se sentem confiantes para agir com autonomia nas situações imprevistas e nas oportunidades, assumindo riscos pode exigir uma mudança cultural da empresa, o que não é simples. É nesse ponto que as empresas caem numa armadilha, pois muitas delas confundem mentalidade em tempo real e colaboração com implementação de ferramentas. As empresas criam uma página no Facebook e se põe no Twitter, mas esses são apenas os meios; o importante é mudar a mentalidade ao novo ambiente que essas ferramentas propiciam. Chegamos novamente na vertente da cultura corporativa.

Uma das consequências mais fascinantes do marketing em tempo real é a quebra de um conceito antigo: a separação das disciplinas de marketing e comunicação.

Muitas empresas ainda privilegiam a comunicação externa (RP) em detrimento da comunicação interna. (RP) – para algumas empresas é relações com a imprensa, o que é muito diferente do RP de relações públicas. No mundo atual, tudo isso se mistura em uma velocidade incrível. A separação das disciplinas é algo que está com os dias contados. As empresas ainda vão demorar um tempo para descobrir isso em função da inércia corporativa, mas a confluência e a junção das disciplinas serão inevitáveis.

Um dos momentos nos quais as empresas descobrem que tudo está misturado é na crise. Nos períodos de dificuldade que as diversas áreas de uma organização têm de sentar para se coordenar. Por que, então, não trabalhar juntas também nas oportunidades? Aliás, nos momentos de crise que a mentalidade em tempo real aparece com mais força nas empresas. As mídias sociais trataram de aumentar essa criticidade, mas, como diz David, "se são nas mídias sociais onde o fogo da crise se alastra primeiro e mais rápido, também é ali que estão as substâncias que retardam o fogo". "A empresa precisa atuar de forma ágil, honesta, abrangente e segura tanto nas mídias que controla (seu site, sua página no Facebook, seu Twitter etc.) quanto nas comunidades abertas". Em uma crise, há determinados momentos que a sociedade e seus clientes esperam pela resposta e pelo posicionamento da empresa. Não devemos deixar passar esse momento. Depois Inês estará mais do que morta.

David apresenta uma proposta ousada que eu simplesmente adorei: a criação de um cargo sênior chamado diretor de comunicações em tempo real. O conceito é simples. A implementação do marketing e a comunicação em tempo real são tão desafiantes e complexas que a maioria das empresas realmente precisará de um profissional de alto nível, com autonomia, capilaridade de atuação e legitimidade perante o ecossistema de entidades que se relaciona com a empresa (clientes, fornecedores, parceiros etc.). David lembra que na década de 1990, quando as empresas cogitavam a necessidade de um novo profissional, surgiu o *webmaster*. Lembra disso? Hoje as empresas estão nomeando especialistas e estrategistas de mídias sociais, mas isso é pouco para o desafio que se espera na área dentro das empresas. O cargo somente ganhará importância, relevância e eficácia se vier atrelado à autonomia, aos recursos e ao compromisso da organização. Será uma jornada de transformação, e por isso a tarefa não poderá ser liderada por qualquer pessoa; terá de ser por alguém sênior e experiente. Ironicamente, no tempo da publicação deste livro, muitas empresas ainda entregam sua estratégia e execução em mídias sociais para estagiários e funcionários com pouca experiência e bagagem profissional. Essa é uma mensagem muito ruim para a organização e para os seus clientes.

Ao analisarmos os dez sites com maior tráfego na internet no mundo, descobrimos que sete são sites de mídia social e três são sites de busca. Apesar das empresas ainda realizarem um acanhado investimento publicitário nas mídias sociais, elas já descobriram que o futuro na atividade de relacionamento com os clientes está ali. Uma pesquisa publicada no final de 2010 concluiu que mais de 70% dos consumidores apontam as mídias sociais como o melhor canal para se relacionar com as empresas. Isso é ótimo, pois as mídias sociais permitem às empresas conhecer melhor seus clientes, suas preferências, sua avaliação sobre a marca, produtos e serviços. Mas como capturar milhares ou milhões de *feedbacks* e percepções esparsas na grande web e transformá-los em conhecimento e relacionamento de real valor? David desenvolve o conceito de Web Social – que é a aplicação de tecnologias de busca, classificação, análise semântica e de inteligência de negócios –, para analisar as conversas distribuídas sobre um produto ou empresa, com o intuito de quantificar a tendência da percepção e influência de cada conversa. O marketing, com claro viés de publicidade, sempre foi de falar via propaganda e de ouvir pouco os clientes. Agora entramos na era de escutar e conversar em tempo real. Bem-vindos ao novo marketing!

Acredito firmemente que os líderes de marketing e comunicação das empresas já estão mais do que conscientes de que velocidade e agilidade são importantes para o seu sucesso, mas a grande dificuldade por trás disso é a tomada de decisão. Na maioria das vezes, o verdadeiro dilema é a falta de elementos e informações para uma avaliação adequada, rápida e parcialmente segura. Tomar decisão no escuro é muito difícil, por isso o marketing será encarado cada vez mais como uma ciência, o que aumentará tremendamente o foco na coleta e na análise de dados. Ferramentas tecnológicas, softwares e plataformas sofisticadas estão sendo adotadas pelas empresas, independentemente do tamanho da organização. Conhecer melhor cada cliente e o mercado, suas preferências e necessidades, será uma ciência analítica, e o profissional de marketing do futuro será um sujeito apaixonado por isso.

Imagino o profissional de marketing sentado na frente de um *cockpit*, tomando suas decisões com base em indicadores e informação online. Parece um sonho? Não, não é um sonho. As empresas estão inundadas de dados. A grande dificuldade delas é juntar tudo o que existe disponível de forma organizada, confiável e em *tempo real* Esse é o futuro. E esse futuro vem a galope. Softwares de automação de marketing que conseguem analisar enormes quantidades de dados já estão disponíveis. Quanto maior o conhecimento e a disponibilidade de dados que você tiver, maior será a sua capacidade para tomar decisões inteligentes no tempo correto, de forma ágil e segura.

Mas e a imagem daquele profissional tradicional de marketing, criativo e intuitivo, como fica? Não se desespere. Isso ainda será muito necessário, mas não ficará imune aos novos tempos. Se você é profissional de marketing, vá à estante e veja nos seus velhos livros os capítulos que falam sobre gestão de marca. Você vai ver que muita coisa mudou e continua mudando. Os métodos e processos tradicionais, muitos deles ainda aplicados pelas empresas, parecem estar desconectados com o mundo em que vivemos.

Agora, a marca não pertence mais à empresa. Ela é construída e reconstruída em tempo real pelos seus clientes; são eles que falam e moldam suas marcas. A empresa não tem mais a propriedade da marca. Infelizmente, o orçamento de marketing das organizações, especialmente o publicitário, não consegue mais ser tão eficaz quanto nas décadas passadas. E isso tende a piorar. Bem-vindos ao futuro. Enfim, acho melhor eu procurar outro emprego, pois o marketing não é mais aquele que aprendi na escola e nos meus anos de trabalho.

Mauro Segura
(@maurosegura)
Diretor de marketing e comunicação da IBM Brasil
e autor do blog *A quinta onda* (http://aquintaonda.blogspot.com)

FONTES DE MÍDIA

Aqui estão os links para alguns dos artigos, posts de blogs e vídeos mencionados no livro.

Parte I – Um Tempo de Revolução

Capítulo 1   Faça Seu Negócio Crescer Agora

United Breaks Guitars Vídeo 1
6 de julho de 2009
<http://www.youtube.com/watch?v=5YGc4zOqozo>

Taylor Guitars Responde ao Vídeo "United Breaks Guitars"
10 de julho de 2009
<http://www.youtube.com/watch?v=n12WFZq2__0>

Serviço da Taylor, Dicas para Viagens de Avião e uma Mensagem de Bob Taylor
<http://www.taylorguitars.com/news/NewsDetail.aspx?id=101>

Air Guitar (Informações sobre como viajar com uma guitarra)
<http://www.taylorguitars.com/news/NewsDetail.aspx?id=99?>

Site de Dave Carroll
<http://www.davecarrollmusic.com/>

Cases de Guitarra da Calton Cases Edição de Viajantes de Dave Carroll
<http://www.caltoncases.com/>

Capítulo 2   Velocidade *versus* preguiça: notícias do *front*

TMZ Divulga em Primeira Mão a Notícia da Morte de Michael Jackson
<http://www.tmz.com/2009/06/25/michael-jackson-dies-death-dead-cardia-carrest/>

"Golpe do site Político no Washington" na Vanity Fair
<http://www.vanityfair.com/politics/features/2009/08/wolff200908>

Site da NewspaperDeathWatch
<http://newspaperdeathwatch.com/>

O Google Finalmente Passa a Funcionar em Tempo Real
<http://googleblog.blogspot.com/2009/12/relevance-meets-real-time-web.html>

Post do Blog de Seth Godin Anunciando *O Que Importa Agora*
<http://sethgodin.typepad.com/seths_blog/2009/12/what-matters-now-get-the-free-ebook.html>

Capítulo 5   Grande demais para ter sucesso?

Lista Completa da *Fortune* 500 de 2010
<http://money.cnn.com/magazines/fortune/fortune500/2010/full_list/>

Post do blog de John Winsor, pai de Harry, "Seu Serviço de Atendimento ao Cliente está Pronto para um Novo Mundo de Abertura?"
<http://www.johnwinsor.com/my_weblog/2010/04/is-your-customer-service-ready-for-the-new-world-of-openness.html>

Post de blog: UPS Doa 1 milhão de dólares para Ajuda ao Haiti – Como Você Pode Ajudar
<http://blog.ups.com/2010/01/13/ups-donates-1-million-to-haitian-relief-%e2%80%93-here%e2%80%99s-how-you-can-help/>

Capítulo 6   Envolva-se com a mídia de acordo com a conveniência deles

Comunidade Kindle
<http://www.amazon.com/tag/kindle/>

***New York Times* – "Amazon Apaga Livros de Orwell do Kindle"**
<http://www.nytimes.com/2009/07/18/technology/companies/18amazon.html>

Registro Nacional Para o Não Recebimento de Chamadas Políticas
<http://stoppoliticalcalls.org/index.php>

Site ZaneStarkewolf para o Congresso
<http://www.zaneforcongress.com/>

Rachel Maddow Fala sobre as Ligações Automáticas de ZaneStarkewolf (incluindo áudio da mensagem automática)
<http://www.youtube.com/watch?v=hUg1C0VLQH4>

Blog Signal Integrity
<http://signal-integrity.tm.agilent.com/2010/signal-integrity-design/>

Blog GM FastLane
<http://fastlane.gmblogs.com/>

Canal de Vídeo do Sacramento Kings
<http://tv.kingsconnect.com/>

Capítulo 8 O que as pessoas estão dizendo sobre você neste instante?

Post de blog: Quem SÃO essas pessoas?
<http://www.webinknow.com/2009/10/who-the-hell-are-these-people.html>

Capítulo 9 Recorra à multidão para uma ação rápida

BrandBowl 2010
<http://brandbowl2010.com/>

Resultados do BrandBowl 2010
<http://www.mullen.com/2010/02/doritos-wins-the-brandbowl-budweiser-select-55-is-biggest-loser/>

Vídeos Colaborativos
HP – criado por Matt Robinson e Tom Wrigglesworth
<http://vimeo.com/5437401>

BrandFighters
<http://www.brandfighters.com>

Concurso de Vídeo da Heineken
<http://www.youtube.com/view_play_list?p=7A05010CCB0AAAE3>

DSB O Filme
Em holandês <http://www.dsbthemovie.nl>
Em inglês <http://www.dsbthemovie.com>

Capítulo 10   Conexão com o cliente em tempo real

Justin Locke
<http://www.justinlocke.com/>

Montage Laguna Beach Resort
<http://www.montagelagunabeach.com/>

Montage Beverly Hills
<http://www.montagebeverlyhills.com/>

Rizzo Tees na Web
<http://www.RizzoTees.com>
<http://www.Twitter.com/RizzoTees>
<http://www.facebook.com/therealrizzotees>
<http://rizzotees.posterous.com>
Envie camisetas eletrônicas no Facebook
<http://apps.facebook.com/rizzo-tees-t-djhgih/>
<http://www.myspace.com/therealrizzotees>
<http://blip.fm/rizzotees>

Albion Cafe
<http://www.albioncaff.co.uk/>

Baker Tweet
<http://www.bakertweet.com/>

Vídeos do YouTube da Cisco
Um Presente Especial para o Dia dos Namorados... da Cisco!
<http://www.youtube.com/watch?v=3pffeMdDSoY>

Feliz Dia dos Pais
<http://www.youtube.com/watch?v=83jQVxaEII8>

Vídeo da Domino Pizza
<http://www.youtube.com/watch?v=OhBmWxQpedI>

Maclaren dos EUA faz Recalls para Consertar Carrinhos de Bebê após Casos de Amputações das Pontas dos Dedos
<http://www.cpsc.gov/cpscpub/prerel/prhtml10/10033.html>

Blog Running a Hospital
<http://www.runningahospital.blogspot.com>

Baby Cory
<http://www.singlebabies.com/>

TippingPoint Labs
<http://blog.tippingpointlabs.com/category/new-media-life-cycle-analysis/>

Enter the Haggis
<http://brianhaggis.blogspot.com>
<http://www.enterthehaggis.com>

Capítulo 12   Eles querem isso imediatamente

Rede Financeira de Divulgação Leal Obtém Patente dos EUA por Sistema de Transcrição Inovador
<http://www.encyclopedia.com/doc/1G1-97307650.html>

Livros do The Dead no Blurb
<http://www.blurb.com/thedead>
<http://www.dead.net/features/interviews/jay-blakesberg-creates-magic-dead-tourphoto-books>

Aplicativo de iPhoneDead Tour
<http://www.jambase.com/Articles/17945/Dead-Tour-iPhone-App>

Hollister Recruiting 2.0
<http://www.hollisterstaff.com/recruiting2.0/>

Curso de Negociação Profissional
<http://www.protradingcourse.com/>

Parte III – Faça Seu Negócio Crescer Agora

Capítulo 13   Deixe que eles se comuniquem... Agora

Diretrizes de Computação Social da IBM
<http://www.ibm.com/blogs/zz/en/guidelines.html>

A Nova Mídia e a Força Aérea
<http://www.af.mil/shared/media/document/AFD-090406-036.pdf>

Os 3 Rs da Participação na Mídia Social
<http://www.exchange.telstra.com.au/training/flip.html>

Telstra Lança o Módulo de Aprendizagem Interativo dos 3 Rs da Mídia Social
<http://www.exchange.telstra.com.au/?p=896>

3 Rs da Participação na Mídia Social da Telstra – Vídeo Introdutório
<http://www.youtube.com/watch?v=XoWTZgq7q-I>

Diretrizes do Governo do Reino Unido
<http://coi.gov.uk/guidance.php?page=188>

Estratégia para Tecnologia da Informação e Comunicação do Reino Unido
<http://www.cabinetoffice.gov.uk/media/317444/ict_strategy4.pdf>

Capítulo 16   Negócios na velocidade do agora

Meu Post de Blog Original
"Atenção GM: Aqui vão as 5 maiores ideias de marketing para você se reinventar".
<http://www.webinknow.com/2009/06/attention-gm-here-are-the-top-5-marketing-ideas-for-your-reinvention.html>
<http://www.gmreinvention.com/>

Entrevistas de vídeo com Executivos da GM
Mary Henige, Diretora de Transmissão de TV e Mídia Social
<http://www.webinknow.com/2009/09/mary-henige-of-general-motors-on-storytelling-andhumanizing-the-company.html>
Christopher Barger, Diretor, Mídias Sociais
<http://www.webinknow.com/2009/09/christopher-barger-on-social-media-communications-at-gm.html>
Bob Lutz, vice-presidente da GM e principal executivo de marketing e comunicações da empresa
<http://www.webinknow.com/2009/09/top-gmmarketing-exec-bob-lutz-on-effective-communication.html>

Blog GM FastLane
<http://fastlane.gmblogs.com/>

Que o Melhor Carro Ganhe um comercial de televisão com o Vice-Presidente Ed Whitacre
<http://www.youtube.com/watch?v=jpqr4_ONew0>

Informações sobre Cultura Corporativa na HubSpot
<http://www.hubspot.com/culture/>

HubSpot é Nomeada a Melhor Empresa para se Trabalhar em Boston
<http://www.hubspot.com/blog/bid/6082/Boston-Business-Journal-Names-HubSpot-the-1-Best-Place-to-Work>

APÊNDICE
ANÁLISE DA VELOCIDADE EM TEMPO REAL
DAS 100 EMPRESAS LISTADAS PELA *FORTUNE 2010*

Por Ranking da *Fortune*

Colocação	Empresa	Tempo de resposta
1	WalMart	Não respondeu
2	Exxon Mobil	Não foi possível contatá-la
3	Chevron	2 dias
4	General Electric	3 horas
5	Bank of America	Não respondeu
6	ConocoPhillips	Não respondeu
7	AT&T	1 hora
8	Ford Motor	2 dias
9	J.P. Morgan Chase & Co.	Não respondeu
10	Hewlett-Packard	2 horas
11	Berkshire Hathaway	Não respondeu
12	Citigroup	Não foi possível contatá-la
13	Verizon Communications	1 hora
14	McKesson	Não respondeu
15	General Motors	Não foi possível contatá-la
16	American International Group	Não foi possível contatá-la
17	Cardinal Health	Não respondeu

(continua)

(continuação)

Colocação	Empresa	Tempo de resposta
18	CVS Caremark	Não respondeu
19	Wells Fargo	1 dia
20	International Business Machines	Não respondeu
21	UnitedHealth Group	Não respondeu
22	Procter & Gamble	Não respondeu
23	Kroger	Não foi possível contatá-la
24	AmerisourceBergen	Não respondeu
25	Costco Wholesale	Não respondeu
26	Valero Energy	Não respondeu
27	Archer Daniels Midland	1 dia
28	Boeing	3 horas
29	Home Depot	1 dia
30	Target	Não respondeu
31	WellPoint	1 dia
32	Walgreens	Não respondeu
33	Johnson & Johnson	Não respondeu
34	State Farm Insurance Cos.	2 horas
35	Medco Health Solutions	Não respondeu
36	Microsoft	1 hora
37	United Technologies	Não respondeu
38	Dell	Não foi possível contatá-la
39	Goldman Sachs Group	Não foi possível contatá-la
40	Pfizer	Não respondeu
41	Marathon Oil	2 horas
42	Lowe's	Não foi possível contatá-la
43	United Parcel Service	4 horas
44	Lockheed Martin	1 dia
45	Best Buy	Não respondeu
46	Dow Chemical	Não respondeu
47	Supervalu	Não respondeu
48	Sears Holdings	Não respondeu
49	International Assets Holding	Não respondeu
50	PepsiCo	Não respondeu

(continua)

(continuação)

Colocação	Empresa	Tempo de resposta
51	MetLife	1 dia
52	Safeway	Não respondeu
53	Kraft Foods	2 semanas
54	Freddie Mac	Não respondeu
55	Sysco	Não respondeu
56	Apple	Não respondeu
57	Walt Disney	Não respondeu
58	Cisco Systems	Não respondeu
59	Comcast	Não respondeu
60	FedEx	Não respondeu
61	Northrop Grumman	2 dias
62	Intel	1 dia
63	Aetna	Não respondeu
64	New York Life Insurance	Não respondeu
65	Prudential Financial	1 hora
66	Caterpillar	1 dia
67	Sprint Nextel	1 dia
68	Allstate	Não respondeu
69	General Dynamics	Não respondeu
70	Morgan Stanley	Não respondeu
71	Liberty Mutual Insurance Group	Não respondeu
72	Coca-Cola	1 dia
73	Humana	Não respondeu
74	Honeywell International	Não respondeu
75	Abbott Laboratories	Não respondeu
76	News Corp.	Não respondeu
77	HCA	Não foi possível contatá-la
78	Sunoco	Não foi possível contatá-la
79	Hess	Não respondeu
80	Ingram Micro	Não respondeu
81	Fannie Mae	Não respondeu
82	Time Warner	Não respondeu
83	Johnson Controls	Não respondeu

(continua)

(continuação)

Colocação	Empresa	Tempo de resposta
84	Delta Air Lines	Não respondeu
85	Merck	Não respondeu
86	DuPont	Não respondeu
87	Tyson Foods	Não respondeu
88	American Express	Não respondeu
89	Rite Aid	Não respondeu
90	TIAA-CREF	Não respondeu
91	CHS	Não respondeu
92	Enterprise GP Holdings	Não foi possível contatá-la
93	Massachusetts Mutual Life Insurance	Não respondeu
94	Philip Morris International	3 dias
95	Raytheon	1 hora
96	Express Scripts	Não respondeu
97	Hartford Financial Services	Não respondeu
98	Travelers Cos.	1 dia
99	Publix Super Markets	2 horas
100	Amazon.com	Não respondeu

Análise da velocidade em tempo real das empresas listadas pela *Fortune 2010* em ordem alfabética

Colocação	Empresa	Tempo de resposta
75	Abbott Laboratories	Não respondeu
63	Aetna	Não respondeu
68	Allstate	Não respondeu
100	Amazon.com	Não respondeu
88	American Express	Não respondeu
16	American International Group	Não foi possível contatá-la
24	AmerisourceBergen	Não respondeu
56	Apple	Não respondeu
27	Archer Daniels Midland	1 dia
7	AT&T	1 hora
5	Bank of America	Não respondeu
11	Berkshire Hathaway	Não respondeu
45	Best Buy	Não respondeu

(continua)

Colocação	Empresa	Tempo de resposta
28	Boeing	3 horas
17	Cardinal Health	Não respondeu
66	Caterpillar	1 dia
3	Chevron	2 dias
91	CHS	Não respondeu
58	Cisco Systems	Não respondeu
12	Citigroup	Não foi possível contatá-la
72	Coca-Cola	1 dia
59	Comcast	Não respondeu
6	ConocoPhillips	Não respondeu
25	Costco Wholesale	Não respondeu
18	CVS Caremark	Não respondeu
38	Dell	Não foi possível contatá-la
84	Delta Air Lines	Não respondeu
46	Dow Chemical	Não respondeu
86	DuPont	Não respondeu
92	Enterprise GP Holdings	Não foi possível contatá-la
96	Express Scripts	Não respondeu
2	Exxon Mobil	Não foi possível contatá-la
81	Fannie Mae	Não respondeu
60	FedEx	Não respondeu
8	Ford Motor	2 dias
54	Freddie Mac	Não respondeu
69	General Dynamics	Não respondeu
4	General Electric	3 horas
15	General Motors	Não foi possível contatá-la
39	Goldman Sachs Group	Não foi possível contatá-la
97	Hartford Financial Services	Não respondeu
77	HCA	Não foi possível contatá-la
79	Hess	Não respondeu
10	Hewlett-Packard	2 horas
29	Home Depot	1 dia
74	Honeywell International	Não respondeu

(continua)

Colocação	Empresa	Tempo de resposta
73	Humana	Não respondeu
80	Ingram Micro	Não respondeu
62	Intel	1 dia
49	International Assets Holding	Não respondeu
20	International Business Machines	Não respondeu
9	J.P. Morgan Chase & Co.	Não respondeu
33	Johnson & Johnson	Não respondeu
83	Johnson Controls	Não respondeu
53	Kraft Foods	2 semanas
23	Kroger	Não foi possível contatá-la
71	Liberty Mutual Insurance Group	Não respondeu
44	Lockheed Martin	1 dia
42	Lowe's	Não foi possível contatá-la
41	Marathon Oil	2 horas
93	Massachusetts Mutual Life Insurance	Não respondeu
14	McKesson	Não respondeu
35	Medco Health Solutions	Não respondeu
85	Merck	Não respondeu
51	MetLife	1 dia
36	Microsoft	1 hora
70	Morgan Stanley	Não respondeu
64	New York Life Insurance	Não respondeu
76	News Corp.	Não respondeu
61	Northrop Grumman	2 dias
50	PepsiCo	Não respondeu
40	Pfizer	Não respondeu
94	Philip Morris International	3 dias
22	Procter & Gamble	Não respondeu
65	Prudential Financial	1 hora
99	Publix Super Markets	2 horas
95	Raytheon	1 hora
89	Rite Aid	Não respondeu

(continua)

(continuação)

Colocação	Empresa	Tempo de resposta
52	Safeway	Não respondeu
48	Sears Holdings	Não respondeu
67	Sprint Nextel	1 dia
34	State Farm Insurance Cos.	2 horas
78	Sunoco	Não foi possível contatá-la
47	Supervalu	Não respondeu
55	Sysco	Não respondeu
30	Target	Não respondeu
90	TIAA-CREF	Não respondeu
82	Time Warner	Não respondeu
98	Travelers Cos.	1 dia
87	Tyson Foods	Não respondeu
43	United Parcel Service	4 horas
37	United Technologies	Não respondeu
21	UnitedHealth Group	Não respondeu
26	Valero Energy	Não respondeu
13	Verizon Communications	1 hora
1	WalMart	Não respondeu
32	Walgreens	Não respondeu
57	Walt Disney	Não respondeu
31	WellPoint	1 dia
19	Wells Fargo	1 dia

Este livro foi impresso em papel polen soft 70 g pela gráfica Nova Letra.